U0927596

幽默与口才全集

徐　枫⊙编著

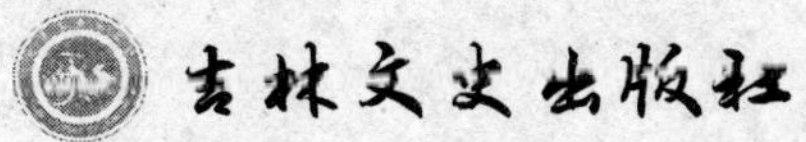

图书在版编目（CIP）数据

幽默与口才全集 / 徐枫编著. — 长春 : 吉林文史出版社, 2016.12（2022.10重印）

ISBN 978-7-5472-3497-6

Ⅰ. ①幽… Ⅱ. ①徐… Ⅲ. ①幽默(美学)—口才学—通俗读物 Ⅳ. ①H019-49

中国版本图书馆CIP数据核字（2016）第234889号

幽默与口才全集

YOUMO YU KOUCAI QUANJI

出 版 人：张 强
编 著：徐 枫
责任编辑：王明智
版式设计：同人阁 · 文化传媒
封面设计：同人阁 · 文化传媒
出版发行：吉林文史出版社
电 话：0431-81629352
地 址：长春市福祉大路5788号
邮 编：130117
网 址：www.jlws.com.cn
印 刷：永清县晔盛亚胶印有限公司
开 本：720mm × 1000mm 1/16
印 张：16
字 数：240千
版 次：2016年12月第1版 2022年10月第2次印刷
书 号：ISBN 978-7-5472-3497-6
定 价：58.00元

前　言

幽默是一种语言艺术，是智慧的结晶，是一个人良好素质和修养的表现。日本心理学家多湖辉把幽默称作“语言的酵母”。幽默的语言闪耀着智慧的火花，迸发着睿智的星光，从古至今众多幽默大师往往振臂一呼，即应者云集，挽狂澜于既倒，助巨浪于前行。马克·吐温、萧伯纳等历代幽默大师，其话语深富幽默感，极具感染力和说服力，因而流传至今。

幽默是人际关系中必备的一个因素，适时适地的幽默可以帮助人们拉近彼此之间的距离，让你更受别人的欢迎，使你的人际关系更加优化。在现实的人际交往中，当矛盾发生时，那些缺少幽默感的人会把事情弄得越来越僵，只有懂得幽默的人才能使一切变得轻松而自然。幽默更是我们生活的重要一部分，我们在生活中常常会遇到各种各样的意外，只要我们足够的幽默，都可以用幽默轻松搞定。

20世纪50年代，周恩来总理接受了一位美国记者的采访。

这位记者看到周恩来总理在用一支美国产的钢笔，于是就打算讽刺他一下。

“请问总理阁下，您身为中国人，为何要用我们美国产的钢笔呢？”

周恩来总理笑道：“这可是说来话长了。本来我并没有这支钢笔，但是我有一位朝鲜朋友，他在抗美的时候偶然得到了它，之后转赠与我。我本来并不打算要，但是看在它还是有纪念意义的，于是我收下了它。”

这位记者被说得无言以对。

幽默，是一种力量，是一种胸怀，是一种境界。正如王蒙所说：“幽默是一种成人的智慧，一种穿透力，一两句就把那畸形的、讳莫如深的东西端了出来。既包含着无可奈何，更包含着健康的希冀。”

但是，幽默感并非天生的，那些天生不具备幽默感的人，需要在后天的不断学习中渐渐掌握幽默的技巧，以增加自己的人格魅力。掌握了一些基本的幽默技巧，将使你在与人交往时更如鱼得水，可以让你变得善解人意、灵活机智，为自己的人生增添更多乐趣和成功。

本书理论结合实例，既汇集了古今中外名人的幽默智慧，又延伸至普通百姓的日常生活。全书精心挑选了上百个幽默故事，以事例说理，条分缕析，以理动人，论证幽默口才的作用和效果，旨在帮助读者了解幽默、认识幽默，从而更好地掌握和运用幽默。由于水平有限，书中难免会出现不当和错误之处，敬请读者批评指正。参与本书编写的还有冯贺、王强、宋梅、杨婧、何双、张森、张伟、张晓华、张开发、陈明燕、谷方蕊、柳晓春、李江程、朱晓凤。

目 录

第一篇
幽默的人最受欢迎

第二篇
幽默的人最会说话

第三篇
幽默的人最会生活

第四篇
幽默其实很简单

第一篇

幽默的人最受欢迎

一　让幽默提升你的魅力

幽默是一个人良好素质和修养的表现。日本心理学家多湖辉把幽默称作“语言的酵母”。创造出幽默就是创造出快乐。幽默是一种高深的说话艺术手段，能表事理于机智，寓深刻于轻松，运用得当时，既可提升你的品位，又可为谈话锦上添花，叫人轻松之余又深觉难忘。幽默的魅力，仿若空谷幽兰，你看不到它盛开的样子，却能闻到它清新淡雅的香味。所有的人都会年华逝去，红颜不再。但岁月只能风干肌肤，而幽默的魅力却不会减去分毫。

1. 幽默让你更和蔼可亲

幽默的谈吐是表达自己友善态度的必胜法宝，它能放松谈话对象的拘谨心情，打破现场气氛的紧张沉闷，为你树立一个和蔼可亲的社会形象。

亲和力是人与人之间融洽相处的黏合剂，在上下级关系中尤为重要。一位有亲和力的上级，能够以自己的幽默感感染下属，获得下属的尊敬和信任。自嘲，则是幽默的上级常用的一种拉近距离的方法。当然，有人担心自嘲会降低自己在下属面前的威信，其实不然，只要你自嘲得放松自然，不但会让你显得胸襟宽广，而且还会让你显得更加和蔼可亲。

美国第35任总统约翰·菲茨杰拉德·肯尼迪就是一位善于用幽默表现自己亲和力的人。

1962年，肯尼迪总统偕夫人杰奎琳前往法国访问。在访问行程中，肯尼迪及其夫人多次被要求介绍自己，同时发表对法国之行的看法。

在夏乐宫的记者招待会上，肯尼迪再次被问到类似的问题，这一次他没再用官方的口吻回答记者的问题，而是笑着说："本人是陪同杰奎琳·肯尼迪到巴黎来的男士，为此，我感到很荣幸。"

对政界名流来说，介绍自己既是一件非常容易的事情，又是一件很难的事情。倘若一直按照惯例来介绍自己，只能给人以应付场合之感，而对自己介绍得过多，则又给人以张扬之感。肯尼迪巧妙地将自己设置在陪同妻子的位置上，既展现了尊重妻子的绅士风度，又展现了自己的亲和力。正因为如此，肯尼迪的言语在崇尚浪漫的法国自然得到了国民的称赞。而肯尼迪也因此奠定了自己在法国人民心中亲切、优雅的形象。

让自己在别人眼里变得和蔼可亲不是一件容易的事情，需要对别人报以极大的宽容才可以做到。这一点，对一些管理者更是不容易做到的，尤其是在面对个别桀骜不驯的下属的时候。聪明的上司在此时，都不会选择强行使下属就范，而是用自己宽厚豁达的胸怀以及幽默得体的方式，轻松改变下属，使之变得服从。

20世纪50年代初，美国第33任总统杜鲁门有一次会见麦克阿瑟将军。麦克阿瑟自恃战功赫赫，非常傲慢。会见中，麦克阿瑟毫无顾忌地拿出烟斗，装上烟丝，取出火柴，在他准备点燃烟丝的时候，才停下来，向总统问道："你不介意我抽烟吧？"

很明显，麦克阿瑟不是真心向杜鲁门征求意见的，但如果杜鲁门阻止他的话，就显得粗鲁，所以杜鲁门只是看了一眼麦克阿瑟，说："抽吧，将军，别人喷到我脸上的烟雾，要比喷在任何一个美国人脸上的都多。"

杜鲁门这句话软中带硬，既委婉地指出了麦克阿瑟的无礼，又没有损伤自己的风度。这句话之后，也就只剩下麦克阿瑟的难堪了，这次教训也让傲慢的麦克阿瑟收敛了很多。

值得注意的是，这样的幽默方式仅适合用于上级对下级的言语中。如果反过来用，则有可能让上级觉得下级把自己摆在与其保持平起平坐的位置，甚至有看不起自己之感，那这样效果就可能适得其反了。

2.幽默的你更显谦逊

谦逊是受欢迎之人不可缺少的风度，但也有人说“过分的谦虚就是骄傲”，因此掌握谦逊的度对很多人而言是一件很困难的事情，而幽默正是恰如其分地将这种谦逊表现出来的绝佳方式。

有一位智者曾写下这样几句话：“对上级谦逊，是一种本分；对平级谦逊，是一种和善；对下级谦逊，是一种高贵；对所有人谦逊，是一种安全。”做人做事谦逊低调、不刻意显示自己，这既是一种人生境界，也是一种处世智慧和人格魅力。当然，谦逊要发自内心，贵在自然，过分谦虚，往往有矫揉造作之嫌。幽默自然地表达自己的谦逊则是一种非常妥当的方法。

克雷洛夫是俄国18世纪伟大的寓言作家，他的寓言写得既多又好。有一次，他的一位朋友夸赞说：“你的书写得真好，一版销完又印一版，比谁的都印得多。”克雷洛夫却这样回答：“不，不是我的书写得好，是因为我的书是给孩子们读的，谁都知道，孩子们是容易弄坏书的，所以版次多一些。”

用孩子的天性来解说自己书本的畅销原因，不仅仅展现了自己的谦逊，而且理由浑然天成，没有丝毫矫揉造作之感。

意大利伟大的歌剧作曲家居塞比·威尔第，也是一位善于用幽默表现谦虚的人。

美国作曲家盖什文因仰慕威尔第的才华，不远千里从美国来到欧洲拜访这位音乐奇才。

当这两位优秀歌剧创作大师第一次见面时，威尔第并没有端出前辈的姿态教诲盖什文该怎么作曲，而是十分温和地笑着说：“你已经是第一流的盖什文了，何苦还要成为第二流的威尔第呢？”

威尔第并没有倚老卖老，而是用一句调侃的话语主动降低自己的身段，这种幽默而谦逊的作风，不禁让人对这位优秀的艺术家更加敬佩起来。

英国著名物理学家、化学家法拉第在化学、电化学、电磁学等领域都做出过杰出贡献。法拉第的老师戴维也是一位杰出的科学家，每当人们称赞戴维的一系列科学成就时，这位可爱的前辈总会摆摆手说：“不！我一生最大的发现是法拉第。”

面对夸奖，如果自己再多加吹嘘难免让人觉得“说你胖你就喘上了”；而一味地回绝夸奖、否定自己的成绩，又会被戴上“过分的谦虚就是骄傲”的帽子。戴维将别人对自己的称赞巧妙地转嫁到自己的得意门生身上，既没有半点儿自以为是，又礼貌地接受了对方的好意赞誉，可谓一举两得。

3. 让幽默为你赢得风度

语言是展示人风度的一面镜子。在社交场合中，幽默风趣的谈吐，可以为你的个人形象加分，从而让你更容易结交朋友，让人际关系更加和谐。

在日常生活中，幽默的话语可以让朴实无华的表达多一些变化，多一些惊喜，让听者在交谈之中感觉到你的良好风度，让人们更加希望与你成为朋友。幽默，可以锦上添花，也可以雪中送炭。

在“中国第八届电影金鹰奖，《大众电影》第十四届百花奖”的颁奖仪式上，获得双奖的最佳男主角、焦裕禄的扮演者李雪健，在领奖的时候面对现场观众说：“苦和累都让一个好人焦裕禄受了，名和利都让一个傻子李雪健得了。”此言一出全场就响起如雷的掌声。

李雪健的致谢辞表现出其良好素质和谦逊态度。他并没有按照常规地感谢导演、感谢家人，其幽默措辞不仅揭示了演员与角色的对应关系，也表达出演员心中最真实的感受，让在场者很有共鸣，因而能够博得满堂彩。

有风度的人常常能够较好地克制自己的情绪波动，保持好自己的仪态。在我们身边，只要我们多留意，就会发现很多有风度的人，他们身上充盈着一种独特的魅力。即使是在一些很小的场合，他们也能够充分地展示出自身的良好素养。

美利坚民族是一个非常懂得幽默的民族。有一次，一位美国人在喝咖啡的时候发现杯子里漂着一只苍蝇。

他叫过服务生，和颜悦色地对他说："你好，虽然我觉得在咖啡单调的颜色中加点点缀很不错，但是你可以把苍蝇与咖啡分开来放，让那些喜欢的人自己添加。你觉得这个主意怎么样？"

服务生顿觉愧疚万分。

这位顾客并没直接找服务员过来数落一顿，而是通过幽默的言语予以批评，其表意委婉，柔中带刚，既容易让对方接受，又不伤及自身的形象。他这种随机而生的智慧也很让人折服。

在一些正式的场合，人们就更需要注意自己的风度了，尤其是政治人物，其形象的好与坏对其政治活动来说极为重要。不管是面对多么不利的境况，政治人物都需要权衡利弊，尽可能地为自己和他人营造更加轻松的谈话环境，化解紧张情绪，以保持轻松平和的心态和风度。

2008年布什在伊拉克出席一次新闻发布会，当布什总统正在台上侃侃而谈之时，一位愤怒的伊拉克记者向其投掷了两只皮鞋，这种做法意味着极度的愤怒与厌恶。

短暂的惊愕之后，布什总统恢复平静。他挨砸之后讲的第一句话是："我能报告大家的就是，这鞋子是10码的！"

我们不谈战争的是与非，在这种场合之下布什总统表现出来的良好风度很值得我们赞赏。如果他借此发飙只能成为各国媒体的笑话，而他的机智作答，不只消融了此次风波，还展现了他作为领导人的风度。

4. 善用幽默表现良好修养

灵活通达之人懂得在微笑中寻找最好的解决办法，以宽容之心对待他人，以幽默言语化解敌意，在解决问题的同时，也将良好修养表现得恰到好处。

古人说："君子不可不修身。"又云："正心以为本，修身以为基。"性情的修养，不是为了别人，而是为了自己增强生活能力。良好修养乃立身之本。幽默是智慧与灵感在语言运用中的结晶，也是一种良好修养的标志。幽默总是与智慧和爱心结伴同行的，每一个具有幽默感的人都有随和亲切的性情、宽广的心胸以及洞察一切的机智。

达尔文是英国著名的生物学家，他的生物进化论学说刚刚提出时，在社会上引起了很大的争议。在一次盛大的晚宴上，一位坐在达尔文身边的年轻女子以蔑视的语气问他："达尔文先生，听说你断言人类是猴子变来的，我也属于你的断言之列吗？""当然！"达尔文微笑地望着女子，彬彬有礼地说："不过，您可是由非常迷人的猴子变来的。"

邻座女士的刻意刁难也是出于她对一个崭新学说的暂不理解，如果达尔文对她的戏谑反唇相讥，那么只能给众人留下一个"小心眼儿"的印象。所以，达尔文非但没有驳斥该女士的无礼，反而借助自己的进化论学说对她的美貌表示赞许，进一步维持了自己温文儒雅的绅士形象。

生活中人们也经常遇到一些由于误解发生的不快场面，据理力争只能让误解加剧，而让双方的争论变得更像"撒泼"；修养深厚的人则懂得利用幽默的言谈浇灭怒火、转移矛盾。

一辆平稳行驶的公共汽车由于路障突然来了个急刹车。车上一个男子一个踉跄跌倒在了前方一位年轻女子的身上。这位女子顿时大怒，红着脸骂道："德性！"

一时间，车上的乘客都像看流氓一样盯着这位男子。这位男子重新站好后，温和地对女子解释道："不是'德性'，是'惯性'。"这时，这名年轻女子反倒不好意思了。

试想，这位男子本是无心撞到了女子，若他也占着这理就和女子对骂，恐怕这公交车上就该发生一场相当"热闹"的争执了。但这位男子没有选择那样做，只是巧用德性和惯性的联系向姑娘暗示了自己跌倒的原因。他巧妙的回答，不只达到令这位女子不好意思的效果，还反衬出了自己的风度，与一味争论的效果相比就有天壤之别了。

5. 幽默为你增加影响力

这世上还有什么比欢笑更能感染人的呢？只要你掌握了给人带来欢乐的方法，你就更容易获得人们的接受和肯定，成为一个社交场上有影响力的人。

"百万富翁的创造者"拿破仑·希尔曾经说过："如果你是个幽默的人，那么你就会轻而易举地去影响你周围的人，让他们永远喜欢你；如果你是个悲愤的人，即使你身边充满了欢乐的海洋，你也会看不到的。"在这个忙碌的社会，没有谁不愿意和能给自己带来快乐的人在一起，能带给别人欢笑的人是最受人欢迎的人，也是最有影响力的人。

美国第16任总统亚伯拉罕·林肯举办过一场让人印象颇深的演讲。策划者在那场演讲中安排了一小段自由提问的环节，由听众把问题写在纸条上递给林肯，由他念出来再回答。在摊开最后一张纸条时，林肯发现上面竟然只有两个字——傻瓜。

林肯略微一怔，还是微笑着将这两个字念了出来。台上台下顿时都议论纷纷，想看看一向以亲民著称的林肯将怎么收场。只见林肯不紧不慢地接着说道："本人收到过许多匿名信，全部都只有正文没有署名；今天却正好相反，这一张纸条上只有署名，而缺少正文！"

面对这样挑衅的纸条，林肯用一个小小的反讽幽默就将自己的机智和从容展现在人们面前。同时，他也用这个幽默把快乐带给了大家。能带来欢乐的人当然更容易赢得大家的喜爱和认同。人们由肯定林肯的演讲开始，慢慢肯定林肯本人，进而被林肯特有的魅力所感染，这就是小小幽默带来的强大的影响力。在美国总统中，美国第40任总统罗纳德·威尔逊·里根也是一个善用幽默解困境的人。

一次，里根总统访问加拿大，在一座城市发表演说。在演说过程中，有一群举行反美示威的人不时打断他的演说，明显地显示出反美情绪。里根是作为客人应邀到加拿大访问的，作为加拿大的总理皮埃尔·特鲁多对这种无礼的举动感到非常尴尬。面对这种困境，里根反而面带笑容地对特鲁多说："这种情况在美国是经常发生的。我想这些人一定是特意从美国来到贵国的，可能他们想使我有一种宾至如归的感觉。"听了这话，尴尬的特鲁多禁不住笑了。

演讲被搅局，多数人都会尴尬窘迫气恼不已。而里根总统却对此付之一笑，不仅以幽默的力量化解了这份尴尬，更是以豁达的态度为加拿大总理解了围。

这就是里根聪明的地方了，他懂得利用幽默缓和气氛，在一片祥和中化敌为友。可以说，里根本人之所以能得到美国民众的追捧，在很大程度上也是取决于他幽默、乐观的处事风格。

幽默是让自己获得别人尊敬与爱戴的法宝，也是展现自己亲和力的绝佳舞台。

杰拉尔德·R·福特是美国第38任总统，他说话喜欢用双关语。有一次，他在回答记者提问时说："我是一辆福特，不是林肯。"

众所周知，林肯既是一位美国伟大的总统，又是一种高级的名牌轿车；福特则是当时普通、廉价而大众化的汽车。福特说这句话，一方面表示了自己的谦虚，另一方面又暗中标榜了自己是大众喜欢的总统。

幽默就是这样，为你秀出最为闪耀的一面。乐观和幽默是与人建立良好关系的催化剂，能带给别人快乐的人就更容易被大家所接受、肯定和追捧。学会幽默，你也能成为社交场上的明星。

6. 幽默的你最具有活力

幽默的人能够将那些严肃的东西用轻松的方式表现出来，能够让生活压力减轻，能够让那些刻板的东西放出光彩，能够化腐朽为神奇，让枯燥乏味的生活变得浪漫，让眼泪里飞出欢笑。

幽默是精神上的“按摩师”，它能挥开疲惫，扫去低迷，赶走沉闷，让人们的生活充满乐趣，充满活力。活力不仅仅是年轻人的专属特性，只要心态乐观轻松，耄耋之年也能展现出生命的活力。

著名女演员贝因哈特在年老之后仍深受广大影迷的喜爱，有不少崇拜者慕名来到她的住所，希望一睹这位影星的风采。某天，一位年迈的追星者找到贝因哈特的住所，颇高的楼层让他爬得几乎喘不过气。见到贝因哈特时，老者不禁感叹：“夫人，您住得可真高啊！”

“哦，亲爱的朋友，”贝因哈特听后笑着接道：“这是我至今依然能使男人们的心怦然快跳的唯一办法了。”

不论是直接解释自己为什么要住这么高，还是附和着表示公寓真的很高，都没有贝因哈特的这句玩笑让人感到充满活力。虽然已经不再年轻了，但开朗的贝因哈特仍然不失时机地将她的乐观心态传染给其他人，也成功地让荧屏上那个活力四射的女影星永远地留在了影迷的心中。美国著名科学家本杰明·富兰克林也是一位性格开朗的人。

有一次，富兰克林的实验出现失误，本来要通到火鸡身上的电流竟接到了他自己的身体上，强大的电流立刻将他击昏。虽然这次失误并没有使富兰克林丢了性命，但也吓坏了周围的人。而幸运的富兰克林苏醒后开口说的第一句话竟然是：“好家伙，我本想弄死一只火鸡，结果却差点电死一个傻瓜。”

如果富兰克林只是向众人讲解自己为什么会受伤，或者总结实验的问题出在哪儿，旁人都免不了继续为他担心一阵子。而这句自嘲，则让人们看到一个仍然精力无限的富兰克林，由于这起事故所带来的紧张和不安也都随之一扫而空了。

一次，美国著名作家马克·吐温在一家旅馆登记时，被告知当地的蚊虫非常厉害。这时，一只蚊子正好飞来，停在旅馆的登记台上。马克·吐温看着这只蚊子对服务员说："看来贵地的蚊子不止厉害，还十分聪明，它会预先来看我登记的房间号码，以便晚上对号光临，饱餐一顿。"惹得一干服务员都大笑不止。

大多数人碰上这种情况恐怕都免不了眉头高皱了，而接下去的住宿也会随之变得烦躁不安起来。乐观的马克·吐温则懂得在烦闷中自找乐子，一件原本让人郁闷的事不但没有影响他的心情，反而惹得他身边的人都情绪高涨起来。

一个充满活力的人不会轻易向沮丧的情绪低头，而是懂得苦中作乐，快乐应对，让整个生活都充满阳光。

7. 用幽默展示你的大度

"人非圣贤，孰能无过"。面对别人的错误或者失误，直接的指出固然不错，但是幽默地婉言告知更能保全对方的颜面，为宽容、大度的你赢得更多的尊敬。

在生活中，面对他人的错误，我们难免会控制不住自己而加以指责。指责别人是需要技巧的，这时候如何能加一些幽默的色彩，则能让我们的指责传达出更多的善意。因为用幽默的方式将责备之意传达给对方，能给对方一种相对较好的感觉，使对方能够更容易听到心里去，也能显现出我们的大度，能让对方不会对指责有抵触情绪，从而能够更容易面对错误，接受谴责。

在一家高级餐馆里，一位顾客坐在餐桌旁，很不得体地把餐巾系在脖子上。餐馆的经理见状十分反感，叫来一个服务生说："你去让这位绅士懂得，在我们餐馆里，那样做是不允许的，但话要尽量说得和气委婉些。"

服务生接受了这项任务，来到那位顾客的桌旁，有礼貌地问："先生，你是想刮胡子，还是理发？"那位顾客愣了一下，马上就明白了服务生的意思，不好意思地笑一笑，就把餐巾取下来了。

如果服务生走过去直接说：先生，请你取下餐巾，那位顾客一定会陷入难堪的窘境之中，使他的用餐极为不愉快，也会使高级餐馆的服务评价受损。但机智的服务生借用理发店服务的口吻，幽默地提醒这位顾客得体的用餐方式，既避免了双方的不愉快交流，又有效地表达了自己的想法，是极为巧妙妥帖的做法。

指出对方的错误需要旁敲侧击，面对别人的无心之失，则更要婉言告知。

美国著名幽默大师马克·吐温有一次到一个小城市演讲。在演讲前，他来到一家理发店准备打理一下仪容。健谈的理发师没有认出他，就对他热情地介绍起这个小城来，还告诉他当天晚上小城中有一场马克·吐温的演讲，并询问他有没有抢到门票。

"还没有买票，"马克·吐温微笑着说。"唉！"理发师听后遗憾地说："马克·吐温的演讲从来都不会有空位的，您就只好从头到尾站着了。"马克·吐温微笑着接道："马克·吐温一演讲，我就只能永远站着。"

如果马克·吐温直接揭示自己的身份，那么这位理发师朋友一定会因为自己的一席话而窘迫不已。这位世界顶级的文学大师善解人意地用一句带有关联的妙语委婉得表达了自己和马克·吐温的关系，既没有终止这场愉悦的谈话，又保全了理发师的面子。

虽然不知道那位可爱的理发师当下有没有听出来自己服务的那个人就是当晚要举办演讲的马克·吐温，但即便没有，他也会在看到报纸和海报之后恍然大悟。马克·吐温的亲切、随和当然也会让人们对他更加敬爱有加。俄罗斯钢琴家安东·鲁宾斯坦也是这样一位善用幽默的艺术家。

在某次的独奏会上，鲁宾斯坦因为有事没有提前进场，在大厅门口被现场的工作人员拦了下来，要求他出示门票并严厉地表示：门票早已被抢购一空，大厅里面已经没有多余的空位了！“没有空位了吗？”鲁宾斯坦笑着接道：“那我坐在钢琴前面可以吗？”

鲁宾斯坦的话语很明显是在提醒工作人员，自己并非听众而是演奏者。与直接点出自己身份的方式不同，让对方自觉意识到其身份的做法给这位工作人员留足了面子，也保全了他威严的工作形象。就这样简单的一席对话，将鲁宾斯坦的度量和体贴表现得淋漓尽致。

与平常百姓不同，工作人员不认得鲁宾斯坦自然是他的失职，鲁宾斯坦就算对他一顿痛斥也不足为过。然而这位乐坛巨匠仍然选择用委婉的方式来解决问题，不愧为一位才德兼备的艺术家。

8. 幽默化解尴尬让你更稳重

面对突如其来的尴尬局面，睿智的幽默能够帮你安然渡过冷场的难关，甚至可能将原本的不快场面变成展现你沉稳风度的闪光舞台。

苏格兰小说家罗伯特·斯蒂文森曾经说过：“一般掌握幽默力量的人，都有一种超群出众的人格，能自在地感受到自己的力量，独自应付任何困苦的窘境。”在生活中，每个人都难免遇到令人尴尬的人，办出使自己尴尬的事情，而且因此陷入一种狼狈的境地。面对这种情况之时，我们不妨略施幽默来进行自我调节，以尽快解除困窘。

一次，美国总统里根偕夫人南茜出席了一场在白宫举办的钢琴演奏会。按照惯例，总统在演奏开始前都要进行一段简短的讲话。正当台下的二百多名宾客聚精会神地听着里根的演讲时，坐在他身旁的南茜却不知道什么原因，竟连人带椅地跌落到台下，在场的人都禁不住发出了尖叫声。

所幸，南茜夫人并没有因此受伤。这位干练的女性立即起身，从容地走回自己的位置。现场的所有人都为南茜的淡定和沉稳报以热烈的掌声。里根总统该如何在这样的气氛中继续自己的演讲呢？

只见这位机智的领导人对自己的夫人温柔地说道："亲爱的，我告诉过你，只有在我没有获得掌声的时候，你才应该这样表演。"

如果里根直接继续自己的讲演，现场宾客的思绪显然不能立马从先前的"摔跤事件"中回来，甚至有可能让接下来的演奏会气氛跟着变得不自在起来。睿智的里根用一句简单而幽默的问候就成功地把全场的焦点再次集中到自己这里，同时也维持了演奏会原本轻松愉悦的基调。

现实生活中，尴尬不仅仅是出于自己的失误，也有可能来自于他人的故意挑衅。英国著名喜剧演员理查·布尔斯莱·谢立丹就曾在他的演出中遇到过这样的场面。

谢立丹是18世纪后期英国最有成就的喜剧表演艺术家之一。他演出他的第一部喜剧——《情敌》之后，在观众雷鸣般的掌声中，回到舞台上向观众们谢幕。

突然，一个非常不和谐的声音从剧场的一个角落飘来："这个喜剧简直糟透了！"掌声瞬间沉寂下去了，观众先是望着声音飘过来的方向，接着又望着台上初出茅庐的谢立丹。

剧场的老板一下子乱了方寸，而台上的谢立丹却依然神情自若。只见谢立丹以最绅士的姿态朝传出批评声的位置鞠了一躬，然后微笑地说："我亲爱的朋友，我完全同意您的意见。"说完他又指着剧场里其他为演出叫好的观众，耸耸肩补充道："但是，我们两个人反对这么多观众，能起什么作用吗？"一时间，掌声和叫好声再次充满了偌大的剧场大厅。

谢立丹遭遇的无疑是一个让人头冒冷汗的场面，因为纵然观众不礼貌，但身为表演者也不便对观众发怒；而完全对像这样的捣乱者置之不理，也免不了给人们留下笑柄。机智的谢立丹首先绅士地肯定了观众的批评，维持了作为演员尊重观众的职业道德，随即他将焦点转移到对自己有利的叫好者，巧妙地利用了他人的肯定驳斥了反对者的观点。那句不友好的批评非但没有给谢立丹造成任何困扰，反倒令他大放光彩，赢得了更多观众的支持和喜爱。

二 让幽默成为你智慧的名片

幽默是智慧的迸发，是善良的表达，是交往的润滑油，是我们人生的松弛剂，它更是一种胸怀，是一种境界。正如王蒙所说："幽默是一种成人的智慧，一种穿透力，一两句就把那畸形的、讳莫如深的东西端了出来。既包含着无可奈何，更包含着健康的希冀。"幽默和智慧的语言是人际交往中无往不利、无坚不摧的利器，智慧的语言能折服人，幽默的语言能愉悦人，这都要透过生命过程中不断地阅读、学习和历练来达成。也正因如此，幽默的智慧是我们对于生活历练所提炼出来的领悟。

1. 善于言辞的人都懂得幽默

善于言辞的人知道如何用幽默的语言让原本的对立者接受自己的观点，如何在摩擦中注入几滴润滑剂而不致碰得火星四溅，如何将枯燥无味的气氛变得轻松融洽。

一个人会不会"说话"，并不是看他能否口若悬河说话滔滔不绝。说话的根本目的在于表达沟通。所以，一个人会不会"说话"，最重要的是说话的方式与表达的技巧。说什么并不重要，关键看怎么说。幽默的话语能够有效地润滑和缓解矛盾，调节人际关系，给人带来欢乐或以愉快的方式娱人。话说得恰到好处，说得能打动人心，你就是一个会“说话”的人。

意大利小提琴大师尼科罗·帕格尼尼凭借其高超的演奏技巧而名震欧洲。虽然他已经功成名就，但是有时候也需要应付场合为一些完全不懂音乐的人演奏，让这位音乐奇才痛苦不堪。

某日，一位附庸风雅的贵妇邀请帕格尼尼一起喝茶，并想借此让帕格尼尼为自己演奏，从而作为炫耀高雅的资本。虽然帕格尼尼本人并不想去，但碍于情面只能接受了邀请。

贵妇兴奋地说：“帕格尼尼先生，您能来我真是感到万分的荣幸！对了，到时候请别忘记带上您可爱的提琴啊！”“但是夫人，”帕格尼尼无奈地说道：“我的提琴可从不喝茶啊！”

在情面上，帕格尼尼自然不能直接回绝贵妇的要求，但他巧妙地利用“提琴”与“喝茶”间没有联系来表达自己的立场，这样既声明了自己的态度，也给了贵妇一个台阶下，不至于伤了彼此的和气。

这就是会说话的人，既能完整地表达自己的思想，又可以礼貌地维系谈话者的关系，使之不互相冲突，这也是幽默带给人的语言魅力。

幽默的话语不仅用在化解冲突之时，也用在安慰沮丧之日。在日常生活中，朋友之间把幽默的言语作为一种调料用以安慰，是温暖人心的一大法宝。

现代人的生活压力是很大的，我们经常面对数不清的烦恼和痛苦，使人不堪承受。而幽默的话语却给我们带来了笑声，使我们有了缓解压力、改变心境的可能，同时，在欢乐之中，也向人们展示出了我们的无穷智慧。

2. 幽默答疑更显你的机智

在生活中一定有些问题是别人打破砂锅问到底，而你却不想回答的。这样的问答场面就像是双方在言语和心理上的一场拉锯战，此时，一个机智的幽默会帮助你在保持彬彬有礼的态度之时就让提问者自觉闭口。

在调查研究、人际交往、演说讲话和涉外场合中，人们往往会碰到各种不同的提问。不管是善意的求教，还是故意出难题，都可以借助风趣幽默的语言艺术，在应对作答中显现出你的睿智、机敏和风采。

美国第26任总统西奥多·罗斯福年轻时曾在海军部供职。身处一个接触不少军事机密的部门，难免会遇到各种各样的试探性提问。一天，罗斯福的一位好友在闲聊中表示出对美国海军动向的极大兴趣，并点名问道某一大西洋小岛筹建基地的秘密计划。

探起身向周围打探了一番后，罗斯福压低声音问这位好友："你能保守秘密吗？""当然能！"该朋友激动地回答。罗斯福听后微笑着说道："那么，我也能。"

面对好友的提问，直接拒绝似乎很驳友人的面子，而对方也有可能继续操起打破砂锅问到底的架势，表示自己只是好奇绝不会泄密。那直接卖个人情把秘密告诉对方吗？这显然有违自己的职业道德。在这种两难的情况下，罗斯福以一句小小的玩笑，让朋友自觉意识到自己所问的内容是应该被保密的，也就不好意思再追问下去了。

类似的问题不仅会发生在好朋友的身上，在一些公众场合也会频频出现，让我们一起来看看基辛格又是怎样应对记者纠缠的吧。

亨利·艾尔弗雷德·基辛格是1973年诺贝尔和平奖获得者。这位著名的当代美国外交家不仅是一位国际问题专家，还是一位睿智的幽默大师。在基辛格担任尼克松政府国家安全事务助理一职时，曾有记者公开向他询问美国当下导弹和潜艇的数量。

基辛格听到问题后并没有横眉冷对提问记者，而是以非常配合的口吻回答：“数目我当然是知道的了，但是我不知道这条信息算不算是保密的。”

记者听到这句话，立刻接话：“不是保密的啊。”“不是保密的吗？”基辛格听后饶有兴趣地倾下身问道：“那你说是多少呢？”提问记者顿时满脸尴尬，只能“嘿嘿”地傻笑。

公共场合的记者提问要比私下的朋友闲聊更为严肃，贸然发火只会破坏讲话者在公众心目中的形象；但和颜相对似乎又不能彻底断绝记者们的无理提问。基辛格也是利用了一句玩笑，既保持了自己亲切的形象，又让发问记者自己封住了嘴巴，真是一箭双雕！

3. 幽默让你具备突破常规的思维

常规的思维往往将人的思想束缚在一种惯性之中。而幽默思维是一种较高级的思维形式，善于从常人想不到的角度来思考和表达问题，在令人捧腹之时感受到头脑风暴的魅力。

人们不能发挥创造力的原因多种多样，有的是因为心中存在某种局限性观念，有的是存在某种思维障碍，所以要发挥自己的创造力和创新思维，必须突破许多思维障碍，敢于打破一切常规。幽默作为一种“错位”语言艺术，常常运用意外的甚至驴唇不对马嘴的移植或组合，构成令人捧腹的大笑，因此要突破常规思维，这样才能巧发奇中。

有一次竞选“香港小姐”时，主考人向某小姐提了个特别的问题：“你愿意嫁给肖邦还是希特勒？”某小姐笑着回答：“我愿嫁给希特勒。”全场愕然。某小姐接着说：“假如我嫁给希特勒，也许就不会发生第二次世界大战。”满堂为之喝彩，该小姐一举夺魁。

按照常规思维，人们的选择肯定是才华横溢的肖邦而非恶贯满盈的希特勒。某小姐的逆向思维，反而让她的善良之心脱颖而出。

突破常规思维，还能在危急时刻救你一命。

清朝时，有一天乾隆皇帝问大学士纪晓岚：“纪卿，‘忠孝’之意何解？”

纪晓岚答道：“君要臣死，臣不得不死，为‘忠’；父要子亡，子不得不亡，为‘孝’。”

乾隆皇帝立即说：“那好，朕现在就要你去尽忠，行吗？”

“臣领旨！”

“那你打算怎么个死法？”乾隆皇帝问。

“跳河。”

乾隆皇帝当然知道纪晓岚不会去死，于是就静观其应变办法。不一会儿，纪晓岚回来了，乾隆笑道：

“纪卿何以未死？”

纪晓岚答道：“我走到河边，正要往下跳时，屈原从水里向我走来，他说‘晓岚，你此举大错矣，想当年楚王昏庸，我才不得不死。你在跳河之前应该先回去问问皇上是不是昏君，如果不是昏君，你就不该投河而死；如果说是，你再来不迟啊！’”

纪晓岚跳出常规思维，面对皇帝的戏谑，巧借屈原之说，金蝉脱壳，不愧是如簧之舌，一代辩才！幽默化思维可以在紧张状态中，以从容的姿态出现。其中暗含的“明知故犯”，以便在真实性的基础上，夸大真理的某一点，以取得漫画化的效果，这对人们在放松的状态下施放灵感，肯定是有益无害的。

4. 幽默能加强你的应变能力

幽默不是深思熟虑的产物，而是随机应变，自然而成的结晶。幽默往往与快捷、奇巧相连。

有时候，我们会深陷一种相当狼狈的境地。这时，我们可能惊慌失措，可能很愤怒，也可能十分沮丧。惊慌失措使人失去思考能力，愤怒使人失去对自己的情感的控制，而沮丧则导致人的精神处于消极的、无所作为的、听天由命的状态，而所有这一切都无助于我们从狼狈的境地中解脱出来。

其实这时候，客观情境的严酷十分需要我们把自己思维的潜在能量充分调动起来，作出超常的发挥。而要做到这一点恰恰需要冷静，需要乐观，使自己的精神处于一种自由的、活跃的状态，也就是通常所说的急中生智。在这种状态下所说出的话语往往比通常情况下聪明得多，也有趣得多。

清代大学者纪晓岚是一个学问很大又很富于幽默感的人。他的幽默以出奇制胜的机智见长。

有一年夏天，纪晓岚在乘凉时脱了个赤膊，不料乾隆皇帝突然到来；他来不及回避就躲到床下去，过了好久，以为皇帝已经走了，便问书童："老头子走了没有？"不料，乾隆皇帝并没有走，便要求他解释"老头子"是什么意思，否则就以大不敬之罪论处。

纪晓岚面临这样严峻的形势，并没有惊慌失措，而是急中生智对"老头子"三个字作了巧妙的辩解。他从容地对乾隆说："万岁为'老'，人上为'头'，'子'乃圣贤之尊称。"乾隆听了一笑，纪晓岚就这样得到了解脱。

本来纪晓岚用"老头子"来称呼皇帝是大为不敬的，可是经他这样机智地巧辩了一番，变成了十分尊崇的意思。乾隆皇帝未尝不知他这是一种即兴胡诌，但却放过了他，显然是欣赏他的机智以及处变不惊的幽默趣味。可以说，这一次纪晓岚全因机智性的幽默而免予杀身之祸。

有幽默感的人往往思路敏捷、反应迅速，在复杂的环境中从容不迫，妙语连珠，常常能够凭借幽默的力量化险为夷。在生活中，每个人都难免遇到令人尴尬的人，办出使自己尴尬的事情，而且因此陷入一种狼狈的境地。这时略施幽默来进行自我调节，便能抹掉困窘，扭转尴尬局面。

雷莉·布丝是美国20世纪50年代的著名女演员。在一次重大的颁奖活动中，她急步登上舞台，没想到在台阶上绊了一下，险些跌倒在地，全场观众都为她吃了一惊。

只见她不慌不忙地稳住了身体，站在舞台中央，平静地说："女士们、先生们，你们刚才都看到了，我是经历了什么样的坎坷才达到事业巅峰的。"全场观众顿时掌声如潮。

雷莉·布丝的一席话不仅摆脱了险些摔跤的窘境，还将自己事业的坎坷轻松调侃一番，使人感受到一位优秀演员的临场应变智慧。幽默是一种生活艺术，是一种气质，是一种智慧的表现。幽默从机智出发，赋予机智以新的动力，同时也对幽默自身的意念、态度和手法产生影响。当机智在幽默中以其理性姿态出现时，则构成了机智性幽默这一新生物。

5. 含蓄的幽默让你更显睿智

观点的表达可以直接，可以婉转。直接表意直率坦诚，含蓄表达则更显出做人的艺术与灵活感。含蓄之美，在于简单明了，在于有所保留，在于给人留有思考和反省的余地。含蓄的表意犹如一杯清茶，越多品几次，越能体味个中滋味。

在日常生活中，一家人也有不好意思直接表达看法的时候，而这时候只需要我们动动脑子，用一点含蓄而幽默的心思，不用说很多无用的废话，就能达到我们所要表达的目的了。

一位母亲有两个儿子。一天，用餐时，刚吃了一口菜的小儿子就噘着嘴说："妈妈，好苦！"母亲很生气地说："那你就别吃菜了，只喝汤就行了。"

大儿子看到了，便问弟弟为什么只喝汤不吃菜。母亲回答："我的厨艺这么好，他偏说菜是苦的，你说该不该罚？"大儿子尝了一口，便自觉地端起了汤碗："我也只喝汤吧！"

母亲顿时一愣，继而会心一笑。

大儿子自我惩罚的举动实际上已经含蓄地表明了自己的看法，让母亲也感受到自己厨艺有待提高，而不是孩子们故意找茬。这样幽默的话语不但可以让母亲很容易接受，还可以让母亲会心地笑起来，何乐而不为呢?

朋友之间与家人一样，由于感情亲近，直接表达意见也并不一定会伤害到对方。但是，稍带嘲弄或者调侃的话语可以让你更加委婉地表明看法，让对方感受到你为他（她）着想的诚意。下面这个故事中甲乙两位新锐作家的对话就充满了幽默的意味。

两位年轻作家在一起聊天。

甲炫耀自己文思如泉涌，说："我经常半夜灵感大发，一写就是半宿，然后就一直失眠。你知道怎么解决这个问题吗？"

乙："你不妨看看你写的文章，一会儿就睡着了。"

身为朋友，乙不方便直接批评甲的文章写得不好，他利用看他的文章会睡着的回答，曲意表达其看法——你的文章写得很差，具有催眠效果。由于观点表达巧妙，并不会让对方心生不快，也更易让对方看出顾及他颜面的苦心。

朋友之间的含蓄幽默让双方的关系得以维系，言简意赅之余更有深意。而在政治场合，政治人物的幽默在表意之余有一定的警示作用。周总理是出色的外交家，见惯了外交场合风云变幻的他在面对外国记者的蓄意刁难时总能以幽默的话语含蓄地阐明自己的观点，让对方自食其果。

某次国际会议上，一名美国官员看到周总理使用的是派克牌钢笔，便不怀好意地说："周先生，您作为中国人民的优秀儿子，为什么还使用着我们美国生产的钢笔呢？"

周总理笑着回答道："这是抗美援朝时期我国一位将军从美军那里缴获

的战利品，我认为很有纪念意义，所以就一直带在身边。”

周总理以幽默的话语含蓄地回答了对方的提问，也让对方很有自知之明地让刁难就此打住。这种平淡睿智的语言，蕴含着双方心智风起云涌的交手，周总理能够在不动声色之中化干戈为玉帛，可谓是善用幽默含蓄表意的高手了。

6. 自嘲是你的一种幽默境界

唐伯虎《桃花庵歌》云：“别人笑我太疯癫，我笑他人看不穿。”自嘲正是这样一种看破世事的技巧，对影响自身形象的种种不足之处巧妙地加以自嘲，能在幽默之余为谈话添加趣味，能显示出潇洒不羁豁达的交际魅力，也能在自我嘲弄之中更显品质与修养。

在人际交往中，身处高位者常常有“高处不胜寒”之感，其原因就在于他们放不下自己的架子与地位，不能真正融入寻常百姓之中。其实，在交谈时偶尔幽默地自嘲一番，就可以改变这种窘境。适当的自嘲，可以让身旁的人感觉到其平易近人，因而更能获得爱戴。

林肯总统常常因长相而被人取笑。

有一次，林肯在路上散步时遇到一位老妇人，老妇人毫不留情面地嘲笑他说：“先生，你是我见过的最丑的人。”

林肯笑着回答道：“夫人，你得体谅我，长成这样我也是身不由己啊！”

林肯总统没有因这位老妇人的无理而加以指责和反击，而是以这样一句看似无奈的话让这段不愉快的对话画上了句号。正因为有着良好的修养，他才能面不改色地嘲笑自己的外貌，让对话的气氛变得友好。相信这位老妇人之后也不会再为难他了。

外貌的缺陷是社交中遭人嘲笑的一种原因，而年龄则是很多人的另一死穴，亦是一个十分敏感的话题，很多人因为年龄的关系而遭人轻视。这时，需要以自嘲的姿态来应对，以打破僵局，避免尴尬。

一位老教授这样讲述一次到某高校演讲的经历：

由于演讲当天该校还有一场校艺术团的汇报表演，到场听讲座的学生并不多，很多位子都空着，在门口徘徊的却大有人在，他们随时准备离开。

面对尴尬的场景，老教授这样说："你们身边的空位是不是给同学占的座啊？门口的同学也很热情，让我进场的时候有一种众星拱月的尊重感，你们宁愿站着也想要听我这个老头子的讲座，我真是倍感荣幸，在老头子和少男少女之间你们选择了我这个老头子，我谢谢大家了。"

那些徘徊的学生感觉很不好意思，便都进场坐下了。接下来的演讲进行得非常顺利。

这位老教授以年龄自嘲，让学生感受到其幽默风趣，因而也让一场本来听众寥寥无几的演讲变得生动起来，其由于年龄而散发出来的历久弥新的魅力更让人记忆深刻。这种方式，不仅让自己免予尴尬，也不会伤害他人的感情。

在日常生活中，遇到尴尬之时，适当地自嘲，可以使整个交谈气氛更加融洽，能拉近人与人的距离，让话题更好地继续下去。其实，敢于自嘲者才是有大智慧之人，只有眼光足够高远，才勇于嘲笑自己，取悦他人。当被问及不愿细谈或明言的问题时，以自嘲的语调幽默以对，是一种有效的回答方式。

"二战"时期的美国总统罗斯福曾被记者问到这个问题："先生，请问您第四次连任总统的感觉如何？"

罗斯福并未正面回答这个问题，而是先请记者连吃了3块蛋糕，然后笑着对已经吃不下第四块蛋糕的记者说："你现在应该切身体会到第四次连任的真实感受了吧。"

罗斯福的做法，可谓含蓄与幽默兼具。"二战"时期国内国际形势复杂多变，身为总统的罗斯福疲于奔命，然而又不能直接称累，因此以委婉的方式自嘲——第四次连任总统的感觉就像吃了三块蛋糕之后再逼自己咽下一块已经不能负荷的蛋糕一样。很难说在担任总统期间事事顺遂，但是罗斯福总统自嘲式的回答却显出了作为一国元首的豁达和潇洒态度。

适当地自嘲，可于尴尬时活跃气氛，还能更好地维护面子，让朋友感受到你的坦率可爱。总之，自嘲是社交场合中不可多得的灵药。

7. 幽默让你变得伶牙俐齿

伶牙俐齿、巧舌如簧能让人在唇枪舌剑中纵横天下。倘若能将幽默运用到你的辩驳之中，则更能避免直接驳斥带来的激烈争执，帮你给无礼的对手一个不失风度的漂亮回击。

幽默不仅能以含蓄、婉转的力度帮助讲话者达到最佳的目的，而且在讽刺、攻击别人之时，也会让你的语言更加锋利，让人觉得辛辣异常。生活中难免会遇到有人制造难题，对人诋毁挑衅，碰到这种状况之时，幽默不仅是我们用于进攻、打击对手的有力武器，还可以让我们反击对方的同时，保持自己的风度。

法国著名作家莫泊桑因文笔太过犀利，常常遭到一些傲慢贵族的奚落。一次，一位极为自大的公爵夫人在跟他攀谈时说："说真的，你的小说没什么了不起，不过，你的胡子倒是十分好看，你为什么要留这样一个大胡子呢？"

面对这样无理的提问，莫泊桑没有勃然大怒，而是淡淡地答道："这个大胡子至少能给那些对文学一窍不通的人提供一个赞美我的东西。"

以莫泊桑在小说中表现出的机智幽默，如果仅仅是争论"莫泊桑的小说是否优秀"这个问题，那位贵族夫人哪里是这位文坛巨匠的对手。但如果莫泊桑当真奋力为自己的小说辩护，只能让众人觉得莫泊桑没有风度，甚至认为他是一个自负的家伙。所以莫泊桑选择了以带有幽默的反讽来表达自己的不满，"暗地里"给了傲慢夫人一个漂亮回击，让对方来结束这场令自己不愉快的谈话。

莫泊桑的还击是含蓄而锋利的，犹如棉里藏针，而有的幽默还击则更为直接和辛辣。

孔融十岁的时候，随父亲到洛阳。他们到当时名气很大的司隶校尉李元礼家去作客。到他家去的人，都是那些才智出众或有清高称誉的人。孔融小小年纪应对自如，李元礼和他的那些宾客均甚称奇。

太中大夫陈韪却说："小时了了，大未必佳。"意思是小的时候很聪明，长大了未必很有才华。孔融听后说："想君小时必当了了。"意思是我猜想您小的时候一定很聪明吧。

孔融巧妙地利用陈韪批评他的话来逆推，有力地进行了一次漂亮的反击。正所谓"以其人之道，还治其人之身"。

德国著名诗人歌德也是一位非常善于运用幽默反击对手的人。

有一次，歌德在散步时迎面走来了一位反对他的批评家。两人所走的街道非常狭窄，必须要有一位侧身相让，才能让另一位顺利通过。

这位批评家以其一贯的傲慢姿态对歌德说："你要知道，我这个人是从来不给傻瓜让路的！"

面对如此奚落，歌德却依然神情自若，并微笑着回答道："而我却恰恰相反。"说完便侧过身去，让批评家先行。

与以上人物遭遇的尴尬类似，如果歌德以同样的无礼言语回应批评家，两人免不了在狭窄的空间里发生一场不愉快的争执。要这样的话，无疑是有损歌德形象的。所以歌德顺势接过的一句话，就既达到了反击对方的目的，又封住了对方的嘴，将一场风波化解了。如此巧妙的幽默，比起莽撞的争吵，前者自然更胜一筹。

8. 让幽默体现你的生活智慧

佛曰："一花一世界，一叶一菩提。"看到玫瑰，悲观者说"花里有刺"，乐观者说"刺里有花"。生活的甜美与苦涩，一切只取决于你是否有一个乐观向上的心。

生活是多姿多彩的，关键是你用什么样的眼光来看待它。拥有乐观的人生态度是幸福的支柱，而幸福是乐观要抵达的目的地，要想使自己幸福，就要首先具备乐观的精神、幽默的心态。

有人曾问英国著名作家萧伯纳，如何区分乐观主义者和悲观主义者。萧伯纳不假思索地说："假设这里有半瓶酒，看了它之后，会庆幸地说'还好，还有半瓶'的人，就是乐观主义者；如果看后说'糟糕，只剩半瓶'的人，就是悲观主义者。"

萧伯纳的卓见对我们认识幽默是很有启示的。生活中只有乐观主义者才有幽默感，有丰富幽默感的人，他的生活也是多方面性的。幽默感会让人对许多周围的事物作出趣味的理解，对于周围诸种问题采取富有趣味的处理方式。

俄国文学家契诃夫曾在《生活是美好的——对企图自杀者进一言》中这样写道：

"要是火柴在你的衣袋里燃起来了，那你应当高兴，而且感谢上苍，多亏你的衣袋不是火药库。

"要是有穷亲戚上门来找你，那你不要脸色苍白，而要喜气洋洋地叫道：'挺好，幸亏来的不是警察！'

"要是你有一颗牙痛起来，那你就该高兴，幸亏不是满口的牙痛起来。

"要是你被送到警察局里去了，那就该乐得跳起来，因为多亏没有把你送到地狱的大火里去。

“要是你挨一顿桦木棍子的打，就该蹦蹦跳跳叫道：‘我多么运气，人家总算没有拿带着刺的棒子打我。’

……”

契诃夫夸张的妙语将生活中的种种不如意都化为了值得欢庆的乐事。这就是一种乐观豁达的胸怀，一种左右逢源的幽默人生。拥有了这种胸怀和境界，人的心灵就犹如有了源头的活水，就能用心倾听世界，用心发现美好。

美国哲学家乔治·桑塔亚那选定4月的某天结束他在哈佛大学的教学生涯。是日，乔治在礼堂讲最后一课的时候，一只美丽的知更鸟停在窗台上，不停地欢叫着。他出神地打量着小鸟。许久，他转向听众，轻轻地说：“对不起，诸位，失陪了。我与春天有一个约会。”说完便急步走了。

这句美好的结束语，具有相当的幽默感，充满了诗一样的美。不热爱生活的人，无论如何也说不出这种富于哲理的幽默语言的。正如雕塑家罗丹所说：“生活中从不缺少美，而是缺少发现美的眼睛。”

幽默的人最会说话

一　学会为人处世的幽默

所谓“诚于衷则形于外，慧于心则秀于言”，在为人处世时，使用得当的言语能够展示出一个人的高尚风度和良好教养。为人处世的语言除了讲究礼仪，更讲究技巧，幽默即是其中重要的一种。幽默的语言闪耀着智慧的火花，迸发着睿智的星光，能增进双方的感情，能为交谈创造和谐融洽的气氛，能给对方留下美好的印象，能够化尴尬为通达，化冲突为平和。

幽默是一种灵活机智的交际态度，是一种洒脱豁达的处世风格，也是应对社交矛盾的一门复杂艺术。

1. 小小幽默更胜大道理

大道理无处不在，但大道理因其说教性，往往让人望而生畏。相反，寓道理于小幽默中，却往往容易引起人们的共鸣，从而让人更容易接受。如果习惯于说教，不妨换种方式，来点幽默。

生活中，我们常常会碰到一些人在我们面前不停抱怨，这时我们常常会给对方讲一些道理，帮助对方排解心中郁闷。有时候，我们会帮助对方调整好心绪，但有时候对方却可能会因为我们的劝慰而更加烦躁，更有怨气。我们能否帮助对方排解郁闷的关键是，对方是否能静下心来听我们提出的意见或建议。

一个不知名的小说作家对一位大师抱怨：“很奇怪，我能在一周内写好我的文章，但要出版却需要让我等上整整一年。”

大师思索片刻，对这个作家说：“如果你换一种方式，用整整一年的时间来写文章，那么，你的文章一定能够在一星期之内出版的。”

大师并没有直接指出这个小说家的不足，而是巧妙地转换了小说家的话语，从而委婉地指出该小说家的不足之处，让小说家有醍醐灌顶之感。大师既让小说家了解到自己的不足，又没有伤及对方一点尊严，他的话可谓是点拨别人的神来之笔。

每个父母都担负着养儿育女的重任，做父母的自然少不了对儿女的循循善诱。父母为教育孩子，都劳心又劳力，但效果却截然不同。有的家长，大小道理都讲了不少，不但没教育好孩子，还让孩子非常厌烦，严重者还出现了很深的代沟。其实，教育孩子，话不在多，而在精。有时候，父母一个巧妙的小幽默，就能让孩子受益一生。

一位小朋友问妈妈：“妈妈，为什么人都有两只眼睛、两只耳朵、两只手、两只脚，却只有一个舌头呢？”

妈妈欣然答道：“这是让人要多看，多听，多做，多走路，少说不该说的话啊！”

面对孩子的问题，母亲并没有从生理的角度给予回答，而是借此问巧妙地让孩子明白一些为人处世的道理。可以想见，这位母亲机智幽默的应答，一定比硬生生的向孩子灌输一些做人道理的教育有效果的多。

在工作中，尤其是服务行业的工作人员，在向服务的对象讲一些需要让他明白的问题的时候，常常会遇到一些人不予理解的情况。这时，如果只是生硬地与对方据理力争，只能起到反作用，而如果能巧妙地用一些容易理解的小幽默来分析给对方听，一定能使对方更容易的接受。

一个讳疾忌医的人患了急性盲肠炎，不得不住进医院，但他顽固地反对手术。他理直气壮地说：“既然上帝把盲肠放在这里，那一定有他的道理的。”

“当然，当然，”医生礼貌地回答说，“上帝给你盲肠，就是让我能够把它拿出来啊！”病人一听，不禁笑了起来，欣然接受了手术治疗。

医生面对顽固的病人，如果态度恶劣，不但解决不了问题，还会使病人情绪激动，更加不利于手术。面对这位顽固的患者，这位聪明的医生只是幽默地顺着病人的问题，给出了一个让人意想不到的答案，就让病人乖乖地和医生合作了。小小的幽默，力量的确很大。

2.幽默让你巧辩制胜

辩论是一门艺术，有很多运用的方法，但无论是请君入瓮也好，暗度陈仓也好，还是旁敲侧击、以守为攻等，都包含着幽默力量在其中。

辩论，是探索真理，获得成功的有效手段。无论是生活中的你争我夺，还是辩论赛场上的唇枪舌剑，你都有可能反应机敏，表达流畅。如果还能巧用幽默，那你就一定会辩才高绝，难遇敌手。辩论中运用幽默手法是一种极为有效的制胜术，它能直接体现辩手的知识水平、思想素质、语言表达能力的高下。

在一个古希腊幽默故事中，一个朋友嫌弃索克拉特太穷。一天，这位朋友骑着一匹十分矫健的马，引得许多过往行人驻足欣赏。索克拉特走上前去说道：“我想，这匹马一定很富有……它一定拥有大笔财富。”

朋友笑起来说道：“你知道，任何一匹马都是不可能有钱的。”索克拉特说：“没有钱？它和我一样贫穷！可是你瞧，这并不妨碍它成为一匹好马！”

“没有钱可以成为一匹好马”，暗示贫穷并不妨碍人成为好人，索克拉特假借对马的评价，巧妙地论证了钱并非评价一个人好坏的标准。这种辩论以故作蠢言开始，以机智巧辩结束，幽默而不失含蓄温和。

辩论之中，难免有辛辣讽刺的言语，倘若能向上面的例子一样用比喻来论证自己的观点，则往往能够使火药味降到最低，且能够完好而含蓄地表达出自己的立场。

一次，齐王派大夫晏子去访问楚国。楚国仗着自己国势强盛，想趁机侮辱晏子，以显楚国的威风。

楚王安排酒席招待晏子。正当他们吃得高兴的时候，有两个武士压着一个囚犯从堂下走过。楚王看见了，问他们："那个囚犯是哪里人？犯了什么罪？"武士回答："是齐国人，犯了盗窃罪。"楚王笑嘻嘻地对晏子说："齐国人怎么这样没出息，干这种事儿？"楚国大臣们听了，都得意洋洋地笑起来，以为这一下可让晏子丢尽了脸。

哪知晏子却站起来说："大王怎么不知道吗？淮南的柑橘，又大又甜。可是橘树一种到淮北，就只能结又小又苦的枳，这还不是因为水土不同的缘故吗？同样的道理，齐国人在齐国安居乐业，好好地劳动，一到楚国，就做起盗贼来了，也许是两国水土不同吧。"楚王听了，只好赔不是，说："我原想取笑大夫，谁料却让大夫取笑了。"

晏子巧用"橘生淮南则为橘，生于淮北则为枳"的比喻反击了楚王对齐国的侮辱，辛辣之中不失含蓄，点到为止，令人回味悠长。

而苏联著名诗人马雅可夫斯基，他的辩论就充满了咄咄逼人而又幽默风趣的风格。要讲马雅可夫斯基奇辩的故事，最精彩的要数他在莫斯科综合技术博物馆的一次演讲。那天，马雅可夫斯基在会上演讲得既尖锐、咄咄逼人，又幽默、妙趣横生。

在问答过程中，有人说道："您说，有时应当把沾满'尘土'的传统和习惯从自己身上洗掉，那么您既然需要洗脸，这就是说，您也是肮脏的了。""那么您不洗脸，您就自以为是干净的吗？"马雅可夫斯基答道。

还有人嚷道："马雅可夫斯基，您的诗不能使人沸腾，不能使人燃烧，不能感染人。""我的诗不是大海，不是火炉，更不是鼠疫。"

马雅可夫斯基的这些答辩，如同游龙一般灵活，既有奇智也有力量，始终保持一股既幽默又咄咄逼人的气势，至今读来，仍可感到诗人那非同寻常的敏捷与机智。

3. 难得糊涂助你脱困

郑板桥题字云："难得糊涂。"在一些场合中，幽默的糊涂方式往往能够使人聪明地从困窘中解脱出来。

智慧有时就隐藏在假装糊涂的幽默中。在一些特殊的场合，我们常常会碰到一些意想不到的事情，处理不好着实使人尴尬万分。遇到这类情况时，想要化解难堪，不妨假装糊涂，幽默应变。

马克自称是个好猎手，他常向人们讲起他神奇的枪法。一天，他的朋友来邀他去打猎。来到河边，朋友指着游动的野鸭子对他说："快举枪瞄准呀！"

马克端起枪来便射击，可是没打中，野鸭子飞跑了。他很纳闷地对朋友说："先生，我这是第一次看到死鸭子还能飞哩！"

死鸭子当然是不能飞的。马克借糊涂掩饰自己射失了鸭子，荒诞中不失俏皮，用一句话摆脱了自己的窘境。

"糊涂"一词看似是贬义，但其实其中深意颇多，除却囫囵愚钝、不甚精明之外，它还蕴涵有大智若愚的意思。在幽默的王国里，只要运用得当，"糊涂"也是可以被表现得大愚若智的。

王安石有个儿子叫王元泽，从小聪颖。有一天别人问他，关在一起的两个动物哪个是獐，哪个是鹿？小元泽从未见过这两种动物，他也不含糊："獐旁边的那只是鹿，鹿旁边的是獐。"

王元泽似是而非的回答就是幽默糊涂的最好注解。明明含含糊糊，回答却清清楚楚，以幽默的方式将难题迎刃而解。

糊涂幽默不仅仅是使人摆脱窘境的抹油快鞋，在有的时候，不辨是非黑白，混淆词义，反而能将事理越辨越明。

牛津大学有一个叫艾尔弗雷特的年轻人，因为有点诗才而在全校闻名。

一天晚上，他在同学们面前朗诵自己新创作的一首诗。同学中有个叫查尔斯的说：“艾尔弗雷特的诗我非常感兴趣，不过，它是从一本书中偷来的。”

这话传到艾尔弗雷特的耳朵里，他非常恼火，要求查尔斯向他赔礼道歉。查尔斯说：“我说的话，很少收回。不过这一次，我承认是我错了。我本来以为艾尔弗雷特的诗是从我读的那本书里偷来的，但我到房里翻开那书一看，发现那首诗仍然在那里。”

查尔斯将诗句抄袭与物品偷窃糊涂地混为一谈，却更为清晰地指出了艾尔弗雷特抄袭的事实。糊涂是一种智慧，其中蕴涵着幽默的哲理。正如莎士比亚在其著作《第十二夜》中，让主人公薇奥拉说出了这样一句话：“因为他很聪明，才能装出糊涂人来。彻底成为糊涂人，要有足够的智慧。”

4. 幽默的赞美最受欢迎

如果说赞美是一窗春日的天空，那么适当的幽默则是空中飘飞的纸鸢，更添生机；如果说赞美是一股清净的泉水，那么适当的幽默则是水中嬉戏的游鱼，更添灵动；如果说赞美是一份真诚的礼物，那么适当的幽默则是外包装上美丽的蝴蝶结，翩跹起舞。

赞美对促进人与人之间关系起着非常重要的作用。在爱情中，少不了甜言蜜语。当两人初见时，主动出击的一方少不了受到对方的冷言冷语。这时，就需要灵机一动，说一些暗带幽默的“花言巧语”，以获取对方芳心了。

一位贫穷的男子爱上了一位富人家的美丽姑娘，男子迫不及待地向姑娘表白：“我美丽的姑娘啊，我愿意把我所有的财产都置于你的足下。”

姑娘回绝道：“你也没有多少财产啊！”

男子聪明地回答说：“你说得对极了。可比起你娇小的玉足来，它们就显得很多了！”

这位天性浪漫的男子，除了有诗人一般的文采，还有着过人的应变能力和说话技巧。在遇到姑娘的冷遇时，他并未退却，而是聪明地扭转了局面，让赞美的话语直达姑娘的心田。能把赞美的技巧发挥到如此地步，可算是个高手了。

爱情中的巧妙赞美可以让两人的感情更加亲密，而与朋友相处时的幽默赞美更能让对方喜笑颜开，心中受用。

一位法国作家曾这样赞美他的朋友、作曲家海顿早期的弦乐四重奏：

第一小提琴是一位健谈的中年人，总是找话题来维持着谈话。

第二小提琴是第一小提琴的朋友，他竭力设法强调第一小提琴话中的机智，很少表白自己；参加谈话时，只支持别人的意见，而不提出自己的意见。

大提琴是一位庄重的老者，有学问而好讲道理，他用虽然简单然而中肯的论断支持第一小提琴的意见。

至于中提琴则是一位善良而有些饶舌的妇人，她丝毫讲不出重要意见，却经常拌嘴。

作家的语言天赋是常人难以企及的，这位作家并未泛泛而谈弦乐四重奏有多好听，多优美，而是幽默地把四重奏具体形象化为四个人的谈话，不仅能够让人更明白四重奏的特点，也用文学化的语言赞美了海顿的音乐才能。这种赞美的方式好比赠送别人礼物时附带的包装，虽然没有实际意义，却能让接受的人更加开心。

爱听赞美的话是人的天性。当我们赞美别人时，对方会由衷地感到开心并对我们产生好感。因此，要想缓和增进双方的关系，拉近彼此的距离，不妨真诚地赞美他（她）。但是，要做到从容自如、得心应手，赞美的时候，还要学会多学一些技巧，从而让自己所说的话更有深意。

拿破仑一向反感奉承之语，但有一位士兵却聪明地让拿破仑开心地接受了他的赞美。他是这样说的：“将军，您居功至伟却最不喜欢奉承话，您真是值得我们学习的人。”拿破仑听后心里十分高兴。

这个故事中，士兵之所以能够达到赞美的目的，其原因就在于他了解拿破仑的脾气秉性，深知他讨厌奉承话，但聪明的士兵仍然抓住了拿破仑的优点——不喜奉承，予以赞美，这样的方式自然能够让对方很高兴地接受。

人是喜欢被赞美被夸奖的动物。赞美如同微风雨露，可以在乍暖还寒时催开真诚相处之花。在赞美时添加幽默元素，会让对方在接受你的夸奖之时，亦感受到温暖与真诚，会让平淡的人生多一些甜美滋味。

5. 幽默让批评更容易被接受

咖啡是苦的，但加了糖的咖啡却变得分外香甜。在“批评”这杯“苦咖啡”中添加“幽默”，正如在原本苦涩的咖啡中添加了糖，让不喜欢喝苦咖啡的人能够更容易接受。把批评变得幽默委婉，可以让对方在轻松的心态下接受意见并进行改正。

每个人都需要真诚的赞美，同时也要善意的批评。批评如雨露，有着重要的督促作用。当想要批评别人时，试着抛弃那种直言不讳的方式吧，机智而又敏捷地指出别人的缺点或优点，在微笑中加以肯定或否定，可以让对方更加信服。

当时，还在做鲁迅学生的许广平刚写就一篇名为《罗素的话》的论文，拿着让鲁迅先生给她评分。

看过论文，鲁迅先生这样在文章末尾写道：“80分。给你5分（抄写功夫3分，末尾的议论2分），其余的75分给罗素。”

原来，在这篇论文中，许广平大部分内容都是摘抄自罗素，自己的见解却屈指可数。

这段评语幽默中肯，许广平看完之后不仅马上明白了自己文章的问题，而且心服口服。生活中，这样的批评方式如同“糖衣炮弹”，如去了刺的玫瑰，赠人之后，手留余香，让受者也心中舒坦。

在拥挤的百货大楼里，一位商场经理正在调查顾客对其商品的满意度。

一位女士说：“这里的商品倒是很齐全，但是少了一样东西。”

经理很感兴趣，问道："是什么？我保证，下次您来的时候一定能够找到这件商品的。"

女士笑了笑说："人情味儿。"

女士并未直接指责该商场服务员的服务态度，而是以这种间接的方式予以批评，表明店员的服务态度也是一家商场的门面，指明了服务态度的重要性，让商场经理能够坦率地接受批评并在日后的工作中加以改正。这就是幽默批评的魅力。

当朋友的做法让你不能接受或者让你觉得不妥时，最好能在评判的话语中加一点儿幽默，委婉地予以批评，这样的方式更容易让人接受，也能够更好地让对方明白你的苦心。

于小姐刚买了一件衣服，便兴冲冲地穿上让其女友李小姐品评。由于身形太瘦，于小姐穿着这衣服越发显得身形瘦削，并无美感。但由于不好直接加以批评，李小姐这样评价道："衣服还不错。但是像你这样既苗条又高挑，穿一些稍稍宽松的衣服会更显得神采飘逸。"于小姐听过之后心中十分受用。

其实，李小姐的本意是批评这件衣服并不适合于小姐，但是她采用了委婉幽默的方式来进行，欲抑先扬，让于小姐心中不致产生太大心理落差，对其批评意见也能更好地接受，可谓是两全其美。李小姐这种幽默的批评方式正是为人处世中一种重要的技巧。

要让批评更加深入人心，就得在说话的方式上下点工夫，或曲意表达，或话中暗藏玄机，或幽默自嘲，这样的批评能在顾及对方颜面的同时达到自己想要的效果，是与人相处的一条重要原则。学会幽默地批评他人，可以让你的人际关系更加和谐。

6. 幽默的激励更有力量

有人说："适当的激励可以让平庸者变成天才。"这句话阐释了激励的神奇力量。激励是照亮前行之路的明灯，在充满险滩暗礁的人生道路上引导人们向更光明的方向前行。幽默以对，可以激励人们在逆境中催生斗志，可以在顺境中让人更加奋发图强。

自我激励是成功的重要前提，在面对挫折和困难时，以幽默的方式自我激励，可以增强自信心，在奋斗的途中更加勇气十足。

爱迪生经过一千多次的试验之后，才终于发明了白炽灯。实验途中，不少人责难他："你已经失败这么多次了，难道还要继续下去吗？"爱迪生笑着回答道："谢谢关心，到现在为止我最大的成功就在于证明有一千多种材料不适合做灯丝。"

这句话后来被全世界的人们所熟知，爱迪生的言语之中洋溢着乐观与幽默，他既不为失败而心烦意乱，也不为世人的讽刺挖苦而沮丧不安。相反，爱迪生正是以这种屡败屡战的精神来激励自己面对科学研究事业中的重重阻碍，从而才发挥出卓越的创造力，成为举世闻名的大发明家。

当别人遇到困难挫折需要帮助的时候，受到不公正待遇或受到委屈想要说明和同情的时候，我们应该适时地用鼓励的话语去安慰对方，语重心长深切感人的话语固然好，但是添加幽默的激励之语更能深入其心。

在社交场合，那些少言寡语或者内向的人们总感觉如坐针毡，紧张不已。这时，一句幽默的话语能够让他们从紧张情绪中解脱出来，更加融入现场气氛，从而享受社交带来的快乐。

某一次宴会上，一位女士一直沉默不语。旁边的一位先生看出了她的惴惴不安，便幽默地说："小姐，我觉得你肯定很富有。"

女士不明其意，便回问道："为什么这么说？"男士笑道："你看你到现在一直沉默，所谓沉默是金嘛！”女士听罢忍不住开口笑了，接下来的时间里，两人侃侃而谈，成为了很好的朋友。

这位先生巧妙地借助“沉默是金”这一成语，故意曲解意思，让女士的紧张稍稍缓解，使得她能在聚会中更加绽放自己的魅力，更加享受现场的快乐气氛。这在为人处世中是一个很好的开启对方心门的方式，也能在言语之中激发对方的潜力，帮助其提升自我。

幽默的措辞可以让人在公开演讲时更加富有魅力，让内容更深入人心，让激励作用得以发挥。在职场中，适当的激励有助于激发潜力和工作积极性，而为了促使学生努力学习，老师们也费尽了心思，看看下面这位老师的独特尝试吧。

“我采用一种很特别的方式发试卷：考高分的同学，把试卷放在他的头顶；考得一般的同学，把试卷放在他的桌子上；考得不及格的同学，把试卷放在他的地上。至于考零分的同学，我会告诉他们说：‘请于今晚挖掘试卷，具体地点我会再通知’。”

这段话表面上是拿同学们的成绩开玩笑，却是一种委婉的表达方式，尤以最后一句最为精辟。老师以这种幽默的方式鼓励学生珍惜大好青春和学习机会，让那些考试结果不理想的学生更严格地要求自己，以取得好的成绩。老师的这种幽默，无疑更能激励学生的斗志和信心。言语之中智慧与真诚兼具，这样的表达视角让人在轻松的笑声中受到教益。

7. 幽默的语言让劝导更有力

劝导的魅力，在于如灯塔一样照亮迷航者前行的方向；在于如镇静剂一样让行为偏激的激动者冷静下来。在劝导中以幽默与诙谐作为作料，可以让劝导更加有力，更加深入其心。

劝导，在我们的工作、生活中随处可见。然而，成功的劝导却是一件需要高超技巧和智慧的事。在劝导别人时，可能会在不经意间就触动了他的自尊，从而火上浇油弄巧成拙。要想劝导成功，除了手中有理之外，还要求方法正确、巧妙，如巧用幽默，丝丝入扣，娓娓道来，则更能深入人心。

《五代史·伶官传》中记载了后唐庄宗身边一个幽默家敬新磨的许多故事，其中一个就是敬新磨用幽默的反语来向庄宗进言的。

有一次庄宗外出打猎，糟践老百姓的庄稼，当地县令在庄宗马前恳切陈词，为民请命。庄宗大怒，叫县令滚蛋，并准备杀他。

敬新磨把县令抓到庄宗马前说："你身为县令偏偏不知道我们天子好打猎，还让老百姓去种庄稼，交赋税！为什么不让老百姓饿着，把这片地空出来，让我们天子来自由驰骋？你真是罪该万死！"

说罢，建议庄宗将他处以极刑。

庄宗听罢，知道了自己的过失，于是把县令放了。

县令冒死为民请命固然精神可嘉，但言辞过于严厉却使庄宗听不进去，反而招来杀身之祸。敬新磨的话表面上是帮着庄宗斥责县令，实则将庄宗打猎糟践庄稼的害处揭示得淋漓尽致。这种反讽的幽默，就是把对方的前提接过来夸而张之，使之显得荒谬，因而让被劝者自己在笑声中得以反省。

俗语曰："忠言逆耳"。太直接地劝说别人常常让人心生尴尬、不快，不仅可能达不到劝说的效果，还可能会伤及双方颜面。我们换种方式，或作比喻，或讲故事，让原本硬邦邦的直接劝说变得温和一些。这样的做法更容易让"忠言"顺耳。

齐景公好打猎，喜欢养老鹰来捉兔子。一次，养鸟人烛邹不慎让一只老鹰飞走了，景公下令把烛邹推出斩首。上大夫晏子知道了，便去拜见景公，说："烛邹有三大罪状，哪能这么轻易杀了他？请让我一条一条地数落出来，再杀他，也不迟。"齐景公说："你说说看。"

晏子指着烛邹的鼻子说："大胆烛邹！你为大王养鸟，却让鸟逃走了，这是第一条罪状；使得大王为了鸟的缘故又要杀人，这是第二条罪状；把你杀了，天下诸侯都会怪大王重鸟轻士，这是第三条罪状。"齐景公听后，对晏子说："别说了，我知道你的意思。"

晏子救烛邹，不是单刀直入，向齐景公说情，而是采取了另辟蹊径之法。表面上并没有替烛邹说情，反而数落他的三条罪状，仿佛要置烛邹于死地而后快，实则为其开脱，并委婉地批评齐景公重鸟轻士。这样既避免了说情之嫌，又救了烛邹；既指出了齐景公的错误，又不丢齐景公的面子，可谓“一箭双雕”。

晏子劝说齐景公废除严苛的刑罚也是用的上述方法。

齐景公在位时刑罚严苛，许多人遭遇砍脚的惨刑，百姓怨声载道。于是晏子想找机会劝谏他。

有一次，齐景公派晏子到集市上看什么东西卖得好。晏子回来时对齐景公说：“假脚卖得最好，鞋子卖得最差。”

景公诧异地问道：“为什么？”

晏子回答：“很多人遭受砍脚之刑，因而鞋子都派不上用场，买只假脚走路才是正事。”

齐景公听完哭笑不得，遂下令废除了这条严厉的刑罚。

晏子没有指责齐景公的暴虐，而是曲意而为，以“假脚卖得最好”来暗示砍脚之刑带给广大百姓很多痛苦，并委婉地劝谏景公取消这一刑罚。由于用语幽默诙谐，让当权者心里受用，因而能够达到劝谏的效果。

司马迁在《史记·滑稽列传》中记载了这样一个故事。

有一次，楚庄王的爱马死了，想以大夫的规格安葬。他的大臣们认为不可。楚庄王大怒，说：“谁敢再不同意，就处以死罪。”于是没有人再敢说话。这时著名的宫廷艺人优孟赶来，一进门就大哭，说：“马是大王的爱物，以大夫之礼葬之怎么行，应该以人君之礼葬之。”接着指出了葬马的种种排场，并说只有这样，才能让各国诸侯贱人而贵马。庄王从中悟出了深意，于是把马肉拿来割而食之。

优孟表面上是十分顺着庄王的意思，甚至痛惜失马的程度还大大超过了庄王自己，然而实际上却在批评庄王“贵马贱人”。

幽默地劝导别人，要尽量顺着对方的意思说，使对方领悟到你是自己人，从而乐于听你的话，接受你的观点，劝导取得成功的可能性就更大。

向君王进谏要顾及其颜面，我们向身有隐疾或者缺陷之人表达出自己的建议之时，也要充分考虑到对方的内心世界，否则也很容易伤及别人颜面，使人家难以下台。比如向肥胖女孩提出减肥意见，可一定要谨而慎之，如果语言不当，很可能好心被当作了驴肝肺。要想让其减肥，一定要多用一些暗示、影射的技巧。

一位女子由于太贪吃而消化不良，身材肥胖。去看医生时，她询问医生：“医生，开点什么药好呢？”除了开健胃消食的药之外，医生故作神秘地说：“我还有一剂保准管用的名药，你想知道是什么吗？”女子很高兴地问：“当然了，是什么？”医生回答说：“饥饿。”女子会意地笑了。

医生顾虑到这位女子的自尊，故意避开“肥胖”二字，把饥饿比作治病的良药，暗示她有点胖了，并婉转地劝她少吃东西。很明显，这种提建议的方式比直接批评对方的身材更容易被接受。

这种看似“顾左右而言他”的说服方式可以在尽量顾全对方面子的同时发挥劝说的功能，以达成劝服目的。这种幽默的劝服能够让当事人的心理较为平衡，更加容易接受自身的缺点并加以改正。

一对青年恋人在路边大声争吵，眼看就要大动干戈。这时，邻居大婶撑着一把雨伞站到他们旁边，看他们吵架。

这对恋人看到她的举动，很不解，因为天气晴朗，并未下雨。他们禁不住停下争吵，好奇地问道：“大婶，这么好的天气你撑伞干吗啊？”

大婶一本正经地说：“待会儿肯定要下大雨。你看刚才（你们脸上）乌云密布，（嘴里）雷声轰隆，我看等一下肯定会下大雨。”

这对恋人禁不住莞尔一笑，气也消了不少。

大婶并未直接制止即将发生的大争执，而是把这对恋人争吵时的表情和语言比喻为下雨前的天气预兆，因而让二人之间的火药味稍稍散去。这种幽默的说服方式，更显出大婶的诙谐可爱。

幽默的劝服，不仅是一种高明的技巧，还能让对方感受到你的热情与温暖，从而更加容易地采纳你的意见，让“忠言”也“顺耳”了。

8. 幽默是你解围最有效手段

当处境尴尬时，以幽默调侃的心态活跃气氛，消除紧张，不仅能够使自己找到台阶下，也显现出一个人的可爱和睿智。

我们与人交往的时候，不可能总是一帆风顺，总有遇到尴尬的时候。不同的人对此有不同的反应，有的拍案而去，有的无言以对，而善于为人处世的人则总能用风趣的言语化解尴尬，缓和气氛。

当我们身处尴尬或被人误解时，诙谐幽默的话语不但会为我们挽回面子，还可以活跃现场气氛，为我们赢得尊重。常人难免会遭遇尴尬，即使是具有一定声望和地位的名人也难免于此。所以他们的应对更需要技巧，因为如果处理不当，很容易损毁自己花费艰辛努力而建立起来的社会声誉。这时，幽默以对是最好的选择。

德国著名的霍夫曼将军某次视察部队，驻扎在慕尼黑的军官俱乐部举行晚会欢迎他的到来。在宴会中斟酒的是个毫无经验、战战兢兢的中士。

由于紧张，中士不小心把酒全洒到了将军的秃头上。

全场人都以为将军会大发雷霆，很为那位中士担心。

谁知霍夫曼将军只是微笑着说："小伙子，这个方法我也用过的，谢谢你。可是我得告诉你，根本不管用。"

接着便慢慢地从口袋中掏出手帕擦干头上的酒。

霍夫曼将军是德国家喻户晓的大名人，面对酒洒在头上这一尴尬情况，自然不能大发雷霆。他开玩笑说自己也曾经试过用酒洗头的方法以生发，缓解了当时场内的紧张气氛，让大家对此一笑置之，不以为意。如此，不仅让在场的军官和士兵感受到他的宽容和温和，也为自己解了围，可谓是两全其美。

除了日常的社会交往，电视访谈节目也是一个重要的应对场合。具有优秀主持技巧的主持人常常在节目中“为难”来宾以制造节目效果，引发话题。而聪明的嘉宾总能在这时找到幽默的应对之法。

身高1.68米的主持人曹颖在节目中遇到身高2.26米的著名篮球运动员姚明，不改麻辣主持本色，试图为难一下他。

曹颖：“请问你心目中女友的身高标准是多少？1.68米怎么样？”

姚明知道这是个套儿，装出一脸无奈地说：“你这不是给我找麻烦吗？你这属于给我制造家庭矛盾啊！”并由此岔开话题。

此时，帮腔的来了。有人故作天真，问他：“在2.26米的高度呼吸到的空气有什么不同吗？”

姚明想都没想就回答说：“你们现在吸到的都是我呼出的废气。”

姚明是一名优秀的篮球运动员，也是一个聪明睿智的人。长期生活在媒体闪光灯之中的他，已深谙访谈节目的技巧，因而可以沉稳幽默地应对。他的回答，让我们看到了他球场上专业形象之外平和诙谐的另外一面。

在社会交往中，别忘了偶尔幽默一下，它会带你走出困境，重建社交自信；它会让朋友感受到你的宽容大度从而加深友谊；它会让那些试图让你难堪的人望而却步。总之，当你身处尴尬之境时，别忘了找幽默帮忙。

9. 幽默地钝化他人的攻击

以幽默的言语钝化攻击，可以使人在粲然一笑中愉快地接受批评，或者自我解嘲。这种语言技巧，不仅能够让人在人际交往中无往不胜，也展示出一个人良好的教养和高尚的风度。

所谓钝化攻击，包括两种情况：一种是言谈中自己处于有利地位、想要维护自身权益的时候，可采用幽默的话语钝化攻击，委婉地批评别人，以达到较好的说服效果；另一种是自己处于被动、遭遇来自他人的言语攻击的时候，可以用幽默风趣的话语钝化其攻击，挽回面子。

某家水管漏水，管理工答应马上到场修理却迟迟不见身影。等管理工姗姗来迟时，水已经漫到了整个居室。

这家的主人好气又好笑地说："快点吧，我家孩子都可以在里面游泳了。"

这是第一种钝化攻击情况的生动例证。这家的主人对管理工的迟到心存不满，但没有采取日常生活中常见的大吵大闹的方式解决问题，而是以幽默的自嘲来暗示管理工迟到太久了。这样的钝化攻击比直接指责的效果好得多，既表达出自己心里的感受，同时也会让管理工稍稍脸红，进而很好地给予修理。

以上这个故事讲的是当事者处于交谈中主动位置的情况，所谓山不转水转，当事人总有自己理亏的时候，这时应该怎么应对以免予争执呢？我们看看下面的故事。

拥挤的火车候车厅内，一列火车迟迟没有到站，有位旅客不耐烦地质问值班员："这火车经常晚点，列车时刻表有什么用啊？"

值班员笑了笑说："先生，很抱歉火车又晚点了。不过您想，如果火车总是准时到达的话，那候车室有什么用呢？"

旅客的态度随即缓和，说："那倒也是。"

这位旅客的本意是攻击火车总是晚点给自己带来出行不便，因而拿列车时刻表来责难值班员。值班员并不能解决火车晚点这一问题，因而不直接回应列车晚点这一情况，而是幽默地回应"正因为火车晚点，所以候车室才派上了用场"。这样的回应虽然没有解答旅客的质问，却巧妙地缓和了现场气氛，逗得旅客一笑，从而达到了钝化对方攻击的效果。

值班员对幽默技巧的运用，值得我们每个人学习。他告诉我们，即使身处险境，理屈词穷，也要处变不惊，以幽默的语言加以化解，不动声色地出奇制胜。下面的故事中，一位聪明的女士就是运用这一方法巧妙地摆脱了纠缠。

一位男士与一位刚认识不久的美丽女士骑马出游，不久来到一个幽静之地，停下来休息。谁知一公一母两匹马竟交颈亲热起来，男士对女士说："你看，那正是我想做的。"

女士如何化解他的轻佻呢？她很淡然地说："尽管去做吧……反正它们

都是你的。”

看到这里，相信所有人都会会心一笑，因为男士的轻佻被女士看似不相关的一句话给挡了回去。女士并没有柳眉倒竖地指责男士或者愤然离去，她装作不明白男士的意思，以幽默的话语金蝉脱壳，也让男士察觉到自己的话语已经超过了界限。这位女士的智慧，就这样体现在了这不经意的幽默话语之中。

钝化攻击使得锋芒毕露的交锋由狂风暴雨变成和风细雨，这样的攻击，犹如绵里藏针，虽然不现于形但却深刻入心，是社会交往中的重要技巧。

10. 隐蔽地幽默反击更有力度

直接的反击可以解决问题，却很难不伤和气，而隐蔽式回击则可以大大降低对方攻击的杀伤力，或讽刺，或愤怒，其情绪能在巧妙的回击中为对方所知，同时能增强反击的力度。

所谓隐蔽反击，是指在遭到对方攻击的时候，不直接加以反击，而是采用曲折迂回的方式予以回击。这种隐蔽的反击体现出当事人的智慧和思维的敏捷。当我们遭遇对方攻击时，只要我们冷静分析，总能巧妙地运用对方攻击性言语中的逻辑漏洞来予以隐蔽还击，令对方无话可说。

老张被一个小伙子破口大骂，却一声不吭。等小伙子骂完之后，老张问道：“如果一个人拒绝接受别人的礼物，这礼物属于谁？”

小伙子不明老张意欲何为，答道：“属于送礼物的人。”

“年轻人，”老张答道，“我拒绝接受你的辱骂，现在我把它还给你吧。”

这个故事中，老张暂时性地转移话题，询问“礼物”收受之道，利用礼物接受与不接受的不同归属，制造了一个圈套。这种巧妙的应对之法，既幽默风趣，又不着痕迹，很隐蔽却又很有力地达到了回击对方的目的。请君入瓮，既不费力，亦展现出讲话者良好的风度和修养，让年轻人无言以对。

这种巧妙的应对，带有攻击性，一般是在为了保护自己的时候偶尔使用，不过要掌握好对等的原则，即攻击时应使双方力量平衡，得到多少，就还给他多少，而不能火上浇油，得寸进尺。只有这样，紧张的关系才能松弛，才能在轻松幽默中隐蔽地反击对方。

小李到照相馆中拿着刚取的照片，发现摄影师拍得很模糊，就半取笑地说："我怎么变成这个样子了？"

摄影师冷漠地说："人长得怎么样，照出的像就怎么样。"

小李恍然大悟："哦，原来我长得很模糊。"

摄影师一时哑口无言。

这里两人关于"人长得怎么样"的理解并不相同，小李借摄影师之语拿自己的长相开玩笑，其实是讽刺摄影师的技术太差，成像模糊。他运用隐蔽反击的方式回击了摄影师对自己长相的攻击，同时鲜明地表达了自己的立场，让其无言以对。

除了一词多解外，在隐蔽反击中，有一种方法是通过话语的双关性来达到批评或者回击的目的。这种双关可能是词语本身的，也可能是意义上的。下面的故事中，萧伯纳即把"闹饥荒"这个词的引申意义挖掘出来了，并以此回击了富翁的嘲讽。

萧伯纳是著名的瘦子，一个大腹便便的富翁取笑萧伯纳说："一见到你，我就知道世界上正在闹饥荒。"

听了富翁的话后，萧伯纳反唇相讥说："一看到你，我就找到了世界正在闹饥荒的原因。"

二人表面上是在评价对方的身材，其实则别有深意。富翁的取笑意在嘲笑萧伯纳家境贫寒，身材瘦削；而萧伯纳抓住富翁话中的"闹饥荒"大做文章，不仅嘲讽了富翁大腹便便的身材，也对其压榨百姓的本性进行了辛辣的嘲讽。这种就势而攻的言辞可谓是大快人心。

隐蔽反击的使用有一定的技巧。由于用语隐蔽，理解起来也有一定的难度，因此使用时应更为慎重，以免弄巧成拙。

11. 顺水推舟让你幽默化解攻击

隐蔽的幽默可以以隐晦之语化解对方的攻击，而顺水推舟则更带攻击性，能让对方陷入难堪之境。可以说，顺水推舟的幽默更考验当事人的临场反应力和人生阅历。

顾名思义，顺水推舟是指顺着对方的话往下说，让对方难以应对。这种幽默方式的应用需要当事人有很强的应变能力，能在现场做出即时反应，顺着对方的话让其自食其果，以难堪收场。

德国诗人海涅是犹太人，常常遭到无端攻击。有一次晚会上，一个旅行家想借机攻击他，便说："我发现了一个小岛，这个岛上竟然没有犹太人和驴子！"

海涅不动声色地说："看来，只有你和我一起去那个岛上，才会弥补这个缺陷！"

这位旅行家本意是取笑海涅的犹太人身份，结果却被海涅顺水推舟，讽刺旅行家就是岛上所缺少的驴子。整个谈话过程中，海涅没有使用一句指责之语，却让对方十分难堪，这可谓是顺水推舟的较高境界了。

作家由于生活经历丰富，又经常与文字为伴，因而很容易在受人攻击时快速反应，顺水推舟地让对方难堪。作家是如此，见惯政治风云变幻的政治家更是善于从容应对各种局面。

美国第28任总统威尔逊在任新泽西州州长时，他的一位好友、州参议员去世了。他非常伤心并做出取消当天一切约会的决定。

刚做完决定，他就接到了该州一位政治活动家的电话。"州长先生"，那人结结巴巴地说，"我……我希望能够代替已经谢世的参议员的位置。"

"好吧"，威尔逊漫不经心地说，"如果殡仪馆同意的话，我个人是完全同意的。"

对于这种被权力蒙蔽了双眼而不念人情世故之人，威尔逊当然是十分反感的，尤其是在他痛失好友的特殊时刻，竟然有人想要踩着别人往上爬，他当然应该予以反击。但是威尔逊没有义正词严地指责该政治家不念旧情，急于升职，而是顺着他的话，表示同意。不过，明眼人都能看出来，他同意的是让该政治家去火葬场代替旧友。威尔逊抓住这位政治活动家表达不清的弱点顺势攻击，给对方以辛辣的讽刺和风趣的调侃，令对方十分难堪。

国王举行宴会，赐给每位来宾一套华丽贵重的衣服。他也叫来了阿凡提，当着众人的面，赐给他一块披在毛驴身上的麻布。众人哈哈大笑，都看着阿凡提是怎样出丑的。

只见阿凡提恭恭敬敬地从国王手里接过麻布，再三向国王道了谢，然后高声向客人们说："贵客们！国王赐给你们的衣服，虽然都是绫罗绸缎，可都是从集市上买来的。但国王是多么尊重我呀！你们瞧，他竟然把自己的王袍赏赐给我了！"

国王本想捉弄阿凡提，想让其在众人面前出丑，却反而被阿凡提的顺势应答给捉弄了，最后落得一个"驴国王"的形象。无独有偶，漫画大师张乐平的《三毛流浪记》中也有这么一则笑话：

一位阔太太牵着哈巴狗上街，见到衣衫破烂的三毛，想开心取乐，就对三毛说："只要你对我的狗喊一声爸，我就赏给你一块大洋。"

三毛说："喊一声给一块，喊十声呢？"

"给十块。"阔太太不假思索地答道。

三毛躬身下去，顺着狗毛轻轻抚摸，煞有介事地喊了声："爸！"

阔太太妖里妖气地笑了一阵，就给三毛一块大洋。三毛连喊十声，阔太太就真的赏了十块大洋。

这时周围挤满了看热闹的人。三毛笑眯眯地向阔太太点了点头，故意提高嗓音，长长地喊了一声："谢谢你，妈——！"

围观的人大笑不止，阔太太面红耳赤。

三毛用幽默回敬了阔太太的侮辱，实在是太高明了。

俗话说"投之以桃，报之以李"。当对方的捉弄是友善的，我们回应的方式也是亲密善意的。当面对别人恶意的愚弄，我们也要毫不留情的以幽默的智慧回敬过去。

以上是一种很直接地让对方难堪的方式，也有的人受人攻击时由于不明其真正意图，故而装作糊涂，顺其自然，蓄势待发，待获知其真正意图之后再以幽默之语回击，令对方难堪。

都说现代人谈恋爱越来越注重物质了，很多男女见面时都把有车有房列为首要条件，适度的物质要求是不为过的，但是若要求得太过分，则会显得浅薄势利。看看下面这对男女吧。

一男一女相亲。

女：“你有奔驰吗？”

男：“没有。”

女：“你有洋房吗？”

男：“没有。”

女讪笑道：“那么，看来我们也没有缘分！”

男无可奈何地起身，自言自语道：“难道非要我把宝马换成奔驰，把200平方米的别墅换成洋房吗？”

这位男士开始时由于还不明白女士的意图而故作糊涂，顺其话往下答，直到女士表明自己的立场之后再来了回旋一击。相信等女士听完男士的自言自语，肯定会脸红难堪，因为在短短的谈话之中她嫌贫爱富的心理已经表露无遗，男士很难再与其交往下去，而女士则很可能因此而错过一位条件很不错的对象。

古诗云：“山重水复疑无路，柳暗花明又一村。”在人际交往中也是如此，受攻击的一方很可能在下一回合转败为胜，关键是懂得幽默的技巧。幽默地应对，幽默地让对方难堪吧！

12. 以其人之道还治其人之身的幽默反击

言语的碰撞交锋，充斥着智慧和幽默的对比。以其人之道还治其人之身的幽默反击能轻松助你让对手陷入自取其辱的境地，可谓是一幕情节跌宕起伏的人生剧目，大为可观。

面对对方的言语攻击，我们如果与其争吵则有伤风度，最好是能够给对方以优雅一击，直中其要害，而最好的方式就是抓住对方攻击的关键点，幽默地予以回击。这种幽默反击，可以让人在轻松愉快的气氛中解决纠纷，缓和尴尬。在必要的时候，可以运用幽默这一利剑，以其人之道还治其人之身，以幽默的话语反戈一击，反败为胜，直击故意刁难者。

一个城里人，遇一乡下人，向他发难："请问这位老乡，你有几个令尊？"

乡下人装作不知，反问："令尊是什么？"

城里人狡猾回答："令尊就是儿子。"

乡下人反问："噢，那么请问您有几个令尊？"

城里人无言以对。

乡下人步步紧逼，安慰他说："原来您膝下无子。我倒是有两个儿子，可以过继一个给您当令尊，不知可否？"

城里人扫兴而去。

城里人自恃才高，欺负乡下人知识浅陋，企图取笑他，而乡下人则以过人的智慧予以反驳，其语言恭敬但处处陷阱，让城里人搬起石头砸了自己的脚。这位乡下人运用幽默的技巧，巧用"令尊"一词进行回击，为自己解了围，也维护了自己的尊严。

乡下人往往被误认为是无知的代表者，而荧幕上漂亮的女演员也常常被误认为头脑简单，不过事实并非如此。下面故事中的女演员就以幽默之语展示出自己过人的智慧和应变力。

英国电影女演员布雷斯韦特以漂亮和演技出名。此外，她伶俐的口齿也让人佩服。

一次，某戏剧评论家单独碰上了布雷斯韦特小姐，他想开个玩笑，便对她说："亲爱的小姐，我有个想法已经搁在心里多年了，今天就对你坦诚直言吧。在我看来，你可以算作我们联合王国里第二位最漂亮的夫人。"

评论家以为布雷斯韦特听了此话，一定会问他有幸荣登榜首的是哪一位了。出乎他的意料，布雷斯韦特静静地说："谢谢你，亲爱的先生。我在第二流最佳评论家这里，也就只希望听到这种评价了。"

戏剧评论家调侃布雷斯韦特不是英国最漂亮的女人，当然此话中玩笑成分多过严肃，而布雷斯韦特也不甘被调侃，他幽默地反击了自作聪明的戏剧评论家，认为他的评论水平也不过尔尔。这句回答一语双关，不仅表明她不在意该评论家的意见，也对评论家的肤浅调侃进行了尖锐反击。

普通的乡下人与聪明的女演员并非术业专攻，其灵活的应变力和反戈一击多依赖于现场的临时发挥，而那些以语言为职业的专业人士则在生活中积累了丰富的素材和经验，因而面对攻击时能更轻而易举地击倒对方。

在一次盛大的晚宴上，一位出生富家的年轻人趾高气扬地问萧伯纳："您是萧伯纳先生吧？听说您的父亲只是个裁缝？"

萧伯纳微笑道："是的。"年轻人再问："那……您为什么不学他呢？"

萧伯纳笑看了年轻人一眼道："听说你父亲是个谦谦君子？"年轻人高傲地说："对。"

萧伯纳反问："那你为什么不学他呢？"

这叫"以子之矛，攻子之盾"。年轻人攻击萧伯纳出身低贱，而幽默大师萧伯纳对此不予置评，而是转而批评他的教养，其句式和用语与这位年轻人都很像。萧伯纳巧妙地运用反戈一击的技巧，用这位年轻人的攻击之术轻松地回击了其傲慢无礼的态度，使其碰了一鼻子灰。

与"顺水推舟"相比，"反戈一击"紧紧抓住了对方言语攻击的要点予以回击，更能让对方感受到这种回击的力度。

二　用幽默掌控你的工作氛围

社会竞争日趋激烈，工作似乎也变得千头万绪，职场中的人际关系也越来越微妙。许多身处职场的人们，只有事事小心，卖力工作，为此搞得身心疲惫也在所不惜。我们可曾想过，其实我们可以不如此疲惫，我们可以换一种方式，让我们和我们的同事多一些融洽的幽默，使我们在工作中多一些快乐，多一些笑声，让紧绷的神经得到适当的舒缓。其实，在张弛有道的工作中，我们的工作效率会更容易得到提高，在一个开心愉悦的氛围里，我们的竞争力也会更容易得到提升。

1. 用你的幽默来捕捉更多的工作机会

幽默能表现出一个人的自信，体现一个人善于处理人际关系的能力，展现一个人良好的综合素质。在竞争激烈的职场，你的幽默会让你更加放松，也更有利于你寻找到别人无法想象的工作机会。

在当前社会，各种工作机会的竞争都极为激烈，怎样让自己在众多的竞争者中脱颖而出是极为重要的事情。尤其是对刚毕业的大学生来说，如何能够在找工作的时候做好自我推介是一门需要好好研究的功课。在面试的时候，自我展示是最终成败的一个关键。此时，一定要保持头脑的活跃，多想一些幽默的点子，尽情展示自己。如果你能做到这些的话，相信对你获取更多的工作机会将起到意想不到的效果。

陈刚毕业于名牌大学，他非常喜欢报社的工作，于是就打算在报社找到一份好工作。他了解到当地有一家报社非常出名，而且比较适合自己。于是他直接奔向了这家报社，对人事主管说："你们需要一个编辑吗？"

"不需要。"

"需要记者吗？"

"不需要！"

"排字工人呢？"

"不需要，我们现在没有空缺的职位！"

"哦，那你们一定需要这个！"说完，陈刚从公事包中拿出一块牌子，做工非常精致，上面写着"额满，暂不雇用"。

这位主管看了这块牌子，眼睛一亮，笑了笑，并让陈刚先到休息间待一会儿。然后主管马上打电话给老板，说了这件事。随后，老板来到休息间对陈刚说："小伙子，如果愿意，请你到我们广告发行部工作吧。"

陈刚用自己精心设计的幽默充分地向这位人事主管展示出自己的智慧和才华，让对方留下了一个极为深刻的印象。正因为如此，陈刚才能抓住这样一个不是工作机会的工作机会。

在找工作的过程中，面试需要把准备工作做足，需要把可能会被用人单位的负责人问到的问题做好充分的设想。同时，还要对用人单位一些随机性的考察面试者反应能力和思辨能力的问题，做好心理准备。这样，在你遇到自己意料之外的一些问题的时候，就不会产生心理上的慌乱，从而能够使你保持足够的冷静，并得以从容应对一切问题。

一位经理问一位面试者："你认为乔丹和罗纳尔多谁更厉害？"面试者得意地说："在我看来，他们俩都没我厉害！"经理十分惊奇，皱着眉头，在等着面试者的进一步阐述。

"我要跟乔丹踢足球，跟罗纳尔多打篮球！"经他这么一说，经理大笑起来，不停地赞许。后来他果真被录用了。

在非常严肃、紧张的面试场合，拥有这位面试者这样的幽默机智，不仅可以使自己放松，也很容易使考官记住你，从而使你在众多的面试者当中脱颖而出。

在一次电视主持人招聘面试中，考官问一位女学生："三纲五常中的'三纲'指什么？"这名女学生立即答道："臣为君纲，子为父纲，妻为夫纲。"她刚答完，面试现场就是一阵哄堂大笑。很明显，她把三者关系颠倒了。

笑声停止之后，她补充道："我指的是新'三纲'，我们国家人民当家做主，领导是人民的公仆，当然是'臣为君纲'；我国的计划生育产生了大量的'小皇帝'，这不是'子为父纲'吗？如今，妻子的权利逐渐升级，'妻管严''模范丈夫'流行，岂不是'妻为夫纲'吗？"她话音刚落，现场就是一阵由衷的掌声。

这位女学生幽默的口才与智慧，显示了她超强的实力，赢得了评委们的赞赏，使她顺利通过了面试。

当然，有很多人在刚面试的时候都会略显紧张，也会有不少有能力、有才华的人为此失去了得到这份工作的机会。失去一次工作机会不可怕，只要我们不轻易放弃，就会有希望。而且有的时候，在看似已经没希望的背后，可能还会有意外的机会。

有一次，李克投简历应聘一个职位。一周后，他收到了一封"抱歉！很遗憾，未能录用"的E-mail。李克收到信后，明知已经无望了，就顺便幽默的给对方回了一封信："既然您对未能录用我如此遗憾，为什么不给我一次面试的机会呢？"不久之后，李克竟然得到了该公司另一个更好的职位的面试机会。

痛失机会并不是结束，也可能是新的开始，很多机会都是人们创造出来的。

王宣同学去一家报社应聘采编工作，在所有的已经入围参加面试的人员之中，王宣无论是在学历上，还是在专业上，他都处于下风，但他的幽默感却引起了评委们的注意。

在面试时，主考官问："谈谈你应聘的优势与不足。"他说："我的优势是我深爱着报业这一行。每当我拿起一张报纸，总是不自觉地给人家挑错：题目显得累赘，哪个词用得不合适，哪个错字没有校对出来；版面设计不合理，碰了题、通栏了……甚至有时上厕所，也忍不住捡起别人丢在地上的烂报纸看……”听到这里，评委们不约而同地笑了，结果王宣胜出了。

王宣在毫无优势的情况下，以他的灵活与幽默让挑剔的评委们觉得他更适合干记者这一行。

幽默能给人带来很多东西，也可以潜移默化地改变我们。可以说，哪里有幽默，哪里就有活跃的气氛；哪里有幽默，哪里就有笑声和成功的喜悦。为此，我们一定要让幽默在我们身边成为一种良好的习惯。

2. 幽默的上司更容易赢得亲和力

幽默的上司比古板的上司更容易与下属打成一片。员工在与他们的上司共事时，上司的幽默会化解许多令人尴尬的事情，更能调动员工积极性，增强员工的凝聚力。

国外一位心理学家说：“幽默可以润滑人际关系，消除紧张，减轻生存压力，把我们从各种自我封闭的境况中解脱出来，使我们寻得益友，增强信心，在人生的道路上知难而进。”做一名优秀的上司不能仅仅在员工面前表现出自己严肃、认真的一面，还要展现出自己幽默风趣的一面，来树立一种和蔼可亲的形象，给员工带来欢乐，让公司的气氛融洽，从而带动员工工作的热情，同时增强公司的凝聚力。只要你学会多运用幽默来管理员工，往往可以取得意想不到的效果。

有一次，一家公司的经理和员工们一起冒雨卸货，浑身淋得透湿。他抹着脸上的雨水，笑着对员工们说：“今天我们的晚餐可以加一道新菜了。”没等员工们反应过来，他接着说：“清蒸‘落汤鸡’，味道肯定不坏！”一句话把员工们都给逗乐了，工作中的饥饿和劳累似乎一下子就被一扫而光了。

作为上司，在员工心目中塑造一个平易近人的形象需要通过多种途径和下属们做好沟通工作。上司和下属们在一起，如果能够一直保持一种幽默轻松的氛围，那上司在下属心目中，自然就很有亲和力了。

在日常的生活中，如果你能不时地与下属们开个玩笑，幽他一默，你的下属必然会觉得你很随和，从而愿意接近你。这样你才能真正了解他们，与他们更好地进行沟通，这对于你的工作来说是极其重要的。

迈克是某企业的主管，他是一个非常善于与员工沟通的人。有一次，他出差回到公司，正好碰到公司的职员们聚在办公室一起哼唱韩德尔的神曲《弥赛亚》中的一段大合唱。职员们一见主管到来，匆匆奔回各自的工作岗位。见到这种怠工的状况，迈克并没有发火，只是对员工们说：“刚才好像听到弥赛亚来过了，大家怎么不请他等我一下？”

一个优秀的领导并不在于他自己的能力有多强，而是在于他能多大程度上把自己的团队凝聚起来。这就需要领导者的领导艺术，需要领导者做到平易近人，而不是高高在上，需要领导者善于运用幽默，而不是天天板着脸。

一天，林肯和一位新任的部长边走边交流，来到走廊时发现有一队士兵正等在那里，准备接受总统训话。士兵们看到总统来了，齐声欢呼起来。

这位部长却没有意识到总统要做的事。一位副官示意他退后几步，这位部长才突然发现了自己的失礼，因此十分尴尬。

这时，只见林肯立即微笑着对他说：“白兰德先生，其实他们也许根本就分不清谁是总统呢！”

林肯在部下失礼的时候，没有忘记幽默一下，让这位失礼者有台阶可下的同时，也让全体在场的人感受到了总统的和蔼可亲和平易近人。

在管理中多加一些智慧和幽默，不仅可以让员工们的生活和工作变得更快乐，而且也有利于管理者们把工作做得更好。聪明的上司都懂得如何处理好和下属的关系，懂得如何制造融洽的气氛来调动下属的工作积极性。

3. 幽默地批评下属更有效

上司对下属提出的批评不能是随意而为的，适时、适度的带有幽默元素的批评会显得温馨而易于让人接受，这不只能让下属认识到自己的问题所在，还可以对其工作产生积极的激励作用。

在如今节奏飞快的忙碌工作中，下属犯一些错误是在所难免的事情。作为一个上司，在碰到员工们出现工作失误之时，对其进行批评指正是必须要做的事情。不同的上司对员工进行批评的手段是不同的，因此产生的效果也是不同的。这里面有着不同上司对管理手段的不同理解。不管管理者的手段有什么区别，让接受批评的人能够从心底接受批评指正才是最成功的管理手段。我们不能说对犯了错误的员工进行大声呵斥的行为是错误的，但是如果能够幽默轻松地让员工们认识到需要改进的地方，既改善了员工们的工作，又使上司和下属们的关系和谐融洽，作为一个睿智的上司，何乐而不为呢?

有一次，张震将军在视察某部队的时候，召集了校、尉等军官十余人座谈。会上，张震将军问这些军官："一个普通战士的津贴是多少？"在座的军官竟然没有一个人知道。

张震将军看在眼里，气在心里。不过张震将军没有直接批评这些军官，而是给他们讲了一个人的绰号的故事，他说："民国的时候，有个叫张宗昌的军阀，人称'三不知将军'，一不知自己有多少兵，二不知自己有多少枪，三不知道自己有多少个小老婆。"

张震虽然没有直接批评什么，但是在座的军官听到他讲的事情之后，都羞愧地低下了头。

张震将军通过类比的幽默方法对其下属进行的批评可谓入木三分，更妙的是，他在批评的同时还给这些军官们留了一定的面子。

上司在批评下属的同时，如果在话语中夹带着一些幽默，能够冲淡一些责备的意味，可以达到既保全了对方的自尊，又是对方自我反省以力求改进的目的。

有一次，某公司的一个职员以参加其祖母的丧礼为由请了一天的假，结果此事被其上司撞破了。

等这位职员回到公司之后，上司问他："你相信人会死而复生吗？"

还没有反应过来的职员没有怎么思索就答道："当然相信。"

"这就对了，"上司微笑着说，"昨天你请假去参加祖母的丧礼，今天她就来看望你了。"

这位上司将对下属的批评很好地融入到开玩笑式的幽默之中，既能达到批评下属的目的，又能够让下属明白上司用幽默来处理此事的深意。这样的上司无疑会和下属相处得非常融洽，从而使上下级的关系更为密切。

上司多学会对下属的优点表示欣赏，会更容易赢得下属的拥护。作为上司，如果在批评下属的时候能够把下属的一些优点用幽默的方式结合在一起，则会起到更好的效果，也更容易让上下级的关系更深入一步，对工作的改进产生很好的帮助。

美国第30任总统柯立芝有一位漂亮的女秘书，这位女秘书有一个毛病，就是常常因粗心在公文处理上出错。

一天早上，柯立芝看见秘书穿着一身新装走进办公室，就对她说："这身衣服真适合你，完全就是为你这种年轻漂亮的小姐而做的。"这些话让秘书心花怒放，受宠若惊。

柯立芝又接着说："我相信你也能够将公文处理得和你一样漂亮。"从那天起，这位女秘书竟然在公文处理上很少出错了。

柯立芝随机的一个半赞扬半批评的小幽默就促使自己的秘书改正了自己的缺点。假如柯立芝直接指出秘书处理公文的不当之处，势必会让其与下属的关系比较尴尬，可见上司对下属的幽默批评不只是一种手段，更是一种能够让上下级关系更为融洽的艺术。

4. 用幽默的方式向上司提建议更可取

下属需要向上司提建议时，通过幽默的方法，把建议表述得含蓄委婉，从而可以使自己处在进可攻、退可守的位置，也从而让自己立于不败之地。

在职场中，下属常常需要向上司表达出自己对所从事的工作的一些看法和提出一些对工作或业务发展的建议。有些下属在表达自己的看法或者建议的时候，常常因为在语言的表述上的失当之处，让上司对自己颇有微词，从而致使自己的一些看法或建议不容易被上司认可，更严重的话，还有可能使上司对自己产生一些偏见，使自己在单位中的处境变得不乐观起来。其实，下属对上司提意见是一件极需要技巧的事情。在各种向上司表达看法的方法之中，借助幽默的语言是一种比较可取的方法。

一位将军在早上去视察士兵的时候，顺便询问了一下士兵们的早餐状况。大部分士兵都含糊其辞地对他说“还行”“可以”，只有一位士兵很满足地说：“半片蜜西瓜、一个鸡蛋、一碟腊肉、一碗麦片粥、两个夹肉卷饼、三块蛋糕，长官。”

将军听了之后，满是疑惑地问这位士兵：“这都快赶上国王的早餐了！”这位士兵毕恭毕敬地对他说：“长官，很遗憾，这是我在外面餐馆吃的。”

这次视察之后，将军马上下令改善了士兵的伙食待遇。

这是一位很善于迂回表达对军中伙食不满的士兵，他用有些幽默俏皮的语言既可以让长官一下子就明白了士兵想要的伙食标准，又可以让长官很容易接受自己的想法。一个小小的幽默就是这样的奇妙。

在职场中，我们虽然不能简简单单地把收入直接等同于能力，但是收入毕竟是我们的工作能力或工作价值的一种反映，我们都渴望我们的工作成绩能够跟我们的收入成正比。当员工们的业绩和收入不一致的时候，员工们当然希望向上司表达出自己提升工资的愿望，但是这种提议就像一个雷区一样，需要员工们在合适的时刻、合适的地点，非常机智的向上司表达出来，才会让上司更容易地接受，否则不但加薪不成，反而引起上司的反感，甚至会因此被上司逐渐疏远。

张明在一家外资企业工作，他是一个非常有才华而且富有智慧的人。有一次，他接连两次提出的建议都被公司主管采纳了。很快，这两个建议就使公司的销售业绩分别提高了20%和12%。

公司老板非常高兴，鼓励张明说："继续加油干，我不会亏待你的。"张明听了老板的话，很开心地说："您就放心吧，我相信您会让这句话放进我的薪水口袋中的。"老板会意地笑了，爽快地说："会的，一定会的。"不久，张明如愿以偿地加了薪。

张明巧妙地用寓庄于谐的言语轻轻松松就让老板的鼓励变成了实实在在的钞票。他能够达成自己的愿望，就在于他成功地将加薪的严肃问题变成了非常俏皮的玩笑话。

在工作中，不同职位的员工对工作都有自己的不同理解，上司不一定永远都是对的。对一个称职的员工来说，有自己一贯对工作原则的坚持也是一件极其重要的事情。敢于指出上司工作中的不足是极需要勇气的，而能够比较幽默地"以其人之道，还治其人之身"，则可以让上司有一个足够深刻的教训，从而对自己的不足产生比较深刻的反思。

王主管的官僚作风非常严重。一天，单位新聘任了一位员工，王主管颐指气使地对这位新员工训话："你既然在我底下做事，就一定要懂得'服从！，服从，明白吗？就是让你向东，你就不能向西，让你做什么，你就得做什么。""是是是！"这位员工诚惶诚恐地答道。

没过两天，一位贵客来访。王主管吩咐新员工倒茶，递烟。做完这两件事之后，新员工就站在了旁边。王主管想为这位顾客点烟，发现桌上没有打火机，就气急败坏地对这位员工骂道："笨蛋！烟、打火机、烟灰缸这是环环相连的，这种相关联的事情不必另外吩咐！你聪明点好不好！"新员工连忙点头称是。

第二天，王主管感冒了，就让新员工去请医生来瞧瞧。没想到，这位新员工出去了三四个小时才回来。

王主管大怒，又骂道："笨蛋！怎么办这点小事就去了这么久？"

新员工故意大声地回答："主管，您要知道，这要花费不少时间呢，现在医生、律师、棺材店老板、殡仪馆老板都在外面等着呢！"

傲慢刁难的王主管就这样被这位新来的员工用自己的方式好好地收拾了一回。当然，这只是一个逗人发笑的幽默故事，不过这对我们是一个启示，它告诉我们，当我们面对一些类似于王主管这样的对人没有起码的尊重的上司的时候，所应该有的一些态度。作为员工，要敢于幽默地表达自己的看法，提出自己合理的建议。只有这样，在职场的我们，才会有更大的发展空间，从而让我们离成功更近一些。

5. 小幽默也可以让上司认识到不足

下属向上司提示其工作中的失误是一件比较微妙的事情，如果能够轻松愉快地让上司认识到自身的问题，下属无疑会赢得上司的更多信任，但是如果引起上司的厌烦，则无疑将陷自己于职场的不利境地。

人无完人，孰能无过。优秀的上司也会有工作失误的时候，当下属遇到这种情况之时，有的会选择视而不见，有的则会向上司直接指出其失误之所在。不管何种选择，能够让上司心悦诚服地认识到其失误而且又不会让上司觉得丢面子，对下属产生厌烦之感是非常重要的。如果下属不能够充分考虑上司的心理变化，即使下属做的事情是对公司的发展有利的，但是如果遇到有些心胸狭窄的上司的话，也很可能会在以后的工作中被穿小鞋。所以，巧妙地向上司指出其错误是需要下属们好好学习的一门功课。

汉武帝以前一直相信自己能够长生不老。一天，他对大臣们说："朕最近刚看了一本相书，上面提到：如果一个人鼻子下面的'人中'越长，就证明他的寿命越长；假如'人中'有一寸长，这个人就可以活到一百岁。这种说法不知是真是假？"

东方朔当时在场，心想皇帝肯定又在做长生不老之梦了，嘴里就不自觉地“哼”了一声。汉武帝面露愠色，喝道：“你怎么笑话我？”东方朔忙恭恭敬敬地答道：“微臣不敢，臣是在笑彭祖的脸太难看了。”听了这话，汉武帝不禁大笑起来。

彭祖是传说中的养生家。据古代典籍记载，他是颛顼的玄孙，相传他历经唐虞、夏、商等代，活了八百多岁。东方朔只是简单地向汉武帝提及彭祖就很风趣诙谐地让汉武帝在一笑中认识到了自己的一些荒谬想法。

多数上司都是聪明人，下属在指出其错误之时，多用一些像东方朔一样的含蓄的幽默就可以很有效地达到自己的目的。这种寓言于笑的说辞，既可以让上司听起来顺耳，很容易接受，又可以让上司对自己的失误有比较深刻的印象，从而能够产生更为深刻的反思。

有一家公司在六月份的销售额很差。在月底会议上，公司主管大发脾气，对销售员们横加指责：“就你们这种工作水平，怎么在市场上混？如果你们无法胜任这项工作，会有人替代你们的！”

说完，他又指着一名刚进入公司的退役足球队员，问道：“假如一支足球队无法获胜，队员们都得被撤换掉。是不是？”一阵沉默过后，这位前足球队员回答道：“主管，一般情况下，如果整支球队都有麻烦的话，我们通常要换个新教练。”

对于销售额极低的事实，这位主管不但不主动从自身找原因，还大声呵斥下属，这对下属们来说是很不公平的，因此当主管把他故意责难下属们的问题抛给这位新来的员工的时候，这位员工顺势间接地用自己以前的经历来做比喻，巧妙地指出了主管的不足，从而让其对自己的行为有所反思。如果他选择直接反驳主管的话，不但很可能起不到任何作用，甚至还有可能让下属和上司之间的关系更加僵硬。

6. 幽默让同事之间的关系更融洽

幽默的话语总能给同事们的闲聊锦上添花，让大家的交谈更其乐融融，而懂得幽默的同事也就理所当然的得到大家的喜欢。

有很多人常常觉得和同事们没什么共同话题，更有一些人觉得同事之间的关系因为常常伴随着利益关系的存在而变得非常微妙，而同事之间的对话也常常只是一些诸如“今天天气怎么样”的寒暄。其实，同事一场，大可不必如此拘谨，而且如果一直这样的话，我们的生活难免乏味，工作难免枯燥。我们不妨与同事们在一起的时候，添加一些幽默元素，增添一些闲聊的乐趣，让我们的日常工作生活也多彩起来。

最近连续下了五天的雨。公司的几个同事在一起闲聊天气。一个人说道：“最近怎么一直下雨呢？”一位老实的同事规矩地回答道：“是啊，都五天了。这样下去何时能结束呢？”一位喜欢加班的同事说：“龙王爷竟然连日加班，看来想多捞点奖金！”一位关注市政的同事说：“玉帝也太不称职了，天堂的房管所坏了，都不派神仙去修，老是漏水！”一位喜爱文学的同事接着说道：“嘘，你们小声点，别打扰了玉皇大帝读长篇悲剧。”

像这样给日常闲聊加上一点幽默色彩，不但让几句简单的谈话显得更加生动，而且让参与的人在幽默风趣的气氛中舒缓了心情。

另外，在职场中，同事之间由于种种原因产生一些矛盾是很正常的。出现矛盾不要紧，重要的是在出现矛盾以后要尽快地以轻松幽默的方式将这些矛盾化解得无影无踪。否则，一些小小的矛盾也可能成为你的职场之患。

为了调节矛盾，每个人、每家公司都会有不同的解决办法。一家著名的日资大企业解决同事矛盾的方法就比较奇特，这家企业设置了一个“泄气工程系统”，而这个系统竟然较好地解决了许多员工在工作中遇到的很多问题，我们就来看一下这个系统中的一个组成部分。

一天，两个员工因为一点小事争吵起来。正当他们吵得不可开交的时候，他们的上司把他们带到哈哈镜室，让吵架的两个人看着镜中自己扭曲的狰狞面孔。

刚开始，他们还强忍着不笑，但站在哈哈镜面前有两三分钟的时候，他们竟都不自觉地哈哈大笑起来！大笑之后，这两人的心情都顿时舒畅了不少。

然后，上司就把两人带到了思想劝导室，对他们的矛盾做出详细的分析，让他们意识到各自的错误。很快，两人就握手言和，重归于好了。

这家日资企业利用了哈哈镜逗人发笑的目的，让郁闷的双方都心情愉快后，再来解决问题。这种利用外物达到幽默效果，以解决工作矛盾的方法，很值得我们借鉴。

在工作中与同事发生矛盾，如果这时以幽默调节，事情就很可能很快得以解决。如果你需要改善同事们对你的态度，也可以利用幽默的妙语来表明你的观点。

杰克在一个会计部门任职员。有一次发薪水的时候，他竟然收到了一个空的薪水袋。他没有气得暴跳如雷，也没有破口大骂。他只是以轻松愉快的口吻去问发薪部门的人：“怎么回事？难道说我的薪水扣除，竟然达到了一整个月的薪水了吗？”当然，杰克得到了补发的薪水。

杰克用一种宽容的态度对待同事偶犯的错误，并用自己的幽默与同事分享了自己的轻松愉快的心情，这样的同事当然会受人欢迎。

一位电影明星一次又一次地向著名导演希区柯克唠叨摄影机的角度问题，让他务必从她“最好的一边”来拍摄。“抱歉，做不到，”希区柯克说，“我们没法拍到你最好的一边，因为你正把它压在椅子上。”

面对这位明星的唠叨，希区柯克没有表现得不耐烦，而是非常有风度地用一个小幽默来调节了一下同事之间的气氛。像希区柯克这样常常保持乐观的态度、同别人一起分享幽默的人，不但会受人欢迎，也一定是一个快乐的人。

一位男员工对即将结婚的女同事打趣地说：“你真是舍近求远。公司里有我这样的人才，你竟然没发现！”他的女同事开心地笑了。

这位男员工一句玩笑话，不仅给办公室带来了一阵笑声，还赢得了同事的好感。经常和同事开一些雅俗共赏的玩笑，不仅能使心情轻松，而且还能更好地面对自己的工作。因为你会发现，你在办公室里获得了好人缘。

7. 幽默让你对同事表达意见更委婉

真诚、坦白地向同事表达出自己的想法和要求，让同事觉得你是希望得到合作而不是在挑他的毛病。幽默的语言能使同事在笑声中思考，这不仅能使同事愿意和你接触，也给自己带来思考的机会。

同事之间有了不同的看法，最好以商量的口气提出自己的意见和建议，语言得体是十分重要的。应该尽量避免用“你从来也不怎样……”“你总是弄不好……”“你根本不懂”这类绝对否定别人的措辞。而对同事的错误采用幽默的方式来指出，不但具有幽默的意境，而且会在气氛和谐中收到事半功倍之效。

一个女员工星期一上班迟到了。男员工问她：“小姐，星期天晚上有空吗？”“当然有，先生！”姑娘乐了。“那就请您早点休息，省得您每个星期一早上上班迟到！”

男员工对女员工的提醒是善意的，又以幽默委婉的方式表达出来，使女员工更容易接受。每个人都有自尊心，伤害了他人的自尊心，必然会引起对方的反感。

在工作中，同事之间容易发生争执，有时搞得不欢而散甚至使双方产生芥蒂。发生了冲突或争吵之后，无论怎样妥善地处理，总会在心理、感情上蒙上一层阴影，为日后的相处带来障碍，最好的办法还是尽量避免它。我们可以委婉表达对同事的意见，运用幽默的方式避免与同事“交火”。

有一家公司的餐饮部，伙食很差，收费却很贵，职员们经常抱怨吃得不好，甚至还骂餐厅负责人。

有一次，一位职员买了一份菜后叫起来。他用手指捏着一条鱼的尾巴，从盘中提起来，向餐厅负责人喊道：“喂，你过来问问这条鱼吧，它的肉上哪儿去啦？！”

这位职员用一种开玩笑的方式，即使同事认识到了他们的错误，而又不至于伤害同事之间的情感。我们在对同事的某些做法不满时，也要善于克制自己，委婉地表达自己的意见。

幽默的语言能使同事在笑声中思考，而嘲笑却使人感到含有恶意，这是很伤人的。真诚、坦白地说明自己的想法和要求，同时，要学会聆听，耐心、留神地听同事的意见，从中发现合理的部分并及时给予肯定或表示不同意见。

如果你面对的是一位不合作的同事，首先要冷静，不要让自己也成为一个不能合作的人。你的宽容可能让你一时觉得委屈，但这不仅体现着你的修养，也能使对方逐渐地平静下来。其实，任何人都会出现失误和过错，对别人这些无意间造成的过错给予充分的谅解，正体现了你博大的胸怀。

8. 工作中的难题也可以幽默地处理

处理艰难的工作就像是媳妇伺候一位难缠的婆婆，稍不留心就会被迫面临非常棘手的事情。这就需要媳妇练就一身善于左右逢源的幽默之术，才能够让自己在对付再刁钻的婆婆时，都可以游刃有余。

在工作之中，总有一些让我们非常棘手的问题等着我们去解决，比如对付难缠的客户，应付纠缠不清的同事，讨好斤斤计较的老板，等等。在解决这些麻烦问题的时候，也正是考验我们工作能力的时候，其实只要我们凭借我们的聪明才智，化繁为简，迎难而上，什么事情都可以幽默轻松地搞定。

陈芳是一个公司的接待员，她的工作非常零碎：接电话、招待访客、打字和照顾上司。工作本身就比较繁忙了，可总有人给她出难题。

一天，一位自以为是的人打来电话，高傲地说："我要和你的老板说话。"

"请问我能告诉他是谁的电话吗？"

"不要啰唆，快接你的老板！"

"先生，非常对不起，老板花钱雇我来接电话，似乎很傻。因为10个电话中有9个是找他的。"

来电话的人笑了，然后就留下了他的姓名及电话号码。

面对客户的无理刁难，陈芳如果直面回击，不仅有损公司的形象，而且还有可能损害公司的利益，进而会被老板炒鱿鱼，而她用自我贬低的方式来获得对方的认同，达到了幽默的效果，也使对方自然而然地留下了联系方式。在工作中遇到这类难缠的客户实在是让人头疼，而如果遇到计人难缠的老板，不想些幽默的点子也不好应付。

小蔡的上司是一个女老外。一天，小蔡不小心把刚买的西餐打翻在地毯上。女上司异常激动，立即叫小蔡清理干净，并不停地说蟑螂会袭击她的办公室。

正在打扫的小蔡抬着头望着她，并微笑地说："经理，放心，这种事不会发生的，因为中国的蟑螂只爱吃中餐。"上司的脸色顿时放晴，心情一下子顺畅了。

像小蔡这样看准时机幽默一下，结局总是快乐的。当然在幽默的时候也一定要看清对象，要因事而异。只有多了解各种文化背景或职场习惯等有效信息，才能讲出让上司容易接受的幽默之语。在一些正式场合，遇到一些不好解决的工作难题之时，一个适时的幽默也可以让人们稍微放松一下，以一个更好的心态去继续解决问题。

一位航空公司的主管工程师去参加一场非常重要的会议。这场会议是讨论要不要在逾龄的飞机上装上新型喷气引擎。会上逐渐形成了装与不装对立的两方，双方都争论不休，都认为自己的想法是正确的，这让会议的气氛很沉闷。

这时，会议主席发话了，他说："这些老飞机就像老祖母，替老飞机装新引擎，就好像替老祖母隆乳，可能很浪费，也可能不浪费……不管怎么样，老祖母一定觉得很开心。"众人听了都哈哈大笑起来。

会议主席的这番幽默，不仅表达了他个人的观点，而且让僵持不下的局面缓和下来，最终让会议趋于平静。其实笑从口出，人们的思绪也随着笑而更加敏捷，从而更能够帮助人们解决问题。多幽默一些吧，这样可以让我们的职场生涯更快乐、轻松，也可以帮助我们完成一些难以完成的工作，从而让我们把工作做得更加得心应手。

9. 随机的小幽默助你发展更多客户

对于一名销售员来说，客户就像是“衣食父母”，而幽默则是礼物，能讨得这些“衣食父母”的欢心，从而成功地拓展自己的业务，让自己走向成功。

发展客户对推销人员来说是其主要的工作。在推销人员发展客户的过程中，推销者的口才对其最终的成功与否起到关键性的作用。如果推销者能够随机幽默地应对推销过程中出现的各种各样的突发状况，那么这也许就会成为其最终推销成功的关键。

一位房产推销员正在向客户夸耀他的这栋楼房和这个居民区。他说：“这片居民区非常干净，阳光明媚，空气清新，鲜花绿草到处都是，疾病与死亡跟这里的居民无关。”

正在这时，远处一队送葬的人哭声震天地走了过去。这位推销员马上对客户说：“您们看，这位可怜的人——他是这儿的医生，被活活饿死了。”

如果推销员对送葬队伍这件事没有一个合理的解释，相信客户也不会乐意接受他先前的吹嘘，还会对推销员的印象大打折扣，从而对其房子产生怀疑。而推销员的幽默恰好打破了这一尴尬，让他们的交易比较稳定的进行。

小汪是一位推销钢化玻璃酒杯的推销员。一天，他当着许多客户进行示范表演。为了说明酒杯的经久耐用，他把一只钢化酒杯扔在地上。出乎意料的是，这只酒杯“啪”的一声——碎了。

客户们都睁大了眼睛，疑惑不解。小汪的心里也“咯噔”了一下，但他立即恢复了平静，用沉着而富于幽默的语气对顾客说：“像这样的杯子我是不会卖给你们的。”

听了小汪的话之后，大家都轻松地笑了，以为第一次砸碎杯子是为了引出下面的表演，吊大家的胃口，场内气氛顿时活跃起来。小汪乘机又扔了五六个杯子，都取得了成功，一下子博得了顾客的信任，销出了几十打酒杯。

小汪之前没想到会发生这种失误，对于突来的问题只有随机应变。小汪来个顺水推舟，让突发的情况成为推销的一个环节，从而产生强烈的幽默效果，达到推销的目的。其实推销的过程中，我们还可以运用一些另类的手段。

一位推销员对一家庭主妇说：“夫人，这是一种新型的牙刷，自动的，你只需要插上电源，放入口里，完全不用动手！只是价钱贵了一点，但是非常方便。”

经他这么一说，主妇有点心动了，只是价钱太贵了。此时，推销员马上取出另一把外形与那把完全一样的牙刷，说：“这把也是自动的，它不但便宜，而且不用电，只需将它用手拿着，伸进嘴里，不停地摆动头部就可以。”

这位推销人员的手法可谓是新颖出奇，用一个搞笑的人为自动动作来衬托电动自动牙刷的价值所在。相信，这位主妇会心情愉悦的买下这种新型牙刷。

的确，推销者们只要能够多用些心思，多想些幽默的奇思妙招，其巧妙的构思很容易在愉悦客户的同时，达到自己的销售目的。

10. 用心的幽默让你的推销更成功

将幽默融入生活，能让生活锦上添花；将幽默运用于经商，也能让你出奇制胜。

商场如战场。生意场上，强手林立，竞争激烈，如何赢得顾客，使经商成功，这里面很有文章。运用机智，巧用幽默，将使你赢得顾客的信服，使经商之道旗开得胜、生意兴隆。

有一位秃顶的先生在商店里漫无目的地闲逛。店员向他打招呼说："先生，买顶游泳帽吧，好保护您的头发。"

这位顾客说："笑话！我这几根头发数都数得过来，保护个啥？"

店员说："可戴上游泳帽，别人就数不清您的头发了。"

顾客笑了，想想这话有理，就买了一顶。

让顾客从不买到买的转变，则是店员掌握了其心理、巧用幽默语言使然。在生意场上，要善于抓住机遇，出奇制胜，以一种幽默新颖的方式推销自己的产品往往会有意想不到的收获。

香港有家专门经营胶水的商店，不惜本钱，悬赏千金招引顾客。在商店门口的墙上，店主用该店推出的一种最新强力万能胶水粘贴着一枚价值几千港元的金币，宣称：

"有谁能用手将这枚金币掰下来，金币归其所有。"

一时间，店门前人潮如涌，上场一试者络绎不绝。可人们费了九牛二虎之力，金币还是岿然不动。

该店主真是用心良苦，推销胶水手法既新鲜，又幽默，其结果必然赚得盆满钵满。在商业竞争中，需要经商者运用好身边的一切资源。如何抓住身边每一个赚钱的因素，则需要十足的智慧。

美国音乐指挥家斯托科夫斯基经常光顾一家小饭馆。老板每天都用好饭好菜招待他，却不肯收他的餐费。一天，他忍不住问老板："你为什么对我这么客气？我又不是付不起饭钱？"

老板说："我非常尊崇音乐，不在乎您的饭钱。"

斯托科夫斯基听了很感动。可是，当他走出饭馆，却发现橱窗里挂着一块广告牌，上面写着：

"请到本餐厅和伟大的音乐指挥家斯托科夫斯基共进早餐、午餐和晚餐。"

饭馆的老板真是一位深谙舍得之道的高人，以免费的饭菜吸引指挥家前来就餐，看似失去了一笔收入，而指挥家的影响力却无形的成为饭店的招牌，吸引了更多的人前来就餐。以小舍换大得，实在是经商中的一门大智慧。

11. 幽默让你的错误也变得可爱

犯了错误并不可怕，只要是能够将自己的错误给以轻松诙谐的诠释，就有让你从险境脱身的机会。只要你的笑够灿烂，就有摧毁一切的威力。

面对复杂的职场环境，如果真的不小心犯错了，在反省自己的错误之余，还要弥补自己的错误造成的损失，打破错误给自己造成的困扰。这时候幽默通常是我们的不二选择。下面这个小王就是这样来为自己解围的。

小王是个上班族，一次，他在上班时间去理发。而公司明文规定，员工在上班时间不能随意外出。小王正在理发时，公司经理出现在他面前。经理面带着愠怒，小王也紧张起来。

经理对小王说："小王，现在是上班时间，你为何在理发店？"

小王吸了两口气，平静下来，回答道："经理，您看，我的头发是在上班时间长的。"

经理马上接道："不全是，你下班时间也长头发了。"

小王礼貌地回答："您说得太对了！所以我现在只剪上班时间长的那部分。"

小王的回答可谓是"强词夺理"，不过假如小王被问得哑口无言，不懂得用幽默来为自己解围的话，小王一定会很尴尬，而且还让经理非常生气。而聪明的小王用了一个小小的幽默，经理不仅对小王的巧辩比较欣赏，而且还可能会对小王另眼相看，至于这样的小错误，就不会太放在心上。

小陈刚刚在一家大型企业中谋得一份相当不错的工作。然而新工作离家有很长的一段距离，他每天要转好几趟公交车，所以很容易迟到。但公司有项规定：每月上班迟到累计超过三次者，公司将对其解聘。

恰好这个月，小陈已经迟到两次了，所以老板曾提醒过小陈："就等你下次了！"没想到在星期二的早上，小陈偷了点懒，多睡了会儿，不觉又迟到了。当他企图溜进办公室的时候，被老板发现了。

小陈灵机一动，对老板说道："您好，老板！本人小陈，今年25岁，本科文凭，工作经验丰富，愿毛遂自荐，申请我即将失去的这份工作。"听了小陈的一席话，老板忍不住笑，走出了办公室。这下，小陈的工作保住了。

对于公司的规定，小陈不知道如何狡辩，但是他却从另外一个角度去化险为夷，让自己即将失去的工作得到了保留。小陈的这种幽默让老板开心，至于迟到这种事情就只好不了了之。

有一个公司主管对她的秘书说："将这份报告打印5份给我。"秘书很快就按下了打印机的按钮。很快，15份报告就被打印出来了。

主管笑着对秘书说："小姐，我不知道是你没听清楚，还是打印机不听指令。我只要5份报告。"秘书也笑着对他说："对不起，主管，我想是打印机的耳朵出问题了，看起来真该修理修理它了。"

主管对秘书的批评非常幽默，而秘书接受批评也接受得非常幽默，表面上把打印机拿出来做挡箭牌，其实是向上司表明了自己的态度。

幽默可以让人心情愉悦，一些小错误就会在幽默的糖衣炮弹下被人淡忘，让自己的事业更加顺利，所以，在职场中一定要学做一个幽默的人。

12. 幽默让你的离职很大度

大多离开工作岗位的人都会伴随着失落，或者是被开除的无奈和心酸，或者是调任后对原来同事和单位的不舍和留恋。但既然离开是一种必然，我们就要幽默大度地离开。

幽默的离开，是一种生活的态度，是向别人展示一种豁达的胸襟。这种豁达是告诉别人，同时也告诉自己，不管是自己被炒鱿鱼还是被调离，都表示一段新的生活即将开始，不管前方的路如何，我们都有信心迎接挑战。即使是在我们被迫离开维持生计的工作岗位时，我们也要笑着离开，告诉别人，我们不怕挑战。

马克·吐温曾供职于《守声报》，不幸的是，在那里只工作六个月，总编突然对他说："你太懒了，一点都不顶用！我希望你离开我们报社。"

没想到马克·吐温竟然笑着回答："你真是太愚昧了，要用6个月时间才知道我的为人！我可是刚进来工作那天就知道你了。"

对于马克·吐温来说，突然失去工作无非是一个晴天霹雳，但他非常机灵，转换角色特别快。一句话让处于劣势的他一下子处于上风，自尊十足地离开自己的岗位。

有些人在离职的时候会给自己找个十分体面的理由，例如皮特。

皮特刚被领班辞退了。他的朋友来慰问他。

"朋友，你怎么被开除了呢？"朋友诧异地问。

"哦，"皮特说，"你知道领班是什么样的人，他总是一个人悠闲地看着别人工作，自己从来不亲手劳动。"

"我们知道是这样的。"朋友回答说，"但是为什么他会让你走？"

"嫉妒！完全是他的嫉妒。你知道吗？其他的所有人都认为我是领班。"皮特回答。

皮特把自己的离职归结为自己太有才能，让领班产生嫉妒，自己才会被撤职的。这种幽默不得不说是一种智慧。皮特的回答不仅顾全了自己的面子，而且还让自己的心里得到了极大的安慰。此外，面对人事调动的时候，我们要学会大度，下面来看看小方。

小方一直在总公司任职。一天，人事经理把他外调至分公司服务。人事经理安慰小方道："小伙子要加油干，不久之后，我们还是会把你调回总公司的。"

小方毫不在乎地说道："怎么会呢？我才不会气馁呢！我只不过觉得像个董事长退休而已！"

小方的幽默回答无形中把自己提高了，让自己的离职调动显得特别有档次，而且体现出乐观豁达的精神。让经理等其他人也不得不对他另眼相看。不过，说到此，我们又不禁会想到，为什么其他人不会被调离呢？其实这也体现一个人适应职场的能力。

无论怎样，幽默的离开工作岗位，一转身就不再留恋，给自己留下美好的回忆。

三　优化人际关系的幽默

幽默是人际关系中必备的一个因素，适时适地的幽默可以帮助人们拉近彼此之间的距离，使你的人际关系更加优化，让你更受别人的欢迎。在现实的人际交往中，当矛盾发生时，那些缺少幽默感的人会把事情弄得越来越僵，只有懂得幽默的人才能使一切变得轻松而自然。幽默更是我们快乐生活的重要一部分，我们在生活中常常会遇到各种各样的意外，只要我们足够的幽默，就能够用笑声缓解各种各样的紧张关系，不管是人际交往中的种种不快，都可以被我们的幽默轻松消融。幽默是一种力量，如果在交往中逐步掌握了幽默技巧，就会巧妙地应付各种尴尬的局面，很好地调节人际关系，使人与人之间和睦相处。

1. 用幽默控制情绪让你更受欢迎

能否很好地控制住自己的情绪，首先取决于一个人的气度、涵养、胸怀、毅力，其次就是要掌握其他的一些缓和情绪的方法，幽默就是其中重要的一种。气度恢宏、心胸博大的人都能够做到有事断然、无事超然、得意淡然、失意泰然。

我们在与人相处时，不可能事事一帆风顺，也不可能要求每个人都对我们笑脸相迎。很多时候，我们也会被他人误解，甚至被嘲笑，被轻蔑。这时，如果我们不能善于控制自己的情绪，就会造成人际关系的不和谐，对自己的生活和工作都将带来很大的影响。所以，当我们遇到意外的沟通情景时，就要学会用幽默的力量控制自己的情绪，因为轻易发怒只会造成负面效果。

有的人在与他人合作中听不得半点“逆耳之言”，只要别人的言辞稍有不恭，不是大发雷霆就是极力辩解，其实这样做是不明智的。这不仅不能赢得他人的尊重，反而会让人觉得你不易相处。保持虚心、随和、幽默的态度将会使你与他人的合作更加愉快。

美国总统罗斯福年轻的时候，体力比不上别人。有一次，他与人到白特兰去伐树，到晚上休息时，他们的领队询问白天每人伐树的成绩，同伴有人答道：“塔尔砍倒53棵，我砍倒49棵，罗斯福这个笨蛋只砍倒了17棵。”

虽然同伴说的是玩笑话，但对罗斯福来说可确实不怎么顺耳，当罗斯福就要发怒时，他突然想到自己砍的树的确很少，简直和老鼠筑巢时咬断树基一样，不禁笑着说：“你说得不对，我是用牙齿使劲咬断了17棵。”

罗斯福是一个善于控制自己情绪的人，他以幽默的方式心平气和地面对自己的不足和他人的攻击，体现了他非同寻常的忍耐力和大度宽容的胸怀。

事实上，凡是控制不住自己情绪的人，都是弱者，真正的强者会迫使他的行为控制其情绪。一个人受了嘲笑和轻蔑，不应该表现得窘态毕露，无地自容。如果对方的嘲笑确有其事，就应该勇敢幽默地承认，这样对你不仅没有损害，反而大有裨益；如果对方只是横加侮辱，盛气凌人，且毫无事实根据，那么这些对你也是毫无损失的，你尽可幽默对待，这样越发显现出你人格的高尚。

俗话说：家丑不可外扬。可是在幽默的领域里，“笑话自己”是一个得到了普遍认同的观点。美国幽默作家罗伯特就主张以自己为幽默对象，或者说，笑话自己。运用这种方法，在生活中的各种场合，我们都可以发挥笑料，引出笑声，为人们排除愁闷和紧张。长此以往，你就能够获得一种幽默智慧，能够承受各种既成事实，更有信心去努力改善现状，也能够增加自己的亲和力。

有一位职员，上班时间趴在桌上睡着了，他的鼾声引起了同事们的哄堂大笑。他被笑声惊醒后，发现同事们都在笑他，有人说：“你的呼噜声打得太有水平了。”他一时颇不好意思，不过他立即接过话茬说：“我这可是祖传秘方，高水平还没发挥出来呢。”

在大家的哄笑中，他为自己解了围。在幽默的领域里笑自己是一条不成文的法则，你幽默的目标必须时刻对准自己。这时，你可以笑自己的观念、遭遇、缺点乃至失误，也可以笑自己狼狈的处境。每一个在社交场的人都得有随时挨“打”的心理准备。

2. 幽默的人更让人喜欢接近

友善的幽默能表达人与人之间的真诚、友爱，能沟通心灵，拉近人与人之间的距离，填平人与人之间的鸿沟，是你和他人建立良好关系所不可缺少的东西。

温暖的阳光能比凛冽的寒风更快地脱掉你的大衣；仁厚、友善的方式比任何暴力更容易改变别人的心意。幽默的力量能使你与他人的沟通和交往更为顺畅，有助于你与他人建立更和谐的人际关系。试想一下，当你以笑脸迎人的时候，有谁不愿意与你笑颜相交呢？

有一天，萧伯纳在街上行走，被一个骑自行车的冒失鬼撞倒在地上。幸运的是，萧伯纳没有受伤，只是虚惊了一场。这个冒失鬼急忙把他扶起，连连道歉。可是萧伯纳却惋惜地对他说：“先生，你的运气不佳，如果你把我撞死了，就可以名扬四海了！”

萧伯纳的一句妙语，就把他和肇事者双方从不愉快的、紧张的窘境中解放出来，使这个突发的事故得到了友好的处理。萧伯纳的幽默不仅使自己给对方留下了难忘的印象，同时又给人以友爱和宽容。可以说，萧伯纳的许多机智的幽默也是他广受世人欢迎的一个重要原因。

一句幽默的话语，能拉近人与人之间的距离。朋友之间的幽默，更是能令彼此的友谊锦上添花。

著名国画大师张大千与著名京剧艺术大师梅兰芳相互敬慕，神交已久。一次，在为张大千举行的送行宴会上，张大千走向梅兰芳敬酒，出其不意地说："梅先生，您是君子，我是小人，我先敬您一杯！"

众人都愣住了，梅兰芳也不解其意地忙问："此语作何解释？"张大千朗声答道："您是君子——动口；我是小人——动手！"

张大千机智诙谐，一语双关，引来满堂喝彩；梅先生更是乐不可支，把酒一饮而尽。

人们喜欢接近有幽默感的人，不仅仅是因为幽默能够给人带来笑声，还因为幽默的玩笑话，能够使人感到被重视，被关注。

著名演说家特鲁在介绍他的演讲经验时说：

"我发誓要使每一位听众都成为好听众。如果中途有人打断，我总是利用当时情况来说句解围的话。比如说我会问打断的人：'先生，请问贵姓？'如果回答的是一个罕见的姓氏，我再问：'那是你的真实姓名，还是你捏造的？'然后我就向这人开玩笑，尽量使他觉得自在。我之所以这样做，是基于大多数人宁可被开玩笑，而不愿被人忽视，并且每个人都希望被包容，而不愿遭受排斥。最大的侮辱，莫过于忽视。"

特鲁所道出的正是人与人交往之中最为重要的一点，相互关注、相互尊重。当然，开玩笑还要注意场合以及内容。只有善意的幽默在恰当的场合才能增添别人对你的亲近度，使你变得人见人爱。

3. 幽默让你在社交中进退自如

社交场上的轻松自如是你的一种风度，也是一个人阅历丰富的标志。经得多，见得广，只要你善于观察，善于学习，假以时日，你也可以在社交中做到进退自如。

社交场上的临时幽默是社交人员必须具备的一项技能。在社交过程中，我们常常会面对一些随时可能出现的意料之外的事情，这些经历对提升我们在社交中的应对能力非常有帮助。

我们眼中的一些善于社交的人，其实他们跟你一样，他们不过是比你多了一些阅历和掌握了比你更多的应对多种关键场合的社交技巧而已。如果你把这些人在社交场的应付自如仅仅归因于他们有着比你更厚的脸皮的话，那你就大错而特错了。

我们在社交场中与人交流时，只要能放得轻松一点，多用用自己的聪明才智，也能够很自然地随机产生一些幽默感。

某公司主管小赵是一个非常喜欢喝酒的人。有一次，他参加了一个盛大的自助餐式酒会。因为主人事先预备了各式各样的美酒，客人们都赞不绝口。谁知，宴会刚开始，小赵就在和朋友们寒暄之后，说："哦！对不起，在下先行告退了！"

当他来向女主人告辞的时候，女主人很诧异，因为她知道小赵是一个爱喝酒的人，就不禁问道："怎么，您要回家了呀！是不是有什么地方招待不周呢？""哦！不，不，我如果一开始喝的话，一定会分不出来东南西北的，所以我想先行告退……"

其实，会喝酒的人都会理解小赵之举的。面对那么多的美酒，他当然是不愿意错过的，可是他又怕自己喝醉了以后会出丑，所以他就在喝酒之前为喝酒之后可能出现的情况做好铺垫，然后他就可以尽兴地享受美酒了，因为他明白主人当然不会因为他有可能喝醉而答应让他回去的。

在社交过程中，相信很多人都吃过闭门羹。碰到这种情形是一件很让人恼火的事情，不过善于交际的人是不会因此而让自己丢了风度的。

斯库特去拜访一位女性朋友，女佣告诉他："十分抱歉！小姐要我告诉你说，她不在家。"

斯库特说道："没关系，你就告诉她，我并没有来过！"

经过这样的幽默处理，斯库特以善意的话语表达了自己的心情，并对女主人避而不见的做法进行了讽刺。当他的那位女性朋友听到这种幽默出彩的答话后，还能沉得住气吗？我们可以预料，她一定会走出来与斯库特相见的！

4. 以幽默的力量化干戈为玉帛

生活中的磕磕绊绊在所难免，愚者剑拔弩张，将战火蔓延到生活各处；智者则坦然处之，一笑泯恩仇。

我们身处在紧张忙碌的现代社会，繁忙的劳作再加上各种利益的纠葛，使得人们彼此间的矛盾冲突增多，日常生活的摩擦更是不断。如何松弛紧张的情绪，避免争吵，让自己摆脱处世的烦恼，确是亟需考虑的。善于运用幽默力量的人对此则可轻松应对。

两辆汽车在窄巷中相遇了。车停了下来，两位司机谁也不准备给对方让道。对峙了一会儿，其中一个拿出一本厚厚的小说看了起来；另一个见了，探出头高声喊道："喂，伙计，看完后借我看看啊！"

这一句话逗得看书的司机哈哈大笑，主动倒车让路。另一个司机则在车开过了小巷之后主动与看书的司机交换了名片，并真的向他借书看。两人的家离得本就不远，后来两人就成了很好的朋友。

幽默的调侃将矛盾的热度降低到零点，双方增加了亲切感，因此一方主动倒车，另一方互相照应配合，消除矛盾困窘。与陌生朋友发生冲突也是难免的事，如果你能大度些，诙谐些，矛盾将变成友情。

现实生活中常常不乏令人碰得头破血流仍然得不到解决的问题，但是，如果来点幽默，却往往会迎刃而解，化干戈为玉帛。

小赵和小孙都是刚进公司的小青年，小赵血气方刚，容易冲动，小孙则比较沉稳，具有幽默感。一次，两人工作中发生了摩擦，小赵怒气冲冲地将小孙拉到外面的走廊里，嚷着要找个时间选个地方跟小孙决斗。

小孙说："单挑我可不怕你。不过，时间、地点及武器由我决定。"

小赵同意了。

小孙说："时间就是现在，地点就在走廊里，武器用空气。"

小赵一愣，然后哈哈大笑，他能做的就只有挠小孙的胳肢窝了。

这种以幽默玩笑的方式来缓解矛盾，即使对方把弦绷得很紧，处在“一级战备”状态，也会作出相应热情的反应。

有时，面对一触即发的争辩，不妨适时叫个“暂停”，使双方冷静一下，再运用你的幽默使得双方达到和解。

1895年夏天，美国著名作家马克·吐温与朋友比杰尔夫人就有无灵魂问题发生了激烈的争论。最后，谁也说服不了谁。比杰尔夫人讥讽说：“我的朋友，如果过了一百万年以后，我们又在天堂上相见了，你是否肯承认自己的不对呢？”马克·吐温见比杰尔夫人有点生气了，便没有再多说什么。

第二天，马克·吐温派人给比杰尔夫人送去了三块小石头，石头上刻着他新写的诗句，分别是：“如果过了一百万年，事情证明你对，而我不对，那么，我将公开地、坦率地、勇敢地面对着你那可爱的、带着嘲笑的小脸，承认自己的错误”；“如果竟是我对，那我会感到遗憾，因为你我已无法对证”；“呵！有耐性的石头，你已经待过好几百万年了，就带着这封信再待上一百万年吧。”比杰尔夫人收到这三块石头后，被马克·吐温的幽默打动了，前日的不快一扫而空。于是，这个关于灵魂的辩论就此打住。比杰尔夫人和马克·吐温依然是一对挚友。

朋友之间难免有看法不一致的时候，马克·吐温的做法就十分值得我们借鉴，在化解朋友之间的争吵方面不失为一剂良药。

幽默的力量能给人以友爱与宽容，用幽默来使自身乐观、豁达，面对生活中的摩擦，我们不妨用幽默去应对和化解它。

5. 小开玩笑让友情更加坚固

没有真挚友谊的人，是真正孤独的人。朋友，其实就是能给你帮助和鼓励的人。在与朋友交往的过程中，很多时候需要诉说衷肠，但时间久了也不免觉得腻歪，而朋友间适时的玩笑，可以增进彼此的了解与感情。

朋友之间的相处大都非常随意，或嬉笑怒骂，或肝胆相照，这都会有助于朋友之间感情的加深。朋友之间，大可不必谨慎拘束，大大方方的相互交往，反而会让双方之间更为透明，更好相处。

爱德华给朋友发结婚请帖，上面写道："我们将在周六晚上举行婚礼，您能前来参加吗？您到后，请用脑门按下门铃，我就出来接您。"

"为什么不可以用手按铃呢？"朋友诧异。

"我怕你带的礼物太多，腾不出手来。"爱德华笑道。

爱德华给朋友的请帖中含有非常规的语句，可以看出爱德华和这位朋友间的感情非同一般。而爱德华回答朋友的问题时，使朋友感到自己受到特别的关注，所以才要多带礼物。这一小小的玩笑将这份友谊更增添了几分。

偶尔的恶作剧是生活中有益的调味品，当你被朋友捉弄时，不妨以幽默的方式回击回去，让朋友也感受到你的幽默与风趣。

一次，德国诗人海涅收到一位朋友的来信，拆开信封，里面是厚厚的一叠白纸，一层一层地紧紧包着。他不耐烦地拆开一层又一层，直到十几层，里面才有一张很小的纸条，上面郑重其事地写着一句话：

"亲爱的海涅：最近我身体很好，胃口大开，请别挂念。你的朋友路易。"

过了几天，这个叫路易的朋友也收到了海涅寄来的一个很大很沉的包裹。他不得不叫人帮忙才把包裹抬进屋里，打开一看，竟是一块大石头。上附一张卡片，写着：

"亲爱的路易，深知你身体很好，我心上的石头终于掉了下来，今天寄上，望留作纪念。"

路易的信虚张声势，小题大做；海涅的信形象真切，滑稽逗人。无疑在相互的捉弄中，将两人的友谊联系得更紧了。

在与朋友交往的过程中，也会出现相互的尴尬，甚至是相互不快的情况。如果任其发展，朋友之间的友谊会遭到不必要的打击。这种时候，如果适时地来点幽默，就会很容易地让朋友间的误会与尴尬烟消云散。

爱因斯坦曾为一对年轻朋友证婚。几年后，那对夫妇带着儿子来看他。谁知这孩子看了爱因斯坦一眼就号啕大哭起来，弄得这对夫妇很难为情。幽默的爱因斯坦却摸着孩子的头，高兴地说："你是第一个肯当面说出对我的印象的人。”

故事中的爱因斯坦作为年轻夫妇的介绍人，与年轻夫妇的关系非比寻常。爱因斯坦对于这对夫妇可以说有牵线之恩。因此，孩子的哭声让他们感到尴尬。爱因斯坦看出夫妇的尴尬，巧用“第一印象”这样的词来肯定孩子，一下子就打破了这个意外的尴尬气氛。

人无完人，每个人都会犯错。我们在犯错之时，真诚的朋友都会坦率地向你指出毛病。向朋友指出毛病的动机是好的，但是这种行为需要掌握好分寸，如果是过分地挑朋友的毛病肯定会使朋友感到厌烦。能否让朋友接受意见的关键是，让朋友感觉到你的真诚之心。

贝尔克出版了第一本书，在朋友面前吹嘘：“你看过我的书吗？是一本很好的书，里面有很多新的和正确的见解！”

“我看过了，”朋友开玩笑似的告诉他，“而且这本书，我和你有同感。只是非常遗憾，但是新的不太正确，正确的基本上都不新。”

贝尔克听了朋友的话，虽然有点受挫，但还是虚心接受了朋友的意见。

朋友面对贝尔克的吹嘘，并没有直接对其否定，而是用玩笑式的语气跟他调侃。在肯定其内容新和正确的同时，为其指出了缺陷。这种委婉的批评不但能使贝尔克接受，而且能从中看出其真诚，增进彼此友谊。

6. 在幽默的寒暄之间加深感情

打破常规、注入幽默元素的寒暄方式，不仅会增加我们的人格魅力，还会拉近我们和我们周围的人的距离，让我们赚得一个好人缘。

寒暄是人们日常交流的一个重要方面。我们经常见面的熟人，不可能总有很多话要谈，而且我们也没有太多的时间和这些熟人一见面就站在路边没完没了地聊。但是，我们碰到熟人的时候，又不能因为嫌麻烦而不打招呼，这样不仅显得我们不近人情，更会给别人留下狂妄自大、目中无人的不好印象。

那我们遇到这种情况，该怎么办呢？其实，解决的方法很简单。我们不妨将我们平时的寒暄方式进行巧妙地加工一下，让那些显得呆板的方式更有一些幽默性。人人都喜欢幽默的东西，这种幽默的招呼不但可以增加我们和别人之间的生活情趣，更会进一步优化我们的人际关系。

有一年，我国北方的气候比较反常，已经快到五月份了，天气还是比较寒冷，所以很多人都还穿着羽绒服。这时候，熟人之间碰面常说的话就是："今年气候太反常了，都快五月份了，天还是冷死人。"可是，有一个在某机关做文秘的小赵就不这样说。

他在单位碰到同事们就会打趣道："要立秋了吧，羽绒服都加上了。"他在路遇邻居大爷的时候，就风趣的问："大爷，您见多识广，经历过这么长的冬天吗？"碰巧，邻居大爷也是一位爱幽默的老人家，他笑着说："可能老天爷最近几天心情不好，老是板着一副冷面孔。"

几句简单的玩笑话，就让人们在相处之中多了一些笑声，也驱散了天气带来的一些冷意。人们在日常生活中都会有很多共同关注的话题，只要我们好好把握住了，我们就会在娱人娱已的过程中，增进我们与周围的人的了解，从而加深与他们的感情。

小王就是一个很讨邻居们喜欢的小伙子。在每天上班的时候，他遇到晨练的大妈们都会寒暄几句，而每一次他都能逗得大妈们乐呵呵的。其实他每一次都说得挺简单的，要么一句"大妈今天更苗条了啊"，要么一句"天冷，大妈可不要穿太少啊，大爷在家担心呢"，但他的每一句话总是能引来大妈们一阵欢笑声。

我们不要小瞧这几句简单的玩笑话，其实，邻居之间的一份感情就在这些简短的话语之间。我们常说"远亲不如近邻"，融洽的邻居关系，也是我们平时这些家长里短的玩笑话积累起来的。

7. 用幽默拨开朋友心上的阴霾

当朋友眉头紧锁的时候，当朋友泪珠滑下的时候，当朋友垂头丧气的时候，一句幽默的安慰，如灵动的音符，如和煦的春风，能荡漾出欢快的涟漪，能吹开他们心上的阴霾。

随着大学毕业生数量的增多，找工作渐渐变得困难，尤其要找到一份合心意的工作就变得难上加难了，很多人失意于此，变得烦躁不安。作为朋友，该怎么安慰他们呢？直接地做法是："没关系，慢慢来，总有一天会找到的。"但这种安慰往往给人不疼不痒之感，如果我们换一种幽默一些的安慰法，比如这样说："俗话说，一个萝卜一个坑，我觉得可能是你这个萝卜太大了，那个属于你的坑还没挖好呢。等挖好了，有自己的坑，让别人羡慕去吧。没事的，耐心点。"这样的说话方式，可能会更好地让朋友宽慰一些。

在生活中，遇到挫折或不幸时，每个人都希望得到他人的安慰。然而安慰并非仅仅是说几句让人宽心的话，安慰也是有艺术性的。合适而恰当的安慰，能让人摆脱苦恼。在安慰他人的时候掺杂幽默，可以让对方在逆境中感到温暖，从而缓解精神压力，更好地面对生活中的各种难题。

一位女子的母亲刚刚过世，情绪非常低落。见到朋友时仍不见笑容。

朋友见状便安慰她说："别担心，阿姨在那边不会孤单的，我妈妈可以带她四处去玩，她对那边很熟。"

原来这位朋友的妈妈前几年因为癌症去世了。他故意不提生死，而是豁达地安慰朋友，以乐观的心态触及自己的伤心事，达到同病相怜的安慰效果。

这个故事中，这位朋友不惜揭开自己的伤疤，讲出自己母亲去世的情况，以安慰女子。其话语显示出其乐观豁达的生活态度，也表达了对女子的深切关心和安慰。仿佛他们的妈妈去的不是天国，而仅是另外一个天地而已。任何人看到这里，都会忍不住在心酸之余会心而笑。这就是幽默的力量，它让你在苦中作乐而自知。

人生在世，不如意事十之八九，这就需要我们能以乐观的心态看待挫折和低潮，能以幽默风趣的态度来应对困难。当朋友身处逆境时，要懂得幽默地加以安慰，让对方感觉到你的真心关怀。

8. 用幽默语言缓和人际交往的气氛

大千世界，纷繁复杂，在任何场合都免不了磕磕碰碰。一些细节如果处理不好，会带来不必要的麻烦。如果遇到一些棘手问题，学着用幽默的心态面对它，这会使大事化小，小事化了，从而还你一片明净的天空。每一天，人们都要面对诸多的人和事，由于拥挤和生活节奏的快捷，大家在与人交往之时总会出现一些小摩擦。如果将这些小问题看得过重，会影响自己的正常生活，也会对别人造成心理上的不愉悦，而幽默的心态则能缓和一些尴尬气氛。

将不愉快的事情扼杀在萌芽之时，或者使其朝着好的方向发展，需要把握住时机。同时，如果加入幽默的元素，会达到意想不到的效果。

一个来自新加坡的旅行团中有位老太太，不小心被蒺藜划破了裙子，顿时游兴大减，中途欲返。这时，导游小姐走近老人，微笑着说："这是武夷山对您有情啊！它想拽住您，不让您匆忙地离去，好请您多看几眼！"短短几句话，就像和煦的春风，把老人心中的不快吹得无影无踪了。

故事中的老太太因为一点小事游兴大减，如果任这种情绪发展，有可能会影响到整个旅行团的兴致。聪明的导游，巧妙地用"武夷山对您有情"来劝慰老太太。这样，一则将山拟人化，显得风趣生动，一则在无意中拉近了武夷山和老太太的距离，让其有亲切之感。一场小风波就此化解。

当然，有人故意挑起事端，企图以巧言侮辱你，陷你于尴尬之境地，那你完全可以以其人之道还治其人之身，而最好的武器就是幽默。下面关于林肯的一个例子，或许可以给我们一些启发。

有一次，林肯在擦自己的皮鞋，一个外国外交官向他走来说："总统先生，您竟擦自己的皮鞋？""是的，"林肯诧异地反问，"难道你擦别人的皮鞋？"

林肯的一个反问句让对方哑口无言，也让外交官戏弄林肯的企图不攻自破。幽默的人不仅可以为自己化解困境，更能为自己赢得掌声，林肯总统无疑是美国历史上最幽默的领导人之一，这也是我们为什么这么喜爱他的理由之一吧。

幽默是生活中不可缺少的因素，一个人幽默与否，也是对这个人能力的一种检验。在尴尬处境中表现出来的小幽默，不仅可以给人带来轻松愉快的心情，还能营造和谐融洽的相处空间。

在一艘游船上，一位有妻室的辩论能手与一位漂亮时尚的女子同乘一个软包厢。经过交谈，女子被辩论能手的语言魅力深深吸引，她想引诱他。

她躺在软席上说："先生，我觉得好冷。"辩论能手很绅士地为她盖上被子。但是她还是说冷。于是辩论能手把自己的被子也给了她。但是那位女子还是不停地说冷。

辩论能手沮丧地问："我还能怎么帮助你呢？"女子说："我在家的时候，我妈妈总是用身子来暖和我。"不料辩论能手很是机智地回答："那我现在总不能跳下海去找你的妈妈吧？"

就这样，辩论能手用他的机智幽默化解了同处一室的尴尬，为两个人都赢得了一个相对轻松的空间。幽默是人类独创的智慧。在尴尬中使用幽默是一种无懈可击的力量，在你或者别人遇到尴尬的时候，不妨来一剂幽默的强心剂。

俗话说"人生之不愉快十之八九"，人生的幸福与否，与个人心态和处理不愉快的能力息息相关。如果能够处理好一些尴尬的氛围，不但能使自己赢得尊重，也能给别人带去快乐。

9. 拒绝别人也可以很幽默

学会拒绝是人际交往的一门必修课。幽默而委婉地拒绝，可以让你在人际交往中少一些尴尬，多一些顺心。你的幽默，会让你在拒绝的同时，也赢得更多的理解。

拒绝别人是需要技巧的，太直接生硬的方式会让对方感觉难堪，甚至伤及双方关系。懂得随机应变，学会有技巧地说“不”，是每个人都应该学会的处世技巧，它能让你的生活变得更加轻松自在。

我国著名文学家钱钟书在其小说《围城》出版后，很多媒体的记者通过种种途径找到钱钟书的朋友们，想要采访他。

钱钟书由于不喜应酬，便幽默地对他的朋友们说：“你们帮我转告他们吧，既然已经见过鸡蛋了，为什么还要千方百计地想要见到那只下蛋的老母鸡呢？”

钱钟书把自己辛苦写成的小说《围城》比做“鸡蛋”，而把自己比做“下蛋的老母鸡”，这一比喻新奇有趣，让听者禁不住会心一笑，他以这种方式幽默地拒绝了记者们采访的要求，更显出其聪明睿智。

爱因斯坦有一天在纽约街上遇到一位朋友。“爱因斯坦先生，”这位朋友说，“你似乎有必要添置一件新大衣了。瞧，你身上穿得多么旧啊！”“这有什么关系？在纽约谁也不认识我。”爱因斯坦坦诚地回答道。

数年后，他们又偶然相遇。这时的爱因斯坦已成为有名的物理学家，但他依旧穿着那件旧大衣。他的朋友又不厌其烦地劝他去换一件新大衣。“何必呢？”他答道，“现在，这里每一个人都认识我了！”

爱因斯坦在穿着方面跟朋友发生了分歧。第一次分歧时，爱因斯坦用直接的语言表明了自己的想法。而第二次遇见时，爱因斯坦重复使用第一次的句式，巧妙地坚持了自己的观点，朋友一是无可奈何，二是感觉到其幽默，此后再也没提过这件事。

在与朋友交往中，还会遇到一种情况就是朋友会问一些你不愿意回答的问题。如果遇到这种情况，避而不答会显得自己很不礼貌，这种时候，用幽默的方式来回避问题将会起到很好的效果。

一位朋友问普斯顿多大年纪。普斯顿若有所思地告诉朋友：“40岁。”

10年后，这位朋友又问普斯顿多大年纪了，普斯顿毫不犹豫地答道：“40岁。”朋友感到奇怪：“怎么可能呢？10年前你就说过40岁了。”

普斯顿答道：“正人君子是不会因为时间改变一些事情的，比如10年前和现在一样我们都是朋友。你20年后问我，我同样也是40岁，对吗？”

此后，朋友再不向普斯顿问这个问题了。

这个故事中的主人公普斯顿，实际上很不愿意回答年龄问题，第一次就有意回避了。而朋友在很多年后居然又对这一问题发问。普斯顿又不能坚决地拒绝回答这个问题，就巧妙地将与朋友间的友谊也拉入话题中，使得朋友感觉到彼此友谊也在“不变”的范围内。

在现实生活中，人与人之间的金钱往来是常事，朋友之间更是如此。有很多人在面对朋友借钱、还钱之事的时候，由于不善于处理这种关系，导致大伤和气。有的人明明不方便借给朋友钱，但是却不好意思拒绝朋友，担心因此让朋友的颜面有伤。其实，在朋友之间表达自己的拒绝之意，只要处理得幽默诙谐，是不会让两人的关系陷入僵局的。

小张看到小李，很亲热地打招呼。

小李看小张委靡不振，便关切地问道：“你怎么了呢？好像很没精神呀！”

小张心想逮着了机会，便大吐苦水：“最近为了开新公司而到处借债，数额还差好大的缺口呢，我晚上担心得睡不着觉。你能不能帮帮忙啊？”

小李很爽快地答应了。小张心生欢喜。

第二天，小张收到了小李拿给他的特效安眠药。

小李借小张表意不清的漏洞，忽略了主要问题，而故意误解小张是向他求救如何改善睡眠状况，既避免了直接拒绝的尴尬场面，又堵住了小张的嘴，让其不好意思第二次开口借钱，可谓是一举两得。

在浪漫的爱情之旅中，语言的幽默更是不可或缺。幽默的言语则可以增加情趣，制造浪漫，而当一份感情难以维系之时，以幽默的言语予以拒绝，也可以让对方不那么难堪。

男孩为了向女孩求婚，精心准备了一顿丰盛的晚餐。气氛正好时，男孩说："只要你同意，我愿意一辈子为你做饭。"

女孩并未做好结婚的准备，但又不想直接拒绝，因而委婉地说："真不好意思，我还想多吃几年自己做的饭呢。"

男孩借着做饭这件事拐弯抹角地求女孩嫁给他，女孩也接着做饭这件事委婉地回绝了他，这样的方式让他们都为双方留下了一定余地，都不会让对方难堪。

10. 幽默让你从容应付各种场合

人生中既有风和日丽的日子，也会有风雨交加的日子；我们会赢得他人发自肺腑的尊重，也会陷入无地自容的窘境。面对一切荣辱得失，我们要做的是，泰然处之，保持一颗平常心。

生活总爱跟人开玩笑，人们常常无法避免一些意外的尴尬。有时，不经意间的一句话就会给自己招来一些不必要的麻烦。碰到这种情况时，人们总会想方设法地解释，试图澄清事实。但有时候，事情会越描越黑，越解释越不清楚。这时，解决问题的关键就在于能否让别人信服你的观点。

古希腊的寓言大师伊索极富智慧。一次，他的主人醉酒失言，发誓要喝干大海，并以他的全部财产作赌注。次日醒来，主人发觉失言，极为懊悔。但全城人早已得知此事，纷纷来到海边等候，要亲眼看见他怎样喝干大海。

束手无策的主人只好向聪明的伊索请教。伊索很平静地思考一番，然后给主人出了一条妙计。主人急忙赶赴海边高喊："不错，我是要喝干整个大海。可是，现在千万条江河不停地流向大海，这就不好办了。如果谁能很明确地把河水与海水的界线分开，我保证能喝干真正的大海！”

没有人能找到河水与海水的严格界线，并把它们分开。于是，伊索的主人渡过了这一尴尬的难关。

聪明的伊索面对主人的难题并没有像主人一样的惊慌失措，而是平静地进行思考，分析如何才能挽回主人的声誉。最终，他通过设立一个不可能的前提使这件不可能的事被合乎逻辑地推掉，达到了化解尴尬的目的。

在社会交往中，总会遇到一些出其不意的事情。特别是在公共场合，难免会尴尬、难堪，怎样来应付这种场面呢？怎样做到冷静处理，尽量缓和气氛，以免造成更大的麻烦呢？这时候我们不妨来点幽默的方式。幽默不但能缓和紧张的气氛，并且还能最快最好地解决问题，使局面重新得到控制，化解尴尬的处境。

众所周知，第一次登上月球的实际上有两个人。第一个家喻户晓，叫阿姆斯特朗，和他一起登月的还有一个叫奥尔德林。在庆祝登月成功的庆功宴上，一位记者出乎意料地问了奥尔德林一个特别的问题：“阿姆斯特朗先下去了，成为登月的第一人，你会不会觉得很遗憾？”

场面嗖地一下尴尬起来，大家都屏住呼吸等待奥尔德林回答。但是奥尔德林却很有风度地说：“各位，千万不要忘了，回到地面时，我是第一个走出机舱的。”他环视了一下四周接着说：“所以，我是由别的星球来到地球的第一人。”大家都被他的幽默逗乐了，宴会上顿时掌声如潮。

幽默地面对尴尬，借着笑的调剂，再大的尴尬也能化解，这使你能轻松地获得他人的理解和赞许。在一些公众场合，尤其是像演说、演唱会这样的场合，台上的人受到的是全场乃至场外更多人的关注。因此，他们的形象显得尤为重要。但在这种场合，也免不了要出现些意外，让他们陷于尴尬境地。这就需要他们具有应对突发事件的冷静与智慧，来巧妙地让自己摆脱这种预料之外的尴尬。

有位青年演说家参加演讲比赛，上台时不慎被电线绊倒。正在鼓掌的观众们都怔住了，接着哗声四起。而演说家却从容地站起来，微笑着说：“你们的热情鼓掌真的使我倾倒了。”妙语一出，大厅里顿时活跃起来，赞美的掌声响成一片。

面对突如其来的尴尬场景，青年演说家并没有选择退却，也没有表现出恼怒的情绪，而是很从容地把自己的跌倒联系到在场观众的热情上。这样，不但将自己从窘境中提出来，还从侧面对观众给予了肯定，这一举两得，真是妙语生花。

11. 委婉的幽默让你八面玲珑

当你遇到“吃软不吃硬”的人时，当你碍于情面不知如何开口时，当你“哑巴吃黄连——有苦说不出”时，当你困惑于该如何表达爱意时，委婉的幽默都可能是您最好的武器。

人是一种有情感的动物，因此会有各种微妙的情绪。尤其是在中国这个讲求“面子”的国度，人与人的交往不是单纯的“你来我往”，其中还蕴涵着诸多微妙的“真理”。人们都需要学会察言观色又不卑躬屈膝，要委婉含蓄、不恶意伤人，要给足别人面子又不失自己形象，要坚持原则又要八面玲珑。

这种为人处世行为的形成和儒家文化的潜移默化有着很大关系。在古代，人们对自己的语言和行为的把握更为谨慎，“君为臣纲，父为子纲，夫为妻纲”等三纲五常的教条，尤其是对君王身边的臣子们来说，更像是一把无形的刀架在许多人的脖子上。“伴君如伴虎”，一不小心脑袋就会搬家。所以，熟练掌握“劝谏术”成为大臣们的生存之道。

战国时期，魏国吞并了中山国，魏文侯把这块新占的土地分封给了自己的儿子。

一天，他问群臣：“我是怎么样的君主？”众人答：“仁君。”唯独任座表示异议，说：“分封土地，给儿子而不给弟弟，算什么仁君？”魏文侯听后十分反感，任座因此离席而去。

文侯又问翟璜。翟璜回答：“臣认为是仁君。”文侯问：“你为什么这么认为呢？”翟璜说：“我听人说，‘君王礼仪，臣下就耿直’。刚才任座说话那么直率，就足见您是一位仁君。”魏文侯听后羞喜交加，赶快派人把任座请了回来。

这里，翟璜没有说谎。因为他找到了有力支持自己论点的论据，虽然和任座说法相反，却取得了意想中的效果。他把魏文侯架上“仁君”的位置，让其下不了台，为自己也为任座解了困境。委婉的语气用于劝谏，总是可以达到事半功倍的效果。

当然，现代社会已经没有三纲五常的约束，但是人与人之间的相处仍然需要委婉行事，许多社会关系非常微妙，需要我们谨慎相处。尤其是上级和下级之间，无论是批评或者赞扬，都会把握一个度，既要保持作为上级的威严，又不能使下属对其敬而远之。

某公司总经理要秘书尽快打一份商业保密文件，这位平日只知涂抹口红的女秘书费了九牛二虎之力终于完成了。

总经理看过这份错漏百出的文件后说：“小姐，我是吩咐过你，这是一份商业保密文件，但万万没想到，你竟如此认真，居然瞧也不瞧，闭着眼睛就把它打出来了。”

虽然这句话存在一定的讽刺含义，但上司并没有选择劈头盖脸的斥责，而是用开玩笑的语气委婉地表达了对这位秘书的批评，主动为秘书没有认真工作寻找“理由”，让秘书有反思的空间，也表现了老板的宽容和幽默。

当然，委婉地表达意愿不仅在工作中好用，在婚姻爱情生活中，它也是一件“法宝”。有经验的人都说，恋爱和婚姻都好似一对男女在“打太极”，进进退退、打打闹闹，才有意思，也才有韵味。

恋爱是最甜蜜的经历，拐弯抹角的委婉不仅增添恋爱的神秘感，而且营造了一种含情脉脉的气氛。如女孩子常对自己的男朋友说：“你真坏！”这是恋爱委婉语言的典例。“你真坏”三个字形象地刻画出恋爱中的女孩子的娇嗔、害羞，再加上语气和神态的配合，绝对所向披靡。

同样，婚姻生活也需要委婉幽默的润滑。如果夫妻二人长期讲话一本正经，会产生一种冷漠感，影响婚姻的长久。要有效利用各种话题，幽默起来。

有一对恩爱的夫妇，一次丈夫生了一点小病，卧床不起，脾气糟到了极点。有一天，妻子下班后，又听到他在发牢骚，说他快要死了。

于是，聪明的妻子趴在丈夫床边，露出请求的表情说道：“噢，亲爱的，你一定不能死。我的衣橱里，连一件漂亮的黑色衣服也没有呀。”那位丈夫立刻露出了微笑，顺势回答道：“好吧，我得等你把黑衣服准备好再离开。”

病人通常都比较敏感，和病人交流不仅需要耐心和智慧，更要学会委婉地使用幽默达到目的。仅仅依靠讲道理只会事倍功半，激起病人的厌烦心理。这位聪明的妻子正是运用了委婉幽默的方法，用“请求”的语气让丈夫卸下心防，积极面对生命。

要注意的是，委婉幽默虽然颇有时效性，但是也同样具有“杀伤力”，因为委婉运用不当就会演变为反语，而反语和“讽刺”是双胞胎兄弟。这时，委婉不仅不会制造幽默的效果，而且还会变成伤害彼此感情的利剑，只能适得其反。

四　幽默的演讲最受欢迎

演讲是一门艺术。它可以是温文尔雅的耐心讲述，也可以是气势如虹的情感喷薄；它可以是滔滔不绝的巧思妙辩，也可以是抑扬顿挫的自我陶醉。这个特殊的艺术世界向人们展示的不仅仅是思维碰撞的火花、针尖对麦芒的激昂和醍醐灌顶般的大彻大悟，它还可以让人们领会到语言文字世界的“诗情画意”。而成功的演讲者，就是这门艺术的最佳创作者。

那么，如何才能独占鳌头，成为演讲艺术中的佼佼者呢？如何借助演讲提高自己在社会上的竞争力？幽默或许是您最佳的武器。好的幽默往往成为演讲中的点睛之笔，达到回味无穷、绕梁三日的效果。游刃有余地使用幽默，让您成为众人仰慕的焦点。

1. 幽默的开场白最能吸引人

幽默的开场白宛若演讲人的一张智慧的名片，在快速缩短与听众距离的同时，使听众在轻松愉快的气氛中自觉不自觉地进入了角色。

“万事开头难”，做演讲更是这样。一旦观众的注意力被分散，后面的演讲将寸步难行；只有一开始就用三言两语抓住观众的心，让他们喜欢上做讲演的人，那么演讲者说的话才有吸引力。而幽默不失为一个好的选择。

一般来说，演讲者都是名人，而观众则以普通人居多。如何跨越这种隔阂，拉近与观众的距离，减少陌生感呢？很多政治家在这方面都极富创造性。

2008年7月5日，到访厦门的台中市市长胡志强在厦门大学做了题为“文化造市”的主题演讲。作为台湾有名的“明星市长”，自然具有超高的人气，不过使他更有魅力的是他极为幽默的谈吐。

他上台后就不断向观众抛出一个个幽默“包袱”。“这是我第一次来厦门，第一次来厦大，第一次在大陆演讲。到我这个年纪，‘第一次’已经不多了。”简单的几个“第一次”，就让大家立刻感受到这位台湾政治人物对此次访问机会的珍惜。

接着，他便开始拉近与观众的距离：“各位给我的热情接待，让我有回家的感觉。一个人回家以后做的第一件事情是什么？”一边说，他一边把西装外套脱去，扔在了讲台一边，然后还特意微笑着对现场的记者说：“不要拍了，我不会继续脱了。”其幽默诙谐、自然大方的话语自然赢得了现场观众的一片掌声。

他的整个开场白循序渐进，步步为营，其无处不在的幽默不仅在极短的时间内打消了观众们对他这种政治人物对话的警惕性和隔阂感，而且充分展示了这位“明星市长”的才智和风范，让大家对他的演讲内容充满了期待。

但是吸引注意力并非演讲的唯一目的，重点在于要怎样以轻松、幽默的方式将观众带入自己的正题，阐述自己的观点。

胡志强市长以对比自嘲开路：“台中处于台湾中部。和台北比，不太好比，只有举个特例来讲了。台北市长是谁？对，马英九，人家比我要漂亮得多，对不对？再看看南部的高雄，那里的海都比我sexy，比我性感太多。这就很明显了，往北我没有你漂亮，往南我没有你性感，怎么办？我就只有发展气质，对不对？所以，我们台中市的定位就是‘文化造市’。”

这样简短的概括对比，形象贴切，不仅体现了演讲者谦逊的态度，而且加深了观众的印象，成功将大家的注意力引向演讲主题，可谓一石二鸟，匠心独运。

当然，政治是个特殊的领域，极具敏感性。但是还是有很多演讲者敢于拿政治问题“开涮”，用小幽默、小故事作为开场来表达自己的愿望。

有三位公司主管试图给“名声”这个词下个定义。第一个说：名声就是你被邀请前往白宫与总统会面。第二个说：名声就是你受邀与总统会面，你们谈话过程中，总统电话响了，但是他却不接。这时，演讲者刻意停顿了一下，微笑着看着观众讨论自己心中的答案。

然后，他继续道：“第三个主管说：你们俩说的都不对。名声就是你受邀到白宫拜见总统，这时总统的热线电话响了，他接过来，听了听，然后说：‘找你的！’今天我应邀在这里演讲就如同在白宫有电话找我。”

这样的幽默小故事富于思辨性，也带有一定的悬念，演讲者在表达个人情感的同时，将思考着的观众不知不觉带入演讲的氛围。这就是用幽默驾驭开场白的奇妙效果。

如此看来，不管是大场面还是小面试，在开场时巧妙地幽上一默，就如同递上了一份不错的履历表，给对方留下深刻的印象。在竞争如此激烈的时代，小小的幽默说不定就是你的制胜武器。

2. 幽默让你更容易与听众沟通

高明的讲演者总是能让听众感觉到他所感觉的，同意他的观点，分享他的快乐，分担他的忧愁。因为他知道，讲演的成败不是由他来决定，而是由听众的脑袋和心灵来决定的。

一场好的演讲不但要有吸引观众的内容，演讲者还必须学会和观众“套近乎”，清除陌生感和距离感，这样才能使自己所讲的话深入人心，不落俗套，更容易在听众中产生共鸣，保证演讲顺畅进行。

沟通情感是人和人交流的必经过程，而公开场合的演讲又和私人交流有极大的区别。在演讲中沟通与听众的感情其实是个“技术活儿”。既不能过分恭维，刻意夸赞，又不能假装亲近，敷衍了事。这时恰当地运用幽默会取得意想不到的效果。

美国第41任总统老布什可谓非常擅长“套近乎”。1991年，英国女王伊丽莎白二世访问美国，老布什在宴会上致欢迎词。因为伊丽莎白二世已多次访问美国，所以老布什对女王的习惯了如指掌。

他在致辞一开始就运用轻松的语气说道：“在您数次对美国的访问中，我从您身上发现了一个把我们联系在一起的品质——热爱锻炼。无论是雨天还是晴天，您的长时间的散步总是把那些想打听小道消息的狗仔队们气喘吁吁地甩在一边。很庆幸，今天我那患有纤维性颤动的心脏没有被那场激烈的竞走累垮。”

多么轻松、幽默而又贴切的赞美！一个简单的幽默表述，便轻而易举打破了政治对话的紧张气氛，沟通了两个“国家”之间的感情。

老布什曾经担任过美国驻北京联络处主任，当已任总统的他再次回到美国驻华大使馆时，他的演说更是变成了一段“迟来的牢骚”。

“在异国他乡见到你们熟悉、亲切的脸庞，确实让我有宾至如归之感。你们让琐碎的行政事务运转得如此良好，并且因为我的到来，而使得大家如此遭罪，请接受我衷心的感谢。因为我知道，接待一位总统的访问犹如经历一场浩劫。我曾经被派驻在这儿，有过这样的经历。看到总统离开了，我确实很高兴。如果那还不够受的，亨利·基辛格又给我们增加了两次这样的经历。我知道你们对我们没什么好感。好吧，现在进入正题，向这里所有的中国雇员，所有家庭，所有——（此时，一个婴儿的啼哭声打断了总统）哦，没那么糟，宝贝。等会儿，就要好了——向所有在座的各位，表达我诚挚的谢意。”

整个这段演说就像是在和很久不见的老朋友的对话。老布什抓住自己曾经从事过“接待总统”这项工作的优势，顺势站在听众的角度，成为现场“诚惶诚恐”的工作人员的代言人，说出了大家的心声，顿时拉近了与听众之间的情感距离。同时，幽默的运用也使得老布什从高高在上的总统大人变为一位平易近人、体恤民情、善解人意的好总统，其个人形象瞬间得到提升。

当然，美国历史上会“套近乎”的总统还有很多。

克林顿总统在欢迎朱镕基总理访问美国时，也用一段幽默的夸奖达到了沟通情感的效果：“美国人民很高兴见到您，美国人民对您很感兴趣。毕竟，不是每个领导人都既能理解全球经济的错综复杂，又能理解京剧的无穷奥妙；既能演奏胡琴，又能在说出直率的政治观点的同时，发表不客气的音乐评论。”

看来，人与人的沟通，幽默不可或缺，尤其是在面对冷冰冰的政治的时候。

3. 自我调侃是常用的幽默手段

找到合适的幽默来吸引人数众多的听众的注意力，实在不是一件简单的事情；而演讲者从自身搜寻“话题”，采取自我调侃、自我嘲讽的方法不失为“哗众取宠”的最佳选择。

演讲者的自我调侃不仅可以满足听众的好奇心，而且可以降低演讲者的“高度”，增加亲切感。

大物理学家爱因斯坦在一次科学会议上说：“因为我对权威的轻蔑，所以命运惩罚我，使我也成了权威。这真是一个十分有趣的怪圈。”这句话瞬间就将遥不可及的、神秘的物理学家变成了令人感觉亲近、具有一定透明度的平常人。

美国前总统乔治·布什在美国第57届广播电视记者协会晚宴上的演讲就是自我调侃的成功之作。他的演讲的题目是“我给英语带来了什么？”，其中他列举了许多自己在曾经的演讲中出现的低级的语法错误，博得了观众的阵阵善意的笑声。演讲最后他还颇为自豪地说：“你们说那又有什么大不了的呢？生活还在继续。我夫人和我女儿照样还爱着我。我们的军队依然在保卫边疆。美国人还是会起床去上班。人们仍旧出门玩得开心，就像我们今晚过得那么愉快一样。”

但自我调侃一定要把握好限度，自我调侃不是把自己的缺点拿来炫耀。

所以，一个符合演讲主题并且契合演讲者身份的调侃结尾也是必需的。

在赢得无数的笑声后，布什还是正经地补充道：“我认为，太过一本正经地活着是不健康的。然而我真正一本正经对待的，是作为一个总统，应该对所有美国人民和政府部门应尽的责任。这就是我今晚来这里想要告诉你们的。”

在这段演讲中，布什首先通过自我调侃告诉听众：总统也是普通人，也有不好的语法习惯，也不总是一本正经的。这样他就成功摘掉“总统”这个“高帽子”，和听众站在了一起。在这样看似低调的氛围的铺垫下，他又拿回“总统”的帽子，告诉众多纳税人：我讲话或许不正经，但做总统绝对正经。这样，他又从另一个角度满足了听众对于总统的期望，可谓“一箭双雕”。

布什不仅习惯调侃自己，而且喜欢调侃他的智囊团。在耶鲁大学接受名誉博士学位时，他这样勉励和他一起获得学位的同学：“最应该恭贺的是第21届的全体毕业生。我要对你们中间成绩优秀的人说，你们干得非常出色；同时，也要祝贺成绩C等的同学们——你们也有可能成为美国总统。耶鲁的学位是很有价值的，我经常这样提醒迪克·切尼——他曾经在这里读过书，只是离开得早了点儿。所以大家要明白了：如果你从耶鲁毕业的话，你能成为总统；如果你中途退学的话，你只能成为副总统。”

这样巧妙的调侃不仅达到了演说的目的——鼓励所有的同学们，成绩不能代表一切，不管曾经的成绩如何，都要自信地踏入社会，创造新的成绩；而且幽默地讲述属于白宫内部的“日常生活”，极富情趣。

4. 幽默为演讲增加说服力

对于优秀的演说家来说，他不仅要有精辟的学识、广博的知识，更要掌握表达自如、让大多数观众听懂的手段。而幽默通常有把复杂的内容形象化的效用，适当糅合幽默的成分，能增强演讲的说服力，帮助听众一针见血地把握问题的实质。

演讲的目的通常是给观众讲述一个具体的问题，阐述演讲者的观点，有些演讲还要求演讲者说服观众相信自己的观点，所以说服力是演讲的必备要素。

无产阶级革命家列宁在自己的演讲中曾幽默地批驳了德国政府采取的愚人政策，他说："现在，德国政府已昏头昏脑，当整个德国都已经燃烧起来的时候，它却以为把自己消防队的水龙头对准一幢房屋就能把火熄灭。"这个幽默的比喻生动形象地揭示了德国专制政府的虚妄本质，让人记忆深刻。

著名的谈判专家龙永图在一次演讲的过程中，一位坐在第一排的老人举手提问，他直言不讳地说："我以前是搞外贸的，加入世贸组织后发生了贸易摩擦，对咱有什么好处？"龙永图认真地听完老人的提问后说道："当然有好处，这就好比一个大个子拉一个小个子到阴暗角落里单挑。而小个子则愿意把冲突拿到人多的地方去，希望有人出来主持公道。我们之所以愿意通过世贸组织多边争论机制解决问题，也是想让大家出来评评理。对不对？"

龙永图巧妙地将解决贸易争端比做俩人打架，把经济发达国家比做大个子，把发展中国家比做小个子，生动幽默地描绘了俩人打架的心态，把一个十分抽象的经济现象，用一个熟悉的事例说得透彻明了，极具说服力。

这样形象化的手法还非常适用于教学活动。我们都知道，人的抽象思维能力是随着年龄的增长、阅历的增加而不断形成的。学生们经常会面对许多理论问题，如果老师用理论推理的语言来讲述，只能增加学生的思想负担，造成大脑一团糨糊的情况。这时候，如果借助于幽默举例、类比的方法，利用学生丰富的想象力，就会取得不一样的效果。

一位高中老师讲述文学的阶级性时，举了一个有名的例子：商人、秀才、地主和佃农四个来自不同阶级的人同在一个庙宇里避雪。面对纷纷扬扬的大雪，商人很欣赏地吟道："大雪纷纷坠地。"秀才从来不忘皇恩浩荡，接着吟道："这是皇家瑞气。"地主穿着狐裘大衣满不在乎："再下三年何妨。"佃农一听，气坏了，心里想：再下雪我吃什么？就脱口而出："放你妈个狗屁。"

这个小幽默通俗易懂，但知识性很强，教师在讲课时来这么一个幽默，既把课程讲得透彻，又能引起学生的学习兴趣，也使学生记得牢固。

5. 恰当的幽默比喻最打动人

比喻可以把冷冰冰的演讲变得活灵活现，好的比喻能够让观众眼前浮现一幅幅完整、灵动的画面。想象伴随着笑声使得演讲更容易被观众接受。

运用比喻制造幽默的技巧我们恐怕要向那些想象力丰富的幽默文学家学习，他们的幽默总是信手拈来，自然流露。这不仅是他们创作才能的展现，更是他们丰富的人生阅历的体现。

马克·吐温曾在纽约新英格兰学会第71届年会午宴上作过一篇《新英格兰的天气》的演说。在演说中，他把当地的气候特点描绘得淋漓尽致，妙趣横生。

演讲一开始，他便直入主题："本人虔诚地相信，造物主创造了我们大家，创造了新英格兰的一切——就是没有创造出天气。我不知道创造新英格兰天气的是何许人，但我想，这些人一定是风伯雨师工场里的新学徒。他们为衣食而在新英格兰做实验和学习，然后，被提拔去专为需要优质服务的地区研制天气。"

马克·吐温巧妙地将英格兰多变的天气比做是初出茅庐、学艺不精的学徒的实验作品，直接将听众带入对英格兰天气的无限遐想中，主导了听众的思维方向。整个演说，一直延续了比喻、拟人的风格，讲述一个外乡人和英格兰天气之间的复杂情感联系，栩栩如生，令人捧腹。

不过，这个外乡人显然不想简单对别国的天气指手画脚，他干脆上演了一番"真情告白"："月复一月，我心中积满了对新英格兰天气的怨恨。但是，当冰雹终于来临，我说：'好吧，我现在饶恕你了；咱们的账清了；你不欠我一个子儿；走吧，再去作孽吧；你那些小毛小病算不了什么；你是世界上最迷人的天气！’”

毫无疑问，这般可爱至极的比喻，必然深合现场英格兰人之意，不仅演说给人留下深刻的印象，演说者也会因此大受尊敬。

马克·吐温还用过一个经典的比喻，在他70岁生日的宴会上，他发表了《七十岁生日感怀》的演说，颇有自我嘲讽的味道。他说：“70岁！这是基督教《圣经》神圣地定下的人生大限。从此，你们不再需要服现役了；对于你们，紧张的生活已经结束，你们的服役期已满。用吉卜林的军事术语来说就是：你或好或坏地服了役，你退伍了。你成了共和国的荣誉成员，你解放了，强制手段不是针对你的，除了‘熄灯号’外，其他号声都不是针对你的。”

这段比喻和对比既形象、准确地表述了人生的真实状态，颇有自我嘲讽的意味；同时又展现了这位优秀作家乐观、幽默的人生取向，耐人寻味。

6. 有针对性的幽默话题最受欢迎

俗话说得好，“见什么人说什么话”，这当然不是教育大家要“见风使舵”，而是提醒各位，不要“哪壶不开提哪壶”，学会“投其所好”，这是对谈话对方的基本尊重，也是提升个人形象的好机会。选择幽默话题时也是一样。

在演讲时使用幽默必须要注意对象的类型。听众年龄、职业等的差异在很大程度上影响他们对于话题的接受度和理解度。演讲者一般都希望在听众中间引起共鸣，所以都会选择“投其所好”的话题。比如，在给大学生做演讲时，最常讲的话题除了学习方法、工作心得之外，就是谈恋爱了。正所谓“过去了的都是美好的”，如果有戏剧化的谈恋爱的经历，拿来幽默一下经常会收到不错的效果。

拥有多重身份的唐骏在大连理工大学的那场演讲已成为幽默演讲的经典。他出场后的第一个话题就是讲述自己在北京邮电大学读书时追女孩的经历：

“在我们那个年代，大学不像你们现在这么丰富多彩。我们那时候除了追女孩外没有什么事情可做。上大学的我平凡得不能再平凡了，那时候什么都没有，就长成我这样的，基本上不用考虑本班的战场，没有我的立足之地，我就发展别班的战场。我看上了一个女生，据说还是北邮50校花之一呢。你们可别小瞧，50校花之一可了不得，当时我们北邮可有156名女孩呢。

“你们说我那时是弱势群体，我能做什么呢，我什么都做不了，最后想出了一招我能做的事：写信。第一封我写了身高1.82米，体重132斤，家在江苏常州，父母是干什么的，家有几个兄弟。这简直就是一份简历，没办法，那时的我什么都没有只有这些，就给她投了简历。她没有理我。我就开始写第二封信，为了展现自己的才华，我就介绍了一下国内国际经济形势，我未来会怎么怎么做。还是没回音。我就写了第三封，说我知道你不喜欢我，我不要求你做什么，我只要求你让我默默的喜欢你就好了。

“你们知道那时的女生‘纯’那！三封信就感动了她，她回信给我。我就约她看电影，看的什么电影我不记得了。之后我们散步，我对她说，要不你嫁给我吧。她很惊讶说，唐骏你是认真的？我说是，她说好我嫁给你。就这样，第一次约会，她就嫁给了我，而后我们一起走过了随后的20多个春秋。”

当时，这段演说赢得了同学们极为热烈的掌声。先不考虑演说者讲话的语气可能取得的效果，单看这段稿子本身就足够诱人了：紧密结合学生关注的话题，校花、谈恋爱、写情书、约会等话题；追爱故事，不断展开，层层递进，激起好奇心；纯洁爱情，美好的愿望，最终实现；用语精妙，抑扬顿挫，滑稽可爱。这些都与大学生的心理达到了完美的契合，想不激起共鸣都难。

演讲之前，不妨事先扪心自问：你的主题与听众究竟有什么利害关系？能否帮助他们排忧解难，实现理想的目标？明确了这些，然后才开始讲给他们听，这样必然会吸引他们的全部注意力。你若是会计师，你可以这样做开场白：“我现在要教你们如何省下50—100元的税款。”你若是律师，你教听众如何生前拟好遗嘱，听众一定会听得津津有味。在你的专业知识里，无论如何也可以找到对听众有所裨益的话题。

演讲过程中幽默的使用必须是有“预谋的”，也就是说不是任何话题都可以拿来即兴幽默。演讲者只有根据演讲内容、场合等因素有针对性地选择幽默话题，才能做到投观众所好，吸引观众注意力，从而取得期待的效果。

阿里巴巴创始人马云曾经被母校杭州师范学院邀请返校演讲。马云上台后，一开口就让母校的师弟师妹们笑得合不拢嘴：“前两天我刚从美国回来，在美国参加会议的时候有人问我，我的英语是哪里学的，我说中国杭州师范学院！——在我们公司，尽管有来自北大、清华，也有来自哈佛、耶鲁等名校的学生，但是如果你在我公司问哪所学校最好，员工都会说：杭州师范学院！没办法，因为在阿里巴巴，他们只能这么说。”

马云巧妙的开场，既避免了对母校的刻意恭维，又用自己的亲身经历表达了对母校的感谢，并引发了一股集体自豪感；同时，又恰当地使用个人成功的事例告诉母校的莘莘学子：事在人为，外部环境并非影响成功的决定性因素，个人的努力才最重要。而个人如何努力的部分，只有认真听后面部分的演讲才能知晓。这样自然又设置了小小的悬念。

马云的幽默之所以取得事半功倍的效果，主要原因在于他很清楚观众需要什么。就像作为一个商人，你必须提供市场需要的商品，才能最大程度盈利。马云知道他面对的是一群虽有青春激情但始终稚嫩、懵懂的在校学生，他们最需要的是自信和平凡人创造成功的可能性，他们需要的是一种有力的引导。而作为成功人士的马云，刚好能够满足他们的需求，所以他的演讲才会引起他们极高的兴趣。

同样精通“因地制宜”做演讲的还有微软总裁比尔·盖茨。2007年，比尔·盖茨被邀在哈佛大学毕业典礼上做演讲。大家都知道，比尔·盖茨虽然曾在哈佛就读，但他并没有取得任何学位，而是选择中途退学创办微软，因此，哈佛学报曾称他为“哈佛大学历史上最成功的辍学生”。这件事让他的这次的毕业演讲颇显奇怪。

而精明的盖茨却把自己的“丑闻”当成了“因地制宜”的最佳题材：“我为今天在座的各位同学感到高兴，你们拿到学位可比我简单多了。”一句自嘲的幽默表达了对毕业典礼现场的主角们——顺利完成学业的优秀毕业生们——的衷心祝福。毫无疑问，这是现场学生希望听到的。

接下来的演讲，他始终紧紧抓住学生们的思维方向："那么，我为什么会被邀请在你们的毕业典礼上演讲呢？我想在所有哈佛的辍学生中，我是做得最好的，所以我有资格代表我这一类学生讲话。同时你们应该庆幸，我没有出现在诸位的开学典礼上。因为我是个有恶劣影响的人，我要提醒大家，我使得Steve Ballmer（注：微软总经理）也从哈佛商学院退学了。所以，如果我在你们入学欢迎仪式上演讲，那么能够坚持到今天在这里毕业的人也许会少得多吧。"

即使一直延续幽默自嘲，盖茨的话题始终停留在毕业典礼这件事情上，因为或许他认为，自负的哈佛毕业生们渴望听到的不是谆谆教诲，不是人如何才能成功的废话，更不是盖茨个人的成功经历，因为这些他们都知道，所以盖茨始终在自嘲。在后面的演讲中，他简单讲述了自己认为什么是人生有意义的事情。而"有意义"和"成功"是两个层面的话题，显然，聪明的盖茨是不想引起在场的高才生们的厌恶的。

7. 巧用幽默化解演讲中的尴尬

演讲属于现代人际交往的一种特殊方式，在其过程中难免会出现种种尴尬的情形。如果尴尬得不到正常的化解，不仅直接影响演讲的效果，还可能会导致演讲者和听众之间出现误会和矛盾。而巧妙地使用幽默则会使情形大不相同。

演讲本非易事，若是即兴演讲则是难上加难。而如果一个有涵养的学者被"强迫"即兴演讲，演讲内容又涉及一些溢美之词，则情形就颇为尴尬。"幽默大师"林语堂就曾经遇到过这样尴尬的事情。

有一次，在参加纽约某林氏宗亲会活动的时候，一位熟悉的人当众邀请林语堂即兴演讲，并明确表示希望借他的演讲宣扬林氏祖先的光荣事迹。林语堂明白这是个“吃力不讨好”的差事：因为如果不说些夸赞祖先的话，同宗肯定会失望；若是言辞太过吹嘘，又有失自己的学者风范。

短暂的深思后，他不慌不忙地走上台说：“我们姓林的始祖，据说有商朝的比干，这在《封神榜》里提到过；英勇的有《水浒传》里的林冲；旅行家有《镜花缘》里的林之洋；才女有《红楼梦》里的林黛玉。另外还有美国大总统林肯，独自驾飞机越大西洋的林白，可以说是人才辈出。”他还凭借自己丰富的学识，对这些人物做了有趣的讲解。

林语堂的精彩演讲，令台下的宗亲雀跃万分，禁不住鼓掌叫好。然而，我们细细体会他的话，就会发现他所谈的都是小说中虚构的人物，或是与林氏毫无关系的美国人，并没有对本姓祖先进行吹嘘。林语堂的幽默演讲内容即满足了林氏宗亲的要求，又没有用不实之词吹捧祖宗，奇妙无比。

难以应付的尴尬不是这种突如其来的“袭击”的专利，很多演讲本身附带了某种政治意义，如果没有幽默这个“润滑剂”，这个任务是不可能完成的。

比尔·克林顿是美国第42任总统，他是最能说会道和最具幽默感的美国总统之一。他在位期间，曾经在白宫接待过英国首相布莱尔夫妇的访问，并发表了一篇极为大胆的、题为“英美两国的特殊关系”的演说。演说中，他毫不避讳地提及了1814年英国侵略美国的战争。他是如何巧妙地让那段尴尬的、敏感的历史问题真正成为过去呢?

晚宴致辞一开始，克林顿总统就坦诚地说：“今晚，为欢迎首相先生访问，我想重提一下美英之间的那段‘特殊关系’。这种特殊关系，在我们的历史上开始得很早。1785年，托马斯·杰斐逊在成为我国第一位国务卿之前不久，坚持认为英国是一个没落的罪恶的帝国。‘她的太阳的光辉正很快地坠落到地平线之下’，他异常缺乏远见地说。”

接着，他说道：“1814年到处抢劫的英国士兵焚烧了白宫，就是我们今晚坐着的地方，他们为‘全球变暖’赋予了一个全新的意义。我的前任——詹姆斯·麦迪逊（美国第4任总统）很幸运地逃离了，带着极少的财物，以及由此磨炼出来的关于我们国防能力的观点。但是首相先生，我们是一个宽容的民族。我们从1814年那一夜学到了一个颇有价值的教训——从现在开始，得让这些家伙站在我们这一边。从那时起，英国就成了我们外交政策的核心。”

在这个精彩的演说中，克林顿用适当的幽默调侃了美英两国那一段尴尬的历史，但克林顿巧妙地“化敌为友”，强调了英国在美国外交政策中的核心地位，表明了美英两国间非比寻常的关系。

8. 幽默让你巧用意外展现睿智

如果一个演讲者面对演讲现场的意外时手忙脚乱，不知所措，自然会使得现场陷入尴尬。这种情况下，如果演讲者能“化被动为主动”，巧妙利用意外状况，展示自己的大度和机智，不仅能顺利化解意外，而且会提升观众对演讲者的信任度，成为演讲成功的推动力。

演讲不仅是现代人际交往的特殊方式，更是一种群众性集体活动，可能出现各种各样的意外情况，如多媒体仪器的故障、现场个别听众因观点不同而做出过激行为等。演讲者作为现场唯一的掌控者，必须对这些意外做出应对，而幽默就是应对这种意外的一种常用而有效的武器。

2006年10月，法国前总统希拉克在北大发表演讲。在回答一位学生的提问时，麦克风忽然出现了一点故障。在这种重大的外交场合出现这样的问题，难免有些尴尬。现场的组织人员顿时有些许紧张。这时，这位74岁的老人像孩子般做了一个顽皮的鬼脸，耸耸肩说：“这可不关我的事，我没碰它。”一句话引来全场听众的笑声和掌声，尴尬气氛顿时消散。

如果说硬件的故障是真实的“意外”，即使怪罪下来，也情有可原；那么各种“人为意外”的出现则是对演讲者反应速度的极大的考验。

在欧洲，因为存在党派之间的政治竞争，所以经常出现政治演讲者在演讲过程中被不同政见者当众辱骂的情形。这种情况下，如果你视而不见，则会被辱骂者抢去风头，失去自己的政治立场；而如果你也“以牙还牙”骂回去，则失去了作为政治领导者的风度。只有“顺水推舟”“将计就计”，利用幽默进行反击，才是明智选择。

英国前首相威尔逊曾在一次政治演讲中受到严重干扰。他正在台上声情并茂地宣讲自己的政治主张，突然，鸦雀无声的台下传来一声叫骂：“狗屎！垃圾！”顿时，台上台下一片紧张。这时，威尔逊急中生智，不慌不忙地说：“这位先生，请您少安毋躁。我马上就会讲到你所提出的关于环保的问题。”台下听众都露出会心的微笑，演讲继续进行。

威尔逊故意巧妙地将“垃圾”和“狗屎”两词曲解成相关的“环保的问题”，以幽默赢得了听众的支持。

9. 幽默语言助你回击各种刁钻问题

演讲，从某种角度可以被看做是一场舞蹈比赛：如果说演讲部分是比赛规定动作，选手们总是能够准备得无比充分；那么观众提问就是即兴动作的比赛，考验每个人的应对能力。在这样的比赛中，即兴动作往往成为制胜的关键。同样，对观众提问的应答状况也是一场演讲成功与否的重要指标。

演讲时最怕遇到的与其说是各种意外状况，不如说是观众们五花八门的提问。演讲者作为公众人物，经常要顾及多方面的利益；而提问的观众则“唯恐天下不乱”，天不怕、地不怕，问题多具有针对性。这时候，演讲者该怎样应对呢?

“幽默大师”林语堂曾经应美国哥伦比亚大学的邀请，讲授“中国文化”课程。他在课堂上对美国的青年学生大谈中国文化的好处，好像无论是衣食住行还是人生哲学都是中国的好。学生们既觉得耳目一新，又觉得不以为然。有一位女学生见林语堂滔滔不绝地赞美中国，实在忍不住了，她举手发言，问：“林博士，您好像是说，什么东西都是你们中国的最好，难道我们美国没有一样东西比得上中国吗？”

试想，如果林语堂说“没有”，不仅不符合现实状况，而且不免要引起现场学生的愤慨，演讲本身也就没有意义了；如果他说“有”，按照正常思路，不免又要夸赞美国一番，这显然就偏离了“中国文化”的题目，而且有哗众取宠的嫌疑。那么，林语堂是如何展现“幽默大师”的魅力呢？

当时，林语堂略一沉吟，乐呵呵地回答说：“有的，你们美国的抽水马桶要比中国的好。”这机智的回答引得哄堂大笑。

林语堂在这里幽默地指出美国人追求物质享受的特点，似褒实贬，以赞美的方式指出美国文化的缺点，使学生们在大笑之余明白了自己文化的不足。

还有一些提问，虽然看似简单，但是却极难回答，也需要适时地幽上一默，才能解决问题。

叱咤商界的风云人物马云非常善于演讲，并且善于用幽默转换问题。在一次演讲结束后，一位大学生问马云：“您认为成功是什么？”作为一位公众眼中的成功人士，马云对成功肯定有自己的体验，但是讲述自己的成功难免有些自夸的嫌疑。马云便聪明地选择了“偷换问题”的方式。他对那位大学生说：“我不知道成功是什么，但知道失败是什么，失败就是放弃。要成功就永远不要放弃。基本上我每次一有成功的感觉时就倒霉了。”

这样的回答不仅绕开了自己作为成功人士的“骄傲”，而且对提问者起到了极好的引导作用，“失败就是放弃”，谁能说这个定义太武断呢？

美国第35任总统约翰·肯尼迪在一次演说结束后，一位记者直言不讳地提问说：“总统先生，尼克松副总统似乎对你的政府持怀疑态度。他在昨天的演讲中说，美国历史上还从未有过如此大话炎炎、只说不做的人。对此你有什么说法？”这个问题显然涉及了白宫内部的党派纷争，总统不能挑起事端但又必须对这些言语做出回应。

肯尼迪总统是美国多家媒体评出的“文化偶像”，思维迅猛，能言善辩，他立刻回答说：“我没有说法。我不愿意评论尼克松先生。他一向忙得不亦乐乎，我很同情他遇到的旅行问题，还有他的其他问题——不过，我不作任何回答。我们都在尽自己最大的努力。我们会一直努力到1964年，到那时就可以见分晓了。”

这个回答可以分为三层：首先，表现总统的大度，不对评论自己的副总统评头论足；然后，从侧面做出回应，这个副总统确实存在很多问题；最后，代表白宫，请人民放心，表示会共同努力。

10. 幽默的结尾使演讲回味无穷

一个演讲者能在结束时赢得笑声，不仅是自己演讲技巧十分成熟的表现，更能给听众留下愉快美好的回忆，也是演讲圆满结束的标志。那么，怎样才能达到余音绕梁、回味无穷的效果呢?

演讲者，尤其是竞职演讲者，希望给听众留下深刻的印象，这时，精彩的演讲结尾就显得极其重要。一位应聘者就选择了自己编的一副对联作为竞职演讲的结尾：上联是“胜固可喜，宠辱不惊看花开”，下联是“败亦无悔，去留无意随云卷”，横批是“竞聘上岗”。这副对联不仅十分应景，幽默地表达了竞聘者的态度；而且套用了诗歌，充分显示了演讲者的个人文化素养。

还有一些幽默的结尾要靠整个演讲作为铺垫，可以称之为“造势”，这是一种“蓄谋已久”的幽默结尾方式。我国著名作家老舍先生就曾用过这种方法。

在某市的一次演讲中，老舍先生开头即说“我今天给大家谈六个问题”；接着，他第一、第二、第三、第四、第五，这样井井有条地谈下去。谈完第五个问题，他发现离散会的时间不多了，于是他提高嗓门，一本正经地说：“第六，散会。”听众起初一愣，不久就欢快地鼓起掌来。

老舍在这里运用的就是一种“平地起波澜”的造势艺术，打破了正常的演讲内容，从而出乎听众的意料，收到了幽默的效果。

当然，在演讲结尾的时候，演讲者不能只想到给观众留下深刻的印象，他还必须对整个演讲做个提纲挈领式的总结，让演讲内容深入人心。如何有效地把这两者结合起来呢?很多演讲者都选择了对比式的幽默。

曾在第二次世界大战爆发后两度出任英国首相的温斯顿·丘吉尔在伦敦市作家俱乐部发表过题为“写作的乐趣”的演说。在演说中，他绘声绘色地描述了作家的职业特点、生活习惯和社会责任，在结尾处他更是匠心独运、妙语连珠："让我们都记住，作家永远可以尽最大的努力。他没有任何借口不这样做。"这难道是一种空洞的夸奖？还是牵强的寄予厚望？

丘吉尔首相接着说道："板球巨星也许会状态不佳；将军在决战之日也许会牙疼，或者他的部队很糟糕；舰队司令也许会晕船——我作为晕船者自然地想到了那种意外；卡鲁索也许会得黏膜炎；哈肯施米特也许会得流感；至于一位演说家，想得好和想得正确是不够的，他还需想得快。所有上述活动都需要行动者在一个特定时刻倾其所能，而这一时刻也许决定于他完全无法控制的种种事态。作家的情况不一样。不到万事俱备，他永远不必出场。他永远可以发挥最大的能力。"

这段幽默、形象的对比既明确概况了作家职业的特色，把作家放在了人类存在的特殊位置；同时也为他掷地有声的结尾做了有效铺垫。

"人类用石块垒起的无比坚固的大厦，终将会夷为废墟，而那脱口而出的话语，那思绪起伏时转瞬即逝的表述，却能越过3000年时光的峡谷，为今天的我们照亮世界。"

第三篇

幽默的人最会生活

一　幽默的你最健康

健康是每个人都会去追求的东西，任何人都希望拥有一副健康的身躯，这是我们得以成功的基石。然而对我们来说，健康不仅仅包括身体健康，还有心理方面的健康，比如我们在生活中的压力、种种挫折与失意、工作中的无奈与苦闷、时时的一种紧张状态，这些都会影响我们的健康。而幽默则是生活烦恼、事业挫折、感情失意的克星。幽默给我们带来的欢声笑语可以使我们保持一种乐观的生活态度，让我们心胸开阔，也可以让我们保持宽松的心境。拥有幽默的你，懂得欣赏幽默的你，无疑是最健康的。

1. 用好幽默这剂缓解压力的良药

在竞争日趋激烈的时代，我们是被各种压力击溃，还是将各种压力击溃，全在于我们自己。我们迎击压力的武器很简单，就是一个小幽默，一脸阳光的微笑。

面对年复一年、日复一日的繁忙工作，面对社会对于自己工作能力越来越高的要求，身处职场的我们总是会感到压力常伴左右。然而很多人对于这种工作压力并没有给予应有的重视，总感觉工作中有压力是自然的事，从而忽略了对压力的排解，长此以往，不但影响了工作，而且也影响了身体健康。其实，想要缓解职场压力并不难，它需要的是一份巧思，一份对于幽默的用心。

最近一段时间，由于受经济危机的影响，小王的公司一直没有给员工发奖金。

中午闲暇之时，小王在办公室里感慨："现在日子难过啊，压力大啊，恨不得把一块钱掰成两半花。"

同事小李听了，一本正经地跟小王说："哥们儿，别费那劲了，我试过，掰不动。"

小李一句话让一屋子的同事哈哈大笑。

小李轻松的一句话就让气氛有些压抑的办公室变得轻松起来。相反，如果小李也跟着小工一起感叹薪资的压力，只会让整屋的同事更加郁闷，而这样对解决薪资问题没有一点帮助。

面对激烈的工作竞争，我们背负较大的生存压力是很正常的，因此我们回到家里，就需要把我们的家营造出一种和谐、轻松的氛围，才可以让我们的身体得到充分的休息。

小丽与小张结婚后，发现小张的控制欲特别强，什么都要管，不管是自己的工资、社交，甚至是电话，小张都要过问，这让小丽倍感压力。于是，她想出了一个办法。

一天，正逢家里来客人，夫妻二人打算一起到门口迎接。这时，小丽就对小张说："亲爱的，你说我应该先迈哪只脚呢？"一句话问得小张哭笑不得。

从这以后，小张就不再太多过问妻子的正常交友情况了。

假设一下，如果小丽不是在恰当的时机选择了一种幽默的方式，将夫妻间紧张关系的压力化解于无形，而是为了摆脱这种压力与小张争吵，那么可以想见，两人很有可能就会陷入婚姻的危机。

不只是成年人有各种压力，学生们也常背负着沉重的课业压力，如果处理不好，很有可能会酿成像各种传媒报道的种种悲剧。在激烈的竞争面前，学生有必要学会各种办法进行自我调节，以经得起这些压力的考验。

马上就要高考了，大家都在教室里紧张地复习着，谁也没有闲工夫去说话搞笑。就在这时，教室里突然发出一声“哐当”的巨响，一个学生因坐椅坏了而摔倒在地。只听得他说：“唉，学习给它的压力太大了。”

全班同学哄堂大笑。

看看这位同学的自我调节力有多强，在高考的压力下，许多学生都苦不堪言，而他却能苦中作乐，更重要的是，他的这种幽默在自我调节的同时，还愉悦了其他同学。这位同学的幽默真的很值得我们欣赏。

不论压力来自哪里，我们都无法避免，能将压力转化为动力的是智者，能将压力化解于无形的是聪明的人，而愚笨的人则只能终日饱受压力的折磨。我们承认，智者并不好当，那我们就当一个聪明的人，想办法自我幽默，自我调节，做一个轻松快乐的自己。

2. 让幽默改善你的心情

在现实生活中遇到不快、郁闷、沮丧是在所难免的事，而幽默就是对付坏心情的最佳武器，它能驱散心中的阴霾，让我们在笑声中放松、成长。

在日常工作中，我们不可避免地会遇上“黑色日子”，遇到一些不知该怎样处理的事件或者一些难缠的客户，这让我们非常为难，心情自然也就会一落千丈。此时，我们再去追寻不快乐的根源已无意义，而应是选用幽默的方式去委婉地告知对方，这不仅能解决难题，还能迅速地改善你的心情。

《福尔摩斯探案集》的作者阿瑟·柯南·道尔在成名之前曾当过杂志编辑，每天要处理大量退稿。有一个叫汤姆的家伙几乎每月都会将他写的同一本小说寄给柯南·道尔一次，令他烦不胜烦，但作为一名编辑，责任感又不允许他置之不理。

有一天，他终于忍受不了了，就给汤姆写了一封信，告知他的小说写得不够精彩，不能录用。不久之后，他就收到了回信，信上说：“您退回我的小说，但我知道您并没有把小说读完，因为我故意把几面稿纸粘在一起，您并没有把它们拆开，您这样做是很不好的。”

柯南·道尔回信说：“如果您早餐时盘子里放着一只坏鸡蛋，您大可不必把它吃完才能证明这只鸡蛋变味了。”

自此之后，柯南·道尔再也没有收到汤姆的小说了。

柯南·道尔的做法是非常聪明的，他借用坏鸡蛋来比喻汤姆的小说，既幽默又能说明问题。作为一位编辑，碰到类似情况是难免的，如果处理不得当，不仅影响工作，更重要的是影响自己的心情。而像柯南道尔的这种幽默的处理方式，既能一劳永逸地解决问题，又能改善心情，是我们应该倡导的。

有时当我们狂热的迷恋一些东西时，我们经常会因此而患得患失，心情也会随之起伏。如果我们长期保持这种心情，难免会使我们的正常生活受到影响。此时适当的调侃一下自己，微量的阿Q元素是再合适不过了。

小王是个超级球迷，只要是足球，不管男足还是女足他都看。有一天，中国男足的比赛又输了，他心情非常郁闷，干什么也提不起劲来，一副无精打采的样子。但为了公事，他又不得不出差。

坐上前往机场的士的时候，他依然是一脸不高兴。好心的的士司机得知他不开心的原因后，就对他说：“不要这么丧气，中国男足可是号称‘梦之队’啊！”小王听后，大惑不解，司机笑答：“谁看了谁都做噩梦，当然是‘梦之队’啊。”小王听后大笑，心情莫名地也好了起来。

这位的士司机其实也没有特别想一些劝慰小王的话，只是将“梦之队”这个词反用产生了一个反讽的幽默，就让小王心情大好，这就是小小幽默产生的巨大力量。

生活就是如此，总会遇到种种不如意，既然我们无法避免心情不好的时候，那就自然地接受它，选择用幽默去驱散心中的乌云，还自己一份轻松的好心情。

3. 幽默面对人生中的失意

人生在世难免遭遇失意，是在失意中走向堕落，还是从失意中走出来迈向成功，全靠我们自己。我们不需惧怕失意，而要寻求治疗失意的方法。面对万千选择，毫无疑问，其中最有效、最直接的方式就是幽默。

在现实生活中，我们可能会在不同的场合面对各种失意的情况，有时是工作失意，有时是情场失意，有时是因不被认可而引起的失落……我们即便再努力，也不可能完全避免这种种失意。我们的消极逃避不会令失意离开，只会令它更嚣张。我们只有选择积极面对，用幽默来调侃它，才能真正从中走出来。

现在，优胜劣汰的规则在每个行业中都淋漓尽致地体现着，让每个人都不敢有丝毫松懈。而一旦在这种规则中被淘汰也只是生活中的一时遭遇，而且这些事情有时候也不是我们可以主宰的。既然我们无法凭一己之力避免这种失败，就只有转换态度，抛弃因失败带来的沮丧，换用幽默的方式应对它。

最近一段时间，在金融危机的影响下，某公司的业绩持续下降。为了缓解危机，公司老总决定要裁员，而刚参加工作不久的小王和小李成了首要目标。

得知这个消息后，小李一脸沮丧，感觉既丢人又茫然无措。反观小王，则像个没事人一样，微笑着跟大家告别，说道："我这把亚健康的老骨头，终于可以停下来修理修理了。"

从这则小故事中我们可以看出，同时失业的两个人选择了不同的应对方式，相较于小李的悲观沮丧，小王的幽默调侃让人不禁为之喝彩。利用幽默可以让我们走出失败的牛角尖，从而尽快地转换角色，适应新形势的挑战。

其实，不论在什么时候我们都经常会遇到一种情况——不被认可。此时我们难免会灰心沮丧，对自己产生怀疑，心情自然就低落下来。长期下去，我们就会由最初的失望变得冷漠、自卑，进而将自己封闭起来。此刻，就需要我们用适当的幽默积极调整自己。

一次，一位著名的钢琴家来到奥地利维也纳金色音乐厅演出。当他发现全场观众很少，还不到半数时，他从心里感到很失望，周围的工作人员也倍感尴尬，不知如何是好。

这时，只见他略微一调整，就从容地走到舞台前面，对观众说："你们维也纳人一定很有钱，也很慷慨，我看你们每个人买了两个座位的票，真阔呀！"

话刚落音，全场欢声雷动起来。

真的很佩服这位钢琴家的勇气和胸襟，他用自己的幽默化解现场尴尬的同时，也疏散了自己心中的失意，也难怪他能博得现场的一片掌声了。我们相信，如果这位钢琴家下次还有机会来到维也纳演出，现场一定会爆满。

除却工作中的失意，相信许多人也在情场上遭遇过滑铁卢。面对在爱情中受的伤，很少有人真正能做到潇洒。有的人在情场失意后不愿再接触感情，有的人在情场失意后裹足不前，沉湎于过去恋情的回忆之中，更有的人因不愿再受伤，而选择封闭自己，离真爱越来越远。相较于这些爱情逃兵，敢于幽默自己，能够从失意中站起来的才是应该赢得掌声的人。

一位失恋的男子，心情极度郁闷，对朋友大吐苦水："女人是天底下最坏的东西，她们的心肠就是毒药，我劝你以后不要接近女人。"

过了几天，朋友看到他与一位女子亲密地走在一起，于是就揶揄他："你怎么又和女人在一起，她们不是毒药吗？"

"是啊！你有所不知！"男子面色自然地说："自从失恋之后，我就很悲观，一直想服毒自杀。"

看看这个故事中的男人，让人忍俊不禁的同时又心生感慨，一段感情的结束不代表着自己爱情的永远结束，收拾好旧的心情，展开灿烂的永远笑容，期待新的恋情的到来。人不能活在过去，未来还是美好的，为什么不能往前看呢?

对绝大多数人而言，面对众多的失意，一定要清醒地告诫自己：这只是暂时的，只是生活中的一小部分。要知道，正是因为生活中有那么一些灰色和黑色，才让我们的生活更加五彩缤纷，活得更加精彩绝伦。失意不失志，让我们挥动幽默的魔杖，让自己的人生开出七彩的花朵。

4. 幽默可以帮你排忧解难

无论是谁，在现实生活中总会遭遇种种坎坷、困难抑或尴尬。如果你能幽默潇洒地从这些不顺中走出来，就能不断地积累经验、教训和自信，逐步向目标迈进。反之则会逐渐丧失一切。

在日常生活中，很多时候我们总感觉困难与我们同行，经常会在我们不在意时出来和我们打招呼，让我们不胜其扰。我们就像是在和它捉迷藏一样，我们尽力躲避它，但不知何时总要在不经意间被它找到。我们在不经意间遭遇困难之时，如果过于焦虑或者痛苦，只会令我们的处境更加尴尬，反之，如果我们镇定地思考自己的处境，分析当时的形势，选用幽默的方式去解决问题，则很可能会收到意想不到的效果。

有一次，但丁在参加教堂的仪式时，陷入了深深的沉思，以致在举起圣餐时竟忘记跪下。对他一直有敌意的几个人看见了，立刻跑到主教那里告状，说但丁有意亵渎神圣，要求予以严惩。在宗教占统治地位的中世纪，这一罪名可非同小可，所以主教非常重视这件事情。

但丁被带到主教那里，听过指控以后，辩解说："主教大人，我想他们是在诬蔑。那些指控我的人如果像我一样，把眼睛和心灵都朝着上帝的话，他们就不会东张西望了。很显然，在整个仪式中，他们都是心不在焉的。"主教听了之后，笑了笑，认为但丁说得很对，不但没有惩罚他，还大大嘉奖了他一番。

但丁巧用幽默，不仅博得主教的欢心，还顺势打击了自己的敌人，从而使自己脱困。幽默不仅可以化解危难，而且还可以化解难题。尤其是当我们面对无法抗拒的现实时，幽默地看待问题更容易让我们放平心态，从而渡过眼前的难关。

杰克马上就要服兵役了，在抽签决定兵种时，正好抽中他心中的下下签——海军陆战队。杰克为此整日忧心忡忡，睿智的祖父见到自己的孙子这副模样，便想好好地教导他。

祖父对他说：“孩子啊，你愁什么呢？到部队中，还有两个机会，一个是内勤职务，另一个是外勤职务。如果你分配到内勤单位，也就没有什么好担心的了！”

杰克问道：“那若是被分配到外勤单位呢？”祖父接着说：“那还有两个机会，一个是留在本土，另一个是分配外土。如果你分配在本土，也不用担心呀！”

杰克又问：“那若是分配到外土呢？”祖父耐心地说：“那还是有两个机会，一个是后方，另一个是分配到最前线。如果你留在外土的后方单位，也是很轻松的！”

杰克再问：“那若是分配到最前线呢？”祖父摸了摸他的头说：“那还是有两个机会，一个是站岗卫兵，平安退役；另一个是会遇上意外事故。如果你能平安退伍，又有什么好怕的？”

杰克还是不死心，继续问：“若是遇上意外事故呢？”祖父答道：“那还是有两个机会，一个是受轻伤，可能送回本土；另一个是受了重伤，可能不治。如果你受了轻伤，送回本土，也不用担心呀！”

杰克恐惧地看了祖父一眼，颤声问：“那若是遇上后者呢？”祖父大笑：“若是遇上那种情况，你人都死了，还有什么好担心的？倒是我要担心那种白发人送黑发人的痛苦场面，可不是好玩的喔！”

杰克听到这里，想了想，感觉祖父说得很对，笑了笑，终于走出了眼下的困境。

不用怀疑，幽默就是有这样的力量，能够帮你排忧解难。我们的人生就如在海中航行的船，总会遇到风浪，我们既不能因此而后退，也不能坐等风浪的吞没，我们必须勇往直前，而幽默正是能让我们顺利前行的润滑剂，它能帮助我们更为顺利地通过艰难险阻。

5. 幽默能够减轻你的痛苦

生活中，我们总要经历痛苦，有时即便痛苦弥合了也会留下一道永不消失的疤痕。面对痛苦，很多人都会感到无所适从。在这种情况下，不妨让自己学着幽默一下，而一个能幽默对待痛苦的人，必定能将痛苦对自己的伤害降到最低。

科学家的研究可以表明，欢乐和笑能刺激脑部产生一种使人兴奋的荷尔蒙。它一方面能促使身体增加抵御疾病的能力，另一方面还能刺激人体分泌一种人体自然的镇静剂——因多芬。在这种荷尔蒙的作用下，人的痛苦就会减轻。因此幽默可以减轻痛苦还是有一定科学依据的。有健康的心理，才会有健康的身体。幽默常在，精神开朗，身体就容易康复；反之，如果忧愁悲伤，委靡不振，疾病就会乘虚而入。

一天汤姆去医院检查身体，等结果出来后，医生非常悲哀地对他说：“你的身体简直糟透了，你腿里有水，肾里有石，动脉里有……”汤姆听了笑了笑，对医生说：“请问我脑子里有沙子吗？要是有的话，我明天就可以盖房子了。”

面对医生对自己身体的诊断，汤姆如果像一般人一样沮丧，那么他可能会丧失信心，疾病也可能会因此而恶化。但他选择了用幽默去调侃自己的身体，以乐观的心态积极面对身体的疾病，这样反而可能会收到意想不到的好效果。

面对自己与生俱来的缺陷，我们也需要积极面对。这时，给自己一点幽默的阿Q精神或许是必需的，至少它让我们生活得更自信、更坦然。著名作家罗曼·罗兰曾说过：“命运是痛苦的，但生活是快乐的。”

苏联共产党前总书记赫鲁晓夫天生是个光头，他年轻的时候当矿工，有一天矿主嘲笑他说：“你的光头大概是因为出生时营养不良造成的吧？”赫鲁晓夫略一沉吟，机敏地驳斥说：“不，这是我那母亲的伟大杰作！因为她看到当今世界上黑暗面太多了，特意让我给大家送来一点光明。”

每一个人都是受上帝垂爱而被他咬过的一个苹果，因而每个人都是有缺陷的。而之所以我比别人有更大的缺陷，是因为上帝更喜欢我而大大地咬了我一口的缘故。如果我们都能这么想，那我相信每一个人都会像赫鲁晓夫一样做出如此幽默、精彩的回答。

在人生道路上，挫折和失败是常有的事，如果忍受挫折的心理能力得不到提高，则焦虑和紧张就会常常困扰我们的身心。假如你拥有幽默，也就具有了随环境变化不断加以调节自我心理的有力武器，即可利用幽默减轻生活中因挫折带来的痛苦。

一个小伙子刚买了一辆新摩托车，却不小心和一辆汽车发生擦碰，使得摩托车的尾部受损很严重。小伙子看着受损严重的新车，自言自语道：“唉，我以前总说，要是有一天能有一辆摩托车就好了。现在我真有了一辆摩托车，而且真的只有一天！”周围的人听了都哈哈大笑。

对这个年轻人来说，车已经撞坏，难过痛苦也是于事无补。于是他选择了以幽默来应对，几句轻松搞笑的话语，既安慰了自己，减轻了郁闷和痛苦，也博得周围人的笑声和对他的赞叹。

假如你拥有了幽默，你就拥有了减轻痛苦的最佳武器。面对痛苦，虽然有很多解决方式，但最理想的三部曲却是——第一部选择幽默，第二部坚持幽默，第三部将幽默进行到底。

6. 使用幽默学会苦中作乐

如果我们以幽默的态度对待生活，我们就不会总是愤世嫉俗，牢骚满腹，不会在挫折、失败或者痛苦中沉沦。面对不尽如人意的生活，我们也会幽默着苦中作乐，感受着即使是仅有的那一点点快乐。

我们活在当下，面对有些现实、无奈的生活，背负着巨大的压力，经常会感到无所适从。其实我们的生活并不只是如此，有的时候是我们人为地把痛苦扩大化，感觉自己身处一片痛苦的汪洋大海，拥有的只是无助与绝望。生活的不愉快，不是我们总是念叨着它们就能驱除的，反而是我们做到拿得起、放得下才能排解这些沉重的心绪。中国有句俗语“黄连树下弹琴——苦中作乐”，讲的就是这样一种笑着生活的境界，要想达到这种境界我们需要的就是有点幽默精神。

美国著名作家考夫曼年纪轻轻就挣到了一万美元，这在当时的社会是为数不小的一笔巨款。

为了让这一万元产生效益，他接受了自己的朋友、悲剧演员马克的建议，把钱全都投到了股票上。结果在1929年经济大危机到来后，他的一万元转瞬之间就成了废纸。

面对这样的窘境，考夫曼却很看得开，他开玩笑说：“马克专演悲剧，任何人听他的话把钱拿去投资，都活该泡汤！”

其实大家都明白，导致考夫曼投资失败的罪魁祸首是美国经济危机，而他却幽默的将原因归结为马克专演悲剧才导致他的投资失败。面对那么一大笔损失，考夫曼没有真正怨天尤人，而是运用了假托埋怨、苦中作乐的方法来积极面对所遭遇的损失。

在各种苦中作乐的幽默中，最极致、最有境界的应该属于那些面对生命的终结还能乐观调侃自己生命的人了。很多人在面对生命的最后时刻，在面对死亡时，都体现出了一种超凡脱俗的豁达态度。

德国诗人海涅在弥留之际的最后一句话是：“上帝会不会记住我——那是他自己的事。”

能言善辩的美国演说家亨利·瓦尔德比彻在意识到死亡来临时，说：“现在神秘奥妙的世界降临了。”

这些话语都很简单，但让人体味到了对待生命的豁达、幽默，这种洒脱让我们在感到幽默之余，又多了一丝敬意。

7. 幽默助你潇洒摆脱烦恼

每个人内心都活跃着幽默的因子，都渴望着充满乐趣的生活。往往不经意间，一个笑话会改变你我的生活，一个幽默故事就会令我们的烦恼化解为无形，引领我们走进一片豁然开朗的新天地。

面对诸多不如意的事，我们往往不自觉地去反思、自责，于是心理失去平衡，或闷闷不乐，或郁郁寡欢，或满腹牢骚，或大发雷霆。如果我们以这种焦躁的情绪待人处世，生活氛围将被弄得一团糟。而幽默则是烦恼的克星，它会改变我们灰暗、消沉的心境，帮助我们找回自信、激情和兴致，使我们精神爽朗、心情舒畅。幽默的力量在于调节，它能在领悟失意或烦恼的真谛之后，创造新的气氛，以带来可贵的心理平衡。

面对挫折，我们更应该换一个角度来看待人生的不如意。正如英国著名作家威廉·萨克雷所说的那样“生活是一面镜子，你对它笑，它也会对你笑；你对它哭，它也会对你哭”。因此，克服困难挫折的最好方式便是轻装上阵。

美国有一个传奇式的教练叫佩迈尔，他带领的迪鲍尔大学篮球队在蝉联39次冠军后，遭到一次空前的惨败。记者们随即蜂拥而至，问他此时有何感想。他微笑说：“好极了，我们现在可以轻装上阵，全力以赴地去争夺冠军，背上再也没有包袱了。”

比赛失利本来是令人沮丧难过的事情，但是在乐观向上的人眼中，失败便是迈向成功的垫脚石。佩迈尔教练的话语充满了豁达的幽默和哲学的智慧。他的哲学修养帮助他看到事物的反面，他在冠军的称号中看到了包袱，而在失去冠军的时刻看到了某种从零开始的有利心理因素。他的幽默不但有减轻压力的作用，而且有指导实践的意义。

一时的比赛失利，我们可以豁达地看待，但是，如果要我们去面对可能影响自己一生的身体残疾，可就极需要勇气了。

爱迪生有一次在火车上，被人打了一记响亮的耳光；就是这一罪恶的耳光，造成了爱迪生后来的耳聋。但是，这位伟大的科学家对自己的缺陷轻松视之，他以幽默的口气说：“耳聋使我杜绝与外界无聊的谈话，能更为专心地工作。”

伤残疼痛，本来苦不堪言，无趣可言。可有志之士，有识之士，同样乐观面对。他们的幽默达观，开拓了他们的心胸，也让他们在痛苦中获得了欢乐。

经过研究证明，烦恼对人的危害是很大的。轻则使人精神不振，情绪不佳，浑身无力，重则使人患各种各样的疾病。因此，烦恼一旦产生，就要想方设法去排除烦恼。而面对排除烦恼的种种方法，幽默无疑是最有效也最实际的。

俄国著名作家赫尔岑去参加一个宴会，席间被宴会上轻佻的音乐弄得非常厌烦，但因身为贵宾，又不便离席，非常苦恼，便用手捂住耳朵。宴会的主人看到后，忙上前解释说：“对不起，演奏的都是流行乐曲。”赫尔岑反问道：“流行的乐曲就一定高尚吗？”主人听了大吃一惊：“不高尚的东西怎么能流行呢？”赫尔岑笑了：“那么，流行性感冒也是高尚的了！”说罢，边离开位子，坐到角落里去了。

面对令自己不胜其烦的轻浮音乐，赫尔岑并没有选择直接抗拒的方式，这样不仅显得自己没有涵养，而且也会令宴会的主人尴尬。而聪明的他选择了幽默的方式，将轻佻的音乐比作流行性感冒，不仅有助于减轻自己不堪忍受的烦恼，也间接抒发了心中的不满。

生活在社会中，我们总会面对应付不完的人际关系。时间一久，我们就会对这种应酬产生厌烦感，但却又找不到合适的拒绝理由，着实烦恼。

英国诗人罗伯特·勃朗宁有“诗瘾”，一旦沉浸到创作中就什么都顾不得了，从不知厌倦。但他这个人有一大怪癖，就是十分憎恶任何无聊的应酬和闲扯。

有一次在一场社交聚会上，一位先生很不知趣地就勃朗宁的作品向他提了许多问题，勃朗宁既看不出问题的价值，也不知道他到底用意何在，便觉得十分地不耐烦，决定一走了之。于是，他很有礼貌地对那人说：“请原谅，亲爱的先生，我独占了你那么多时间。”……那位先生愣了一会儿，就笑了笑离开了。

勃朗宁幽默地打断了那位不知趣先生的无聊问题。相信如果换用直接拒绝的方式一定会引起他人的不满，而勃朗宁含蓄中略带幽默的话语则成功地杜绝了烦恼，令人称赞。

平日里，我们经常会吃很多人情亏，许多人为了面子和本着不伤和气的原则，也就只有哑巴吃黄连——有苦说不出了。但如果在这种时候，你能够巧妙地运用幽默的语言，就会轻而易举地为你解决烦恼。

老姜从朋友那里买了一个新电表，安好之后才发现电表有问题，转得很快，让老姜不胜烦恼。等他去找朋友时，朋友却到新疆出差去了，要一个星期才能回来。老姜没有办法，只得等着。等朋友回来后，老姜立刻把他带到了家里。

“回来了，新疆远吗？”

“远，走好几天哪。”

“坐什么去的，花了多少钱？”

“坐的火车，花了300多。”

“嗨！早知道这么费工夫还花这么多钱，我这儿有个快的东西让你坐上多好呀！”

“什么东西？是你的？”

“是啊，你看你坐火车干嘛呀？多受罪。好几天才能走300块钱的，我这个可快多了，一天就能走300块钱的。”

说完老姜便把朋友带到电表前，“以后我去哪儿，可是不用坐火车了。你送来的那个电表跑得快着哩！”

我想很多人都会遇到像老姜这样的烦恼，但很多人选择了错误的方式致使问题越来越大，不但不能解决问题，反而使烦恼更甚。看看老姜的幽默，不失为一种最佳的方式。

生活中不可能没有困难。有时人会在窘境中挣扎，会为失意而蹉跎，甚至会被突然而至的人生风暴击倒。只有来自于自身的乐观、勇气、信心和智慧才是可靠的根本性力量。幽默乐观的心态近于一种缓冲机制，它显然与对抗、失望和悲观无缘；也近乎一种默契形式，使人以宽容、发展的眼光看问题。它意味着让人变换一种有益的方式对待人生中的困难与烦恼，在人生路上潇洒轻装前行。

8. 幽默让你的人生更乐观

每个人的生命只有一次，面对宝贵的生命，我们不应消极对待而徒留遗憾，更不能无所作为，而是应该以一种积极乐观的态度去面对它。而幽默无疑就是让我们的人生更乐观的一剂润滑剂。

很多人都曾听过这样一句流行语："青春永驻的秘诀就是谎报年龄。"这无疑是一句幽默之语，但幽默能够使人保持一种健康的心态，让你的内心永葆青春，在开怀一笑的同时体味幸福。因此，不管你是得意，还是失意，不论你是成功，还是失败，时常地幽自己一默，幽他人一默，用幽默来让你的人生更乐观。

在一个偏远的小山村里，住着一对夫妻。丈夫双目失明，妻子双腿瘫痪。春去夏来，一年又一年，夫妻二人依然过着平静的生活，丈夫用自己的双腿丈量土地，妻子用自己的眼睛观察世界。两人辛勤劳作，生活虽不富裕，但总有一种幸福的感觉充斥在他们周围。

有人问他们："为什么你们能够如此幸福？"丈夫听到这样的问题，淡淡一笑，然后带着满足的笑容回答："正因为我双目失明，所以才能够完整地拥有她的双眼。"而妻子的回答与丈夫竟是惊人的相似："正因为我双腿瘫痪，所以才能够完整地拥有他的双腿。"

正因为夫妻二人乐观看待他们的身体残疾，所以他们才能珍惜眼前的一切，体味平凡的幸福。而两人幽默乐观的态度，更是给这种幸福的生活增添了一抹亮丽的色彩。

与上面这个故事中夫妻二人惺惺相惜截然不同的是另外一个故事，它让我们看清了其实只要能幽默地对待你的缺陷，你在不自觉中就会显现出一种乐观的光芒。

环保专家戴维斯因谢顶而不得不整日戴着帽子。一天，他碰到一个爱讥笑人的议员，那位议员一看到他就笑称：“戴维斯，你也是个虚伪的人啊，别看你戴着帽子，大家都知道你是个秃子。”戴维斯听了他的话并没有生气，而是指着自己的头顶说：“要知道这里绝对是一片净土。我必须时时提防外界对它的污染！”大家听后，响起了一片欢快的笑声，而那位议员则红着脸走了。

戴维斯的回答可谓是一语双关，一方面讽刺了议员的无礼，更为重要的方面是用幽默传达了自己乐观的人生态度。其实不仅仅是平凡的人需要幽默来让自己的人生更乐观，很多伟人也需要用幽默来调和自己的生活。

美国总统罗斯福有一次被小偷光顾了，丢失了很多珍贵的东西。朋友安慰他，让他不要太在意。他淡淡地对朋友说：“谢谢你的安慰，我现在很平静。这要感谢上帝，因为：第一，贼偷去的是我的东西，而没有偷去我的生命。第二，贼只是偷去了我一部分东西，而不是全部。第三，最值得庆幸的是：做贼的是他，而不是我。”

罗斯福的回答可谓精妙。我们的人生就是需要一些无伤大雅的幽默调侃。面对纷繁的社会，我们要想继续前进就不能离开这些能让我们更加乐观的幽默。

这就是幽默达观的人生态度，也是我们可以永葆幸福的秘籍。乐观是幸福的支柱。而幸福正是我们要抵达的目的地，要想使自己幸福，就要首先具备乐观的精神，无疑幽默是最佳的方式。

9. 幽默让你轻松缓解疲劳

天子体育集团总裁佩弗说：“疲劳时，我会找理由让自己笑一笑。遇到棘手的情况时，我一定会往有趣好笑的地方看，尤其是笑看自己的窘态。愈疲劳，我愈会用幽默来缓解疲劳，然后才凝神处理正事。”的确，笑是心理的慢跑运动，是从内在化解疲劳的根源。

面对日益繁重的工作或者学习，我们经常会产生一种疲累感，一种对日常生活的厌倦，甚至产生对自己的质疑，从而停步不前。如果此时我们能够恰当地选择幽默来缓解疲劳，就会让疲累一扫而光。

林师傅下岗之后，为了生计，就跟人合伙开了一家豆腐加工坊。每天早起晚睡，十分辛苦。林师傅经常累得下班后连饭都不想吃。一日朋友到访，林师傅就与朋友聊天，说起生意的难做。朋友听后，拍了拍他的肩膀说道："老哥，你真是选了个好行业啊！现在做豆腐生意最安全了，不用担心赔本儿。"林师傅听后诧异地问他原因，朋友笑了笑说道："豆腐行业最安全！做硬了是豆腐干，做稀了是豆腐脑，做薄了是豆腐皮，做没了是豆浆，放臭了是臭豆腐！绝对的稳赚不亏呀！"一席话说得林师傅不由自主地笑了起来。

不得不承认林师傅的朋友真会安慰人，几句话就能让人的疲累一扫而空，由此我们可以看出幽默的力量有多么大。因为长期疲劳而脆弱的我们，需要的恰好就是这种轻松幽默，能够让我们在开怀一笑之后将疲劳一扫而空。

当我们极度疲劳时，幽默的安慰可以让我们舒缓心情，而幽默的鼓励同样能让我们的疲劳缓解，让我们鼓起信心迎接新的挑战。

在一场足球赛中，主队在上半场就输了3个球，球迷都走了大半。中场休息时，队员们不仅失去信心，更重要的是感觉到一种疲惫，因此更衣室里一片低迷。就在此时，队长站了起来大喊一声："大家要加油啊，下半场我们很有利，因为给我们喝倒彩的观众都走光了。"……队员们听后，都大笑了起来，仿佛身上的劲儿又都回来了一样。

其实这位队长的鼓励词带有一定的黑色幽默色彩。对于上半场就惨败的队员，他们的疲惫不仅仅是身体上的，更多的是心理上的，是一种对于结果灰心丧气的疲惫。而队长的一席话，用幽默的方式变相的为队员加油鼓劲，在消除大家疲惫的同时，也燃起了胜利的希望。

对于已经工作的人来说，压力大多来自职场。而对于广大在校学生来说，压力毫无疑问来自课业。每一个从学校走出来的人都知道，日复一日地学习总免不了疲倦的时候。此时，如果我们能幽默地看待周边的一切，大笑几声，暂时忘记我们的学习，那我们肯定能走出这疲惫的泥泞。

一次在中午临近下课时，由于已经上了整整一上午的课，大家都很疲倦，几位学生实在是很累，就趴在课桌上打瞌睡。老师看到后并没有大加训斥他们，而是停止了讲课，讲道：“听说有一个小企鹅，在跟师傅垒巢时，总是爱把头和长长的脖子贴到地面上待一会。它师傅问：‘你这是什么意思？’小企鹅回答说：‘我是对师傅的礼貌。’由此我深受启发，有的同学上课总喜欢把头贴在桌子上，可能这也是对老师的礼貌吧！”话音刚落，学生哄堂大笑，几个睡觉的同学在笑声中被惊醒，也笑了笑，疲倦一扫而空了。

老师讲的故事，既让学生清醒了过来，又没有伤害到学生的自尊心，我们真该为这种幽默鼓掌。其实有的时候幽默并不难求，需要的仅是一份巧思和一颗懂得幽默的心。

10. 用幽默消除你的紧张

不论是凡夫俗子还是伟人，总免不了要遇到令人紧张的局面。在这种情况下，如果处理不好不仅会令我们的形象大打折扣，更为糟糕的则可能带来一系列灾难。但如果能幽默地将紧张化解，那后面的一切就简单多了。

每一个人都向往爱情，但爱情真的降临时，很多人又会有一种紧张不安的心情。面对自己心爱的人，不知所措。如果此时对方能用一些幽默的话语来缓解彼此之间这种拘束的气氛，一定会令两人之间的距离进一步缩短。

小王是一名数学系的博士生，经别人介绍认识了一位温柔的女孩。两人第一次约会时，女孩感觉很紧张，看着小王帅气的面庞好几次欲言又止。终于在两人去看电影的路上，女孩鼓起勇气问道：“我满脸雀斑，你真的不介意？”小王听后笑了笑，温柔地回答：“决对不！我生来最爱跟小数点打交道。”女孩听后，顿时感觉心情放松，两人开开心心地向电影院走去。

不得不说小王真的很有幽默感，将自己的专业与现实巧妙地结合起来，打消了女友的疑虑，让弥漫于两人之间的紧张气氛顿时消失。

对于大多数职场新人来说，紧张是在所难免的。毕竟每一个人都想在主管面前表现自己最优秀的一面，迫切地希望得到大家的认可。但有时往往欲速则不达，反而造成不好的影响。如果此时你能巧用幽默，保持心情的平静，说不定会取得意想不到的效果。

小陈是一位新手，第一次参加话剧演出，特别紧张，总害怕在台上出丑。终于等到上台了。在舞台上，小陈扮演的是一位民警，当他在击毙敌人的一刹那，手枪竟没有响。再次射击时，仍无声音。台下的观众哗然，议论的声音逐渐大了起来。小陈一时不知所措，显得更加慌乱。他无意识地抬起脚，朝敌人狠狠踢去。扮演敌人的演员却很老练，只见他慢慢地倒在了地上，然后吃力地抬起了头，用微弱的声音说道："他的靴子，原来有毒！我，我真的不行了……"台下的观众被这戏剧性的一幕震呆了，随之台下爆发出了热烈的掌声。

小陈作为一名新演员，在台上因遇到突发状况而紧张是在所难免的。虽然他的紧急处理方式有些不当，但他的搭档很老练，幽默地处理了这一尴尬场面，避免台下观众的起哄，同时也让小陈焦急、不知所措的心安定了下来。

回想我们的生活会发现，当事情总是按照我们所预想的那样进行时，总会显得波澜不惊。但一旦有意外发生时，不管是谁，总会顿生一种紧张感，而且这种感觉还会蔓延开来，导致周边都弥漫着一种紧张的氛围。如果此时能有一个人跳出来，适当地用幽默调节情绪，大家肯定会感激他。

有一次小李所在的写字楼的电力系统出了问题，刹那间整栋办公楼顿时陷入一片黑暗中。各公司的人纷纷冲出来看个究竟，由于不知道事故的原因，大家都变得紧张兮兮的。这时，小李灵机一动，开始向大家发放他从保险公司领到的健康手册，以此转移大家的注意力。不一会儿，公司的美国老板从办公室中冲了出来，问发生了什么事。小李扬了扬手中的健康手册，答道："我们正在研究自救手册，准备进行一场演习，看如何在黑暗中保护自己。"老板和同事们于是大乐。老板正色道："为什么不给我一本？"小李接着说："我会立即为您翻译的。"……

像小李遇到的这种意外事件，相信每个人都会遇到类似的情况。此时着急也没用，不如选择适当的方式来舒缓心中的这份紧张感。毫无疑问，幽默就是最佳的方式。

不要小看幽默的力量，它总是能帮我们消除心中那份莫名的紧张，让我们更有信心去迎接新的挑战。

二　幽默的恋爱最有情趣

爱情是生命中最为灿烂的一束阳光，是人生里最迷人的一缕花香。爱情是心与心的交流，是情与情的互换。当在茫茫人海中遇到你今生的知心爱人时，如何在第一时间给她（他）留下绝佳印象？怎样做才能顺利敲开她（他）的心扉？热恋中怎样维护彼此的恋爱关系？要如何才能在爱情的海洋中乘风破浪？

赢得爱情需要一颗真诚的心，一种诚挚的情，更需要机智与幽默。将你的爱情交与幽默吧，它将交还你一份甜美的恋爱生活。

1. 用幽默助你迈出交往第一步

当“众里寻他千百度”的梦中情人出现在面前，你给对方的第一印象或许就决定了一段浪漫感情的成败。因此，一个幽默而睿智的开场白无疑是你获得她（他）的好感进而赢得爱情的至关重要的第一步。

人总是在交往中增进感情。面对心仪的异性，不少人苦恼于不知如何开口攀谈，更有许多男孩子担心会遭到女孩子的拒绝而犹豫不决，以至于不敢尝试。事实上，能够被众多男孩子追求是常常让女孩子们引以为傲的，所以，只要你喜欢一个女孩，就以一颗幽默的平常心去走向她，勇敢地与你心仪的女孩攀谈，把握好这个相爱的机会！

一位男生鼓起勇气对他心仪已久的女孩开口问道："经常在校园见你，请问你叫什么名字？"那女孩很纳闷地抬头看着他，说："我叫柠檬汁啊！"

她显然不想报上真名，但这位男生没有气馁，他红着脸，"噢"了一声，改口道："那么，你好，我叫番茄汁。"

女孩冷漠的脸上立刻露出灿烂的笑容。后来，这位"柠檬汁"真的成了"番茄汁"的妻子。

假如这位男生继续追问女该的名字，多半会碰一鼻子灰以尴尬收场。而他运用幽默，巧妙地以"番茄汁"作为自己的名字，不仅化解了尴尬，还顺着女孩给的线索幽默了一下，跟她开了个玩笑。笑是人类最美的语言，如果她能在你面前展开美丽的笑颜，那么你下一步的接触就会变得轻松而融洽了。

想要与自己心仪的女孩交往，问到了对方的名字只是第一步。对于初次见面的男女来说，想方设法地打探到对方是否"名花有主"是非常重要的。我们知道，倘若直接询问对方婚否的私人问题，会显得很冒昧无礼也没有风度，这时，适当的幽默可以帮助你解决这一问题。

在一次男女聚会上，一位男士对坐在他对面的女士产生了好感，但他不知她是否结婚了。于是他说道："见到你很高兴，你丈夫怎么没来？"

"对不起，我还没有出嫁……"

"噢，明白了，你丈夫跟我一样都是光棍。"

这位男士首先以巧妙的询问知晓了女士的婚姻状况，然后又马上以幽默的回答传达了自己单身的信息。可谓"一箭双雕"。

当我们将一种常见的说话方式转化为另一种说话方式的时候，往往能收到意想不到的幽默效果。在与异性的进一步攀谈中，不妨试试用这样一种令人忍俊不禁的方式来向对方搭讪，这不仅能够使气氛轻松愉悦，还能增加你的魅力指数。电影《阿飞正传》中就有一段很有创意的幽默情话：

在一个慵懒的下午，阿飞对着苏丽珍说："看着我的表，就一分钟。16号，4月16号。1960年4月16号下午3点之前的一分钟，你和我在一起，因为你我会记住这一分钟。从现在开始我们就是一分钟的朋友，这是事实，你改变不了，因为已经过去了。我明天会再来。”

而之后苏丽珍的内心独白，则证实了阿飞幽默情话的效应：“我不知道他有没有因为我而记住那一分钟，但我一直都记住这个人。之后他真的每天都来，我们就从一分钟的朋友变成两分钟的朋友，没多久，我们每天至少见一个小时。”

这样幽默又有创意的情话，有几个人可以抵挡得了呢？正是由于这样，幽默作为一种有效的与异性交往的方式，使得有情人能够尽可能地抓住身边的好机会，在一见钟情的时候，用幽默的语言表达出自己内心深沉的爱恋。

2. 幽默让你更容易打开对方的心扉

也许你们早已相识，也许你已经“暗送秋波”无数，却依旧是“爱你在心口难开”，不知如何开口向对方表明心迹。这时，不妨试试用你的幽默来敲开心爱的人的心扉，也许一切都变得很简单。

向对方表白心迹，是开始恋情的第一步。如何迈好这一步，往往使人困扰不已。这一步如果走得不好，不仅不能让自己情场得意，还可能给以后的交往造成某些障碍。向对方表白，既没有现成的话语可套，也没有固定的程式可循，的确不是一件简单的事情。不过，能用一种独特新颖的方式来表达你的爱意总是一件好的事情。这时候，我们不妨在求爱时幽默一点，既用我们的风趣睿智博得她的一笑，又为自己保留了一份美好的回忆。下面我们来听听一位妻子诉说她浪漫爱情的开始：

“当我在一所大学里做兼职银行出纳员时，一个英俊的小伙子几乎每天都要到我的窗口来。他不是存款就是取钱。直到他把一张纸条连同银行存折一起交给我时，我才明白他是为了我才这样做的。

"'亲爱的莉：我一直储蓄着这个想法，期望能得到利息。如果周五有空，你能把自己存在电影院里我旁边的那个座位上吗？我把你可能已另有约会的猜测记在账本上了。如果真是这样，我将取出我的要求，把它安排在星期六。不论贴现率如何，做你的陪伴始终是十分愉快的。我想你不会认为这要求太过分吧，以后来同你核对。真诚的明。'

"我无法抵制这诱人、新颖的求爱方式。"

将求爱的方式与对方的职业幽默地结合在一起，这样的幽默求爱，真是令人拍案叫绝。其实，只要打开你幽默的神经，这样独具匠心的求爱，你也可以。可能少有人知，伟人马克思在追求心仪的女孩时也会独具匠心，他在向燕妮求爱时就非常恰当地运用了幽默的求爱技巧。

马克思与燕妮早已相识相知，但一直没有互相表白心迹。一天黄昏，他俩又相约于河畔的草坪上。马克思决心向燕妮求爱。他对燕妮说："燕妮，我想告诉你，我爱上了一个人，准备向她求爱，但是不知她是否同意？"

燕妮知道这个"她"就是自己，但仍然反问："是吗？她是谁？"

马克思说："我这里有一张她的照片，你想看看吗？"

燕妮紧张地点了点头，于是马克思拿出一只精制的木匣递过去。燕妮接过来，双手颤抖地打开。里面没有照片，只有一面镜子，镜子里正好映照出燕妮已经羞红了的脸庞。

两人之间美好爱情的面纱就这样巧妙地被揭开了，燕妮幸福地接受了马克思的求爱，开始了他们一生的相知相守，恩爱到白头。

马克思所用的这种幽默求爱方式，独具匠心，而且成本极低。但就是这一面简单的镜子，却能收到意想不到的效果。这一招即使在今天看来，其可效仿指数也是相当高的，朋友们不妨也在求爱的时候运用这种方法。你还可以试着改进一下，不用镜子，而用你的眼睛。当她（他）看到你含情脉脉的双眼里的自己的那一刻时，你可以送上深情的表白，看着她（他）的眼睛，说这样一句话："一个世纪前，伟大的导师马克思用一块镜子向他最爱的人燕妮求爱。今天，我没有镜子，但我以双眼为镜，盼望照出的是我终身的伴侣。希望我们能像马克思和燕妮一样白头偕老。"你觉得她（他）还能不被你的浪漫和幽默感动吗？

3. 拒绝他人求爱也可以很幽默

能够得到别人的爱是你的一种魅力，而能够巧妙地拒绝别人的爱也是你的一种魅力。你的拒绝如果能够加上你用心的一点幽默，也会让人在笑声中感受到你体贴入微的温暖。

人有爱的权利，自然也有不爱的权利。当有人向你表白，希望与你恋爱，而你的心里并不喜欢对方，当然是要拒绝掉了。但是，拒绝对方的言辞是需要委婉恰当的。倘若你的言辞过激，不仅会伤人自尊，还可能使对方因爱生恨；而倘若你的言辞过于隐晦，又容易让对方心存幻想，继续与你做无谓的纠缠。因此，恰当的把握拒绝的分寸是十分重要的。我们先来看看一位姑娘的表现：

有一个小伙子向一位姑娘表达爱慕之情。

姑娘问道："你真的爱我吗？"

小伙子："是的，我敢对天发誓……"

姑娘："那你用什么表示呢？"

小伙子："用这颗赤诚的心。"

姑娘委婉地说："对不起，你是唯'心'主义者，我可是唯'物'主义者啊！"

小伙子所讲的"赤诚的心"，同唯心主义和唯物主义的哲学名词原意是毫不相干的。姑娘在这里把它们反常地联系在一起，使人感到非常谐趣新奇之余，也将拒绝的意思表达得很清楚了。如同我们前面讲到的，有些人也会采用幽默的语言来求爱。在这个时候，被追求的一方如果要拒绝对方的求爱，更应该幽默以对，这样既能够达到自己拒绝的目的，也不至于伤了求爱者的自尊。

钢琴师向同乐团的一位姑娘求爱，情书上写道："你的皮肤像白色琴键那么白净，你的头发像黑键那么黑亮，你在我眼里，是世界上一架最美的钢琴。”

那位姑娘回复道：“可是我是拉小提琴的，而从你身材看来，很像大贝司（低音提琴，样式笨重）。我担心我们琴瑟不谐呀。”

姑娘针对钢琴师充满职业特性的求爱信，采用同样充满职业性的方式予以拒绝。由琴瑟和谐到琴瑟不谐，拒绝的语言也透出高雅的气质。在现实生活中，你也许会遇到对方抱着谈情说爱想法的约会，为防患于未然，如果你不喜欢对方，最好尽早对此婉言谢绝，让对方明白你的心思，放弃对你的追求。

护士小王长得漂亮又机灵，大家都很喜欢她。这天下班，办公室年轻的李医生对她说：“小王，一起去吃饭好吗？我有一件很重要的事想跟你说。”

小王立刻就明白了“重要”的含义。于是她笑着说：“好啊！我也正好有事情要你帮忙呢。”

李医生一听高兴极了，放松了心情说：“行，只要是帮你的忙，我一定两肋插刀。”

小王又笑了：“可没那么严重。只不过是男朋友脸上生了几个青春痘，我想问你怎么治疗效果比较好？”

运用这样幽默含蓄的拒绝方法，通常情况下都很有效，能够使对方不损颜面地知难而退。在爱情的角力之中，被拒绝的一方难免会有受伤的感觉。倘若拒绝的一方能够大方的安慰一下，则是最好不过了。

一位漂亮的小姐在拒绝一名男子的求爱后安慰他说：“不过，亲爱的，你不必太过于悲伤，我会永远欣赏你的好眼光。”

以一种赞许的姿态看待别人的爱慕，不仅是一种有良好教养的表现，也是十分得体的做法。拒绝别人是一种与人相处的艺术。幽默地拒绝别人，既不会令人难堪，又可以很好地表达自己的意思。这就是幽默的力量。

4. 助燃爱情之火的幽默情趣

恋爱使人的生命焕发出甜美的光芒，而恋人的笑则是恋爱之中甜蜜的芬芳。令恋人如沐春风的不仅仅是玫瑰花，还有你幽默睿智的情话。

幽默，是使人心情愉悦的欢乐空气，是调节摩擦的润滑剂，是把欢乐布满人们生活空间的高效酵母。幽默感可以洋溢于日常生活的每一个空间，而在恋爱这个领域，恋人间的幽默大师们更是留下了数不胜数、五彩斑斓的幽默题材。只要我们足够幽默，足够风趣，一定会让恋人陶醉在爱河之中。

爱一个人，当然是要爱他（她）的全部。如果不能毫无保留地去欣赏对方的话，你充其量也不过是个浅薄的情人而已。如果你想使你的陋习得到对方的谅解，你可以这样说：

“女性最不能原谅的，是男人不爱干净的习性。可是，我认为你会原谅我的——因为，你的美丽会抵消我的丑恶。”

这样的话语既坦诚地承认了自己的陋习，又巧妙地赞美了女孩的美丽，恋爱中的姑娘一定会被这样的幽默所打动，从而对你的缺点表示一定的体谅。运用幽默的话语博得恋人一笑，不只是小伙子的专利，恋爱中的姑娘充满娇俏的馨香趣语更是动人：

当一位小伙子为把钥匙忘在咖啡厅而非常懊恼之时，女友对他说：“钥匙忘了没关系，别把我忘了就好。”两人相视而笑，这点小小的不快一下子就消失了。

小伙子紧紧挽着姑娘，深情地说：“认识你太幸福了，你简直是我黑暗中的电灯泡……”

姑娘故意轻推了小伙子一下，说：“去，你给我离远点。”

“干嘛？”小伙子摸不着头脑。

姑娘说：“当心触电。”

“触电”正是人们常常用来形容恋爱双方心灵触电相通的词语。姑娘的一句“当心触电”在打趣之余，更有一种撒娇的意味。男友又怎能离得开这么一位娇俏的可心人儿呢？幽默就如令人心醉神迷的魔术，使恋人间保持着深深的吸引，散发着机智的甜言蜜语，令你在恋人面前充满了难得的魅力。

女：“亲爱的，听说你最近干活时心不在焉，产量急剧下降，你的心上哪儿去了？”

男：“这就奇怪了。上次我们约会，你不是让我把心交给你了吗？”

将恋人的责备转化为主动地表达爱意，这样的睿智幽默实在值得借鉴。毫无疑问，幽默的言谈是男女关系中最富情感张力的语言形式，幽默自然地增进了亲密，加深了彼此的感情。看看下面这段充满情趣的对话：

女：“看什么？”

男：“你的眼睛。”

女：“好像不止一次了。”

男：“你知道这是为什么？”

女：（娇嗔地一笑）……

男：“因为你眼睛里有我！”

上面的这一幕不正是如歌中所唱“我的眼里只有你”的情境吗？这样含情脉脉的瞬间，正是由于幽默的存在，使得我们更能创造出轻松愉快，富于情趣的爱情生活。

5. 用微笑来弥补你的错误

俗话说“相爱容易相处难”，恋人之间也免不了磕磕碰碰的事情。当恋人闹矛盾时，如果能够适当的加入幽默这种润滑剂，不仅能够避免双方的摩擦，还能增进双方感情。

恋爱就像共舞一支双人舞，再高超的舞者也难免有踩脚的时候。犯错误是恋爱中无法避免的事。那么，当恋人间的一方做错了事或误了事的时候，难免要作个解释，此时用简短的幽默可代替自己的一大段解释，也可以避免对方一大串的埋怨。比如：

小米与男朋友约会常常因故迟到半个小时。

第一次，她自我责备地说：“我迟到，我有罪，我罪该万死！”

第二次，她转守为攻地说：“一定是你的表拨快了半个小时！”

第三次，她还是有理由：“我的表是按北京金秋时间，比夏令时晚半小时呀！”

她每次都逗得男朋友对她又爱又恨，不过，天底下有哪个女孩与男友约会从来没有迟到过呢？于是男朋友也就一笑了之。

小米靠着幽默解释了自己的过失，也获得了男友的原谅。但是，迟到终究不是一个好习惯，恋人能够容忍，是因为相爱的包容，所以大家还是谨慎为之。如今，“野蛮女友”是越来越多，这不仅仅是现代女性个性化的体现，更是男友们对于女友们包容的结果。当然，男人往往好面子，爱吹嘘，也就容易出现面对女友“当面羊，背后狼”的状态了。例如下面这位：

一个派对上，大家玩得十分尽兴，阿明对阿成说：“听说你女友是个‘河东狮？’”阿成借机吹嘘：“哪里，她见了我像见了老虎一样！”谁知被女友听到了，大骂道：“混账，到底谁是老虎？！”他只好讨好地说：“我是老虎，你是武松呀！”女友的气消了。

上面的阿成就是巧妙地运用了“武松打虎”的典故，化解了恋人之间的矛盾。面对“野蛮女友”，你不妨试试这一招。当你明知道自己做错了的时候，不妨以幽默的方式和你的恋人一起笑，笑你自己的错误。而在生活之中的某些小错误是无法依靠一个简单的自嘲来弥补的。如果你惹得恋人生气了，应该怎么办呢？下面来看看这位小伙子是怎么做的：

一对恋人吵架了。女友气得拂袖离去。小伙子一把抓住女友的手，把她带到附近的餐厅里，温柔地说：“亲爱的，要走，吃了东西，你才有力气走；要吵，吃了东西，你才好跟我吵架啊。”看到男友这样来逗自己，女友也忍不住笑了。

小伙子的话，不仅用幽默博得女友一笑，还传达出了深深的关爱之意。小伙子及时的幽默使得双方的矛盾隔阂很快消除。如果你们因为一时的错误已经僵了好几天了，又该怎么破冰呢？下面一位小伙子的做法也许会对你有所启发：

一个小伙子犯错惹得女友生气了，女友一连好几天都不理他。小伙子只好将一袋女友爱吃的红苹果和一罐红豆放到女友家门口，并留下字条，上面写道：

红豆生南国，春来发几枝？

愿君多采撷，此物最相思。

送你一苹果，愿解心头锁。

唯有一事求，请你原谅我。

红豆寄相思，苹果表歉意。面对小伙子那么有才情的诗句，女友必定将心里的不快化作嘴边的莞尔一笑了吧。

我们常说，只要怀着一颗热爱生活的心，有着一双善于观察生活的眼睛，珍惜恋人间的感情，谈情幽默便会像喷泉一样不断地涌出。

6. 幽默助你秀出恋爱中的智慧

有人说，恋爱是两个人的战争。在这场没有硝烟的战场中，会有各种各样的难题考验。这个时候，你所需要的不仅仅是一颗真心，还有一个充满智慧的大脑。

有人说："恋爱中的人智商为零。"也有人哀叹："恋爱使人晕头转向。"这当然是人们对于恋人之间爱到深处的调侃。事实上，恋爱正是人们展现自身智慧的绝佳场所。从相互表白的方式，到弥补错误的技巧，以及应付恋人之间相互的小刁难，恋爱中的男男女女无时无刻不在展现着恋爱的智慧。幽默的话语，机智的应答，为恋爱生活平添了无穷的乐趣。例如下面这位女孩子，在面对男方的甜言蜜语时就幽默地展现了她的机敏、可爱和风趣。

男："请你相信我，我真的很爱你。"

女："你让我怎么相信呢？"

男："宝贝，我那纯洁的爱情只献给你一个人。"

女："那么，你想把那些不纯洁的给谁？"

上面的女孩就是根据男方话语之中的漏洞突然地产生了幽默的灵感。恋爱生活中，这样的幽默有时候是在无意识中被运用的，往往是灵感突现的神来之笔。而大多数情况下，幽默是被人们有意识地运用的，这种经过日常幽默素材的积累，到一定程度就会在特殊的时刻爆发，给恋爱生活带来无比的欢乐和情感。来看看这一对恋人的表现：

一对恋人进入了热恋阶段，他们在公园里如醉如痴地亲热后，女朋友问："我问你，别瞒着我，除了我，还有谁这样吻过你，你在和我亲热之前，有谁摸过你的头，揉过你的发，捏过你的颊？"

小伙子被女友这么一问，沉默了。

女友急了："快说啊！"

"急什么，"男孩说道："啊，这太多了，我都数不过来。昨天中午，就有四五个……"

女友愕然，忙问："四五个？都是谁？"

小伙子不慌不忙地说："有苹果、香蕉、鸡腿，还有可乐。另外还有理发师。"

在上面的故事中，小伙子"中午"的用餐菜谱成就了"现在"的幽默灵感。有时，面对恋人的甜言蜜语，你的回答不仅需要幽默的积累，更需要临时的机智。

女："亲爱的，你非常爱我吗？"

男："非常爱！"

女："你能为我献出生命吗？"

男："那时谁将爱你呢？"

男方这句幽默的反问不仅巧妙地回答了女方的刁难，而且显露出了足够的智慧，实在令人佩服。如果你真的有这么一位机灵又好出难题的女友，那你就得练好临事而顿悟的功夫了。而恋人之间，有的人会将爱藏在心底，以"口是心非"的方式来回答对方的提问。面对这样的恋人，不妨试试下面这招“借力打力”的方式：

女：“我爱你。”

男：“你上次不是说不爱我吗？”

女：“咳！你真傻。我们女孩子嘴上说不爱，其实心里很爱。”

男：“哦！那么你现在是不爱我了。”

上面的男士就是采用了一种返还的幽默，设陷阱将女友的话语引入到前后矛盾的境地，同时也展现出自己的聪敏，进而赢得女友的爱。幽默的恋爱使人成长，而这样的机智幽默，便是恋爱之中的必修课。

7. 让酸酸的爱情也幽默

“吃醋”实在是恋爱中的男女的“家常便饭”。倘若能够加入幽默这一味调料剂，则能够使这样的一些酸涩加上了一点甜味，让你与恋人一起品尝这酸酸甜甜的恋爱滋味。

在恋爱中，如果一对情侣爱得浓情蜜意难舍难分，此时偏偏冒出个第三者，哪怕只是和其中一方眉来眼去暗送秋波，另一方也会出现心里泛酸、心绪难平的异样感受。于是，“吃醋”的现象便不由自主的发生了。

一对恋人参加聚会，女孩子发现男朋友用羡慕的眼光不停地偷看身边坐着的那位艳丽的女郎，便在他身边悄悄说道：“你和她说句话吧，不然别人会以为她是你的妻子呢！”

女孩子简单的一句小幽默就把男朋友的失态给唤回来了。故事中的女孩运用的是一种钝化了的攻击，这种方式可以让男人比较容易接受。在恋爱中，如果两个人对彼此视而不见、一点醋都不吃，爱情也就淡而无味了。偶尔吃一回醋，说不定就能给平庸琐碎的生活“吃”出一片广阔的天地。

一对情人漫步在花园里。

小伙子说："亲爱的，你就像这鲜花一样美丽。"

"你呢？"姑娘问道。

小伙子说："当然是偎依在鲜花上的蝴蝶。"

姑娘皱眉道："我讨厌它。"

小伙子不解地问："为什么？"

姑娘说："你难道没有看见吗？它又飞到别的花上去了。"

吃醋吃到花草蝴蝶上，看似有些无理取闹，但是，恋爱中的女孩子，时不时在心上人面前吃个小醋，就跟撒了个娇似的我见犹怜。女孩子吃醋，某种程度上就跟抹了淡妆一样娇艳动人。

大家都知道爱情是自私的，但有时处理不好会使恋人的关系走向破裂。如果你吃恋人的醋，不妨用一种幽默的表达让对方知道，像下面这则幽默：

男："你是我的太阳……不！你是我的手电筒！"

女："怎么？不是说太阳吗？"

男："不行，太阳普照所有的男人，我只希望你照着我一个人。"

巧用幽默，就能使醋意变得温和、恬淡而富有情趣。有人说，吃醋是一种善意的嫉妒，也有人说，吃醋是一种爱和关心的别样表现。

小小的吃醋，是升温爱情的一种方式，但是切记不要过度。所谓"小醋怡情，大醋伤情"，在吃醋的时候，记得加入幽默这一剂调料，使得爱情更有滋味。

8. 学会向情人暗示的幽默

古人有诗"我泥中有你，你泥中有我"，正是恋人如胶似漆般恋爱的真实写照。让爱更亲密，需要恋人用心营造浪漫的气氛，同时也需要用你的机智与幽默说出你内心深处的浪漫情怀。

恋人之间，随着相爱程度的加深，自然而然会有身体上的接触，会有亲昵的举动。这一切都是正常的，恰当的。但是有的人比较大方，而有的人比较胆怯。面对羞涩的爱人，也许你可以试着以幽默破除你们之间的壁垒。

一个小伙子天生胆小，虽然很想与女朋友亲近，就是没有勇气做实质性的尝试。他的女友也很着急。一天晚上，他和女友在花园里约会了，女友就想了一个鼓励他亲近自己的办法，对小伙子说："听人说，男人手臂的长度正好等于女子的腰围，你相信吗？"

小伙子一下子站了起来，终于挽住了心仪女友的腰围说："来，我给你比比看。"

女孩主动说出了男友不敢说的要求，聪明幽默地表达了双方的"亲近"需要，而又没有让自己觉得尴尬。这样的女孩不让她的男朋友欢喜得发狂才怪呢！

一个小伙子从后面轻轻蒙住了恋人的眼睛："给你三次机会猜猜我是谁？猜不中就让我吻你。"

女友张嘴就说："你是莫扎特？徐志摩？达·芬奇？都不对？那你赢了！"

谁都听得出，女友喊出的这一串人名，是幽默的告诉男友"吻我吧"，相信男友心里也是乐开了花。

当然，女孩子大多都是羞涩而拘谨的。作为男友，在表达亲近需要的时候，就需要格外的幽默技巧。例如，也有的女孩比较羞涩，面对恋人的亲昵，会采取另外的方式：

一个小伙子在街上拥住女友正要亲吻。

女友扭过头说："街上那么多人。"

小伙子说："再多人我也只吻你啊，我不会吻他们的。"

女孩子娇羞地笑着说："那么多人会看到的。"

男友一本正经地说："嗯，那我们闭上眼睛好了。"

闭上眼睛自然也就看不到别人看自己的眼光，男友这种"掩耳盗铃"的说法，貌似自欺欺人，实际上则是用一种幽默的方式开导女友的顾虑，使彼此能够更加投入的享受二人世界。在大街上旁若无人的拥吻，当然是恋人爱到深处极为浪漫的做法。烛光晚餐、鲜花，都是营造浪漫的绝住武器，如果想让这种浪漫气氛更为浓烈，就多想想办法用幽默来锦上添花吧。

一个小伙子送一束鲜花给他的女友，女友见了一时高兴，抱着他就吻，他连忙挣脱向外就跑。

“什么事！”女友不解地问。

“再去拿些花来。”他说。

小伙子幽默的将鲜花数量与亲吻数量对等，营造出一种令人忍俊不禁的效果来，女友自然会觉得更浪漫。

在微妙的恋爱关系里，每一个细微的动作，每一句话语，都由微妙的心理因素支配着，如果你能技巧性地掌握和运用这些因素，在爱情的角力之中就会更胜一筹。

9. 恰如其分的幽默求爱最能打动人

求婚，是一个人对另一个人一生的承诺。男人希望他们的女人对求婚这个日子刻骨铭心，女人也愿意让此时此刻成为一生的回忆。一个终生难忘的求婚，浪漫情怀、幽默创意、诚挚真心，一个都不能少。

温斯顿·丘吉尔曾说：“我最辉煌的成就，是我竟能说服我的妻子嫁给我。”

正如丘吉尔所说的一样，能够说服一个女人与你定下一生的誓约是一件非凡的事情。从恋爱走向婚姻，求婚是极为重要的转折点。与其说求婚是考验二人情感的时刻，还不如说是考验恋人创意的时刻。一千个人可能只有一个求婚的理由，那都是因为爱，但一千个人却有一千种求婚的方式。求婚，除了准备好一颗真心，你也许还需要那么一点点幽默创意来打动其芳心。我们先来看看伟人富兰克林是怎么求婚的：

富兰克林1774年丧偶，1780年在巴黎居住时，向他的邻居——一位迷人而有教养的富孀艾尔维斯太太求婚。

富兰克林在情书中说，他见到了自己的太太和艾尔维斯太太的亡夫在阴间结了婚。接下来，他继续写道："我们来替自己报仇雪恨吧。"

再婚的人，在心理上多多少少会有一些困扰。富兰克林幽默地用"报仇雪恨"来调侃他与艾尔维斯太太的结合，令对方少了一份担心顾虑，多了一份理所当然的决心。而这封情书也成了情书中的杰作、幽默的精品。有人书写经典，也就有人运用经典。在求婚的时候，也有人选择引用名言警句，为自己的求婚说辞加上更为有力的论证。看看下面一位小伙子的表现：

一位小伙子对女友义正词严地说："让我们埋葬掉这段爱情吧！"

女友一惊，忙追问到："什么，我没听错吧？"

小伙子一本正经地说："人们不是说'婚姻是爱情的坟墓'嘛，让我们步入婚姻的殿堂吧。"

引用"婚姻是爱情的坟墓"这句名言，为小伙子故弄玄虚的求婚方式增添了几分有力的可信度。而女友的惊慌，不正是小伙子想要的女友对于这份爱情的在意吗？这样的求婚，既幽默又充满了紧张的气氛，一定会令他们终生难忘。想要有一个令人终生难忘的求婚，可以借用的不止是名言，还有你们身边的朋友。来听听一位妻子诉说令她难以忘怀的求婚时刻吧：

有一天，杰克约我去公园约会，我到了以后，发现他一直在低头玩自己的手机，好像在给谁发短信，非常投入的样子。当我靠近他的时候，他又非常慌张地把手机藏起来，就在我怀疑他是不是对我隐瞒了什么秘密的时候，突然我的手机接连不断地响起，原来是我们所有的朋友，都在同一时间发来短信，内容都只有四个字："嫁给他吧。"

我吃惊地望着他，惊讶得不知如何是好。他又从包里摸出一枚戒指递到我面前，然后对我说出了那句难忘一生的话："嫁给我吧。"我除了傻笑着点头之外，还能做什么呢？

能够获得所有朋友的祝福，不正是一对新人所期望得到的婚姻的开始吗？而上面杰克的幽默创意为我们完美地诠释了这一切。爱的表达是需要一些技巧的，需要花费一番心思，而运用新奇幽默的方式向对方求婚则可收到良好的效果。你不妨一试。

10. 幽默的心让失恋之人不失态

并不是每一对恋人都能够携手走进婚姻的殿堂，也不是每一段爱情都能开花结果。用幽默的心态坦然面对失恋，失恋不失态，是一种气度，也是一种自我解脱。

如今，我们的时代处处充斥着“快餐式”的爱情，恋人的变心是很多年轻人可能会遇到的事情。有的人无法承受失恋的打击，可能会变得精神失常，甚至产生报复心理，严重的甚至还会自杀。那么，面对恋人的变心，究竟什么样的做法才是理智的呢？我们不妨看看下面这个故事，小伙子对付变心女友的办法就颇具匠心：

一位驻扎在海外的士兵收到国内女朋友的绝交信，说她有了新恋人，而且马上要结婚了，请士兵寄还她的照片。士兵于是从战友那里搜集来各式各样的女人照片，统统装入木箱，寄给见异思迁的女友。

女友收到后发现箱子里有一张便条，上面写道：“请挑出你自己的照片，其余的寄回来。”

小伙子的做法颇有不甘示弱，报复女友的意味。但是，他做得很得体，没有死缠烂打，没有哀伤抱怨，而是以一种幽默的方式维护了自己的尊严。

热恋时的男女会互赠信物，而分手失恋时，这些信物都成了彼此伤口。如何处理前段恋情的信物，成为情场失意人面临的一个问题。上面故事中的女友选择将相恋时互赠的信物要回，也有的人选择采取另外的处理方式。

小梅与男友分手后，把男友送的礼物送到旧货店卖掉。老板问：“这些都是你们的定情信物，就这样卖了太可惜。”

小梅答道：“卖掉这些，不仅能忘了他，还能挣点零花钱啊。”

把信物换成零花钱，是一种幽默的调侃，也是一种豁达的态度。只有完完全全地放开与过去的恋情相关的事物，才能真真正正的走出失恋的阴影，开始新的生活。

旧情人重逢是电影中经典的桥段。如何面对旧爱以及旧爱身边的新欢，是一件考验智慧与勇气的事情。例如下面的故事，女性的妒忌也包含着幽默的机智。

克里斯蒂郑重地对玛丽说：“你拒绝嫁给阿弗莱特，是犯了个大错误。现在他和我结婚了。”

玛丽说：“这并不奇怪，当我拒绝他时，他就说由于痛苦，他会做出一些极其愚蠢的事来。”

面对克里斯蒂充满挑衅的话语，玛丽幽默的回答可谓针锋相对。她不仅堵住了对方奚落的嘴，还运用机智挽回了自己的自尊。这样幽默睿智的女子何愁找不到如意郎君呢?

三 幽默的家庭最幸福

家庭是每个人停泊的港湾，是每个人快乐的源泉。家庭是爱的融合，是情的交汇，是心灵的驿站。在温暖的家庭里，一个熟悉的眼神，能带来幸福的享受；一句温暖的话语，能融化内心的寒冰；一份小小的礼物，能带来无比的喜悦。在日常的家庭生活中，我们该如何获得这份属于家庭的和谐与幸福呢？当做错事的时候，该如何及时地送上我们的歉意呢？当遭遇矛盾的时候，我们该如何化解呢？对于爱人、孩子、老人，我们该如何对待呢？

一个幸福的家庭，需要一颗热情的心，一份真挚的爱，更需要一两句俏皮的话语，让家庭充满幽默，充满欢乐。

1. 用一点小幽默让我们的家更和谐

和谐的家庭生活是令人向往的，如果说家人的相互宽容是这种美满生活的必需品，那幽默诙谐的语言就是这种美满生活的调味剂了。

幽默的氛围是家庭幸福和谐的一个标记。一个和谐的家庭一定是需要有一个相对宽松、充满温情的快乐氛围的。这种快乐，多半就是由一些家庭生活中的幽默而来的。我们可以用幽默来表达对孩子的宽容，用幽默来体现对爱人的体谅，用幽默来展示对老人的关怀。美国前总统西奥多·罗斯福就是一个对孩子宽容的好父亲。

一天，有人去白宫拜访美国第26任总统西奥多·罗斯福。当他们在办公室交谈的时候，罗斯福的小女儿爱丽丝也在，而且跳来跳去，时常打断他们的谈话。那人有点不舒服，抱怨道："总统先生，难道你连爱丽丝都管不住吗？"罗斯福无可奈何地说："我只能做好两件事中的一件。要么管好爱丽丝，要么当好合众国总统。既然我已经选择了后者，对前者就无能为力了。"

我们不得不敬佩罗斯福总统。他是一位慈祥的父亲，对于小女儿的调皮，他没有当着客人的面大声斥责；他更是一位得体的外交家，对于他人的发难，他幽默婉转地给予了解释。这样，罗斯福总统不仅可以在女儿心目中树立起慈祥的父亲形象，而且又能得到他人的良好评价！无独有偶，著名古希腊哲学家苏格拉底也常用幽默的语言对待家人。

苏格拉底的妻子苏珊娜对苏格拉底是出了名的凶恶。一天，苏格拉底正在自家楼下教授他的门徒。忽然，楼板"轰轰轰"地响起来。苏格拉底知道那是妻子在故意制造噪音，埋怨他教得太久。然而，苏格拉底并没有因此而停下。一个小时过去了，妻子恼怒了，从楼上将一盆脏水泼向苏格拉底。顿时，苏格拉底成了"落汤鸡"。学生们惊呆了，满含歉意地望着老师，同时赶紧为他擦干身上的水。苏格拉底却不以为然，笑着说："不要紧，我就知道打雷过后肯定会下雨的。"

睿智的苏格拉底用幽默的语言不止为自己免除了尴尬，还缓解了与妻子的矛盾。假如苏格拉底对妻子大发雷霆，当时家里肯定会爆发一场"战争"。他的幽默正是体现了对爱人的谅解和他宽广的胸怀。

能够与我们白头到老的人永远是我们最爱的人，他陪伴着我们度过人生的大半部分，这些生活中的磕磕绊绊又算得了什么呢？如果这些磕磕绊绊用一个小幽默就可以化解，我们又何乐而不为呢？在许多家庭中，婆媳矛盾似乎是一个很难化解的家庭问题。其实，有些小矛盾，只需一两句话，就可轻松调解。

一次，一位媳妇跟一位婆婆因为一件小事情闹矛盾，媳妇不小心地说了句："老不死的！"当说完这句话后，媳妇也很后悔，但是说都说了，也没办法收回了。眼看一场唇枪舌剑即将打响，但出乎意料的是，婆婆回答到："谢谢！谢谢！"婆婆的话让媳妇摸不着头脑。老人又对她说："你说我老不死，不就是祝愿我更加健康长寿嘛！"媳妇没料到婆婆竟会说出贬义词新释的话，这让她非常羞愧，乖乖地低下头，对婆婆说："妈，对不起，我不该那么说你。只是当时太生气了。"

一场即将上演的婆媳之战就这样被老人胸怀大度地用一个幽默化解了。其实生活就是这样，酸甜苦辣都有，只需我们都多一些乐观，多一些宽容，多一些理解，再添加一些幽默的佐料，我们的生活也就少了一些矛盾，多了一些幸福，我们的家庭也就更加和谐了。

2. 用快乐抚平家人的痛

家是我们停泊的港湾，家人的抚慰是我们一路前行的动力，给这些温暖的抚慰加上一点幽默，我们就走出了一路笑声。

家人的抚慰就像一缕缕温暖的春风，送来的是无尽的温暖。需要我们安慰的人，也常常是最关心我们或者我们最关心的人。世事无常，每个人都会面对一些我们无法预料的痛苦和疾病的折磨。当我们的家人在遇到困难、在无助的时候，最需要的就是家人的互相帮助。曾获诺贝尔和平奖的南非政治家曼德拉就是一个善于用幽默安慰家人的人。

曼德拉一生坎坷，在其入狱时，他的女儿津姬只有3岁。在长达12年的时间里，他一直没能与女儿见面。1975年，他终于被应许见女儿。曼德拉为了不让女儿对自己太担心，就特意穿上一件漂亮的衬衣。当女儿走进探视室时，曼德拉见面的第一句话就是："亲爱的津姬，你看见我的卫兵了吗？"说着，就指指寸步不离的看守。本来一直为父亲担心的女儿一下子就笑了出来。

乐观的曼德拉不仅嘲讽了自己当时所处的环境，同时也给女儿带来了安慰。这样的生活态度不仅让这位黑人领袖能更坦然地面对人生中的逆境，也让女儿减轻了思想压力，不用过多地担心他自己。

无论在生活中遇到多难过的坎，只要我们乐观的坦然以对，一家人互相抚慰，就一定能够一起走过。而这时候，如果能有一些难得的笑声，则会让我们的家人彼此感受到我们坦然面对困难的勇气，体会到我们的乐观心态，从而不让家人有太多的牵挂和担忧。

著名书法家启功先生在晚年时经常生病。一次，他的病情突然加重，被紧急送到医院抢救。启功先生被抢救过来之后，看到家人都神情凝重，就缓缓地说:“我这两天在阎王殿里天天喝酒，你们知道原因吗？”见家人都摇头，他就接着说：“那是因为阎罗王让我给他题字。阎罗王说：‘启功，你的题字相当不错，遍布全国，本王非常佩服，你能不能题几个字以增地狱之辉啊？’我不想写。不料，阎罗王说，‘你若不写，就回不去阳世了。’我在阴间也待了数日了，怕你们担心，就只好答应他了。题字之后，阎罗王放了我，还高兴地对我说：‘我将为你增寿十年！’”说到这，启功先生先笑了起来，并说:“你们看，字写得好，也能增寿啊！”

刚刚醒来的启功先生在幽默风趣中尽显仁厚风范，不仅让家人看到一个乐观豁达的启功，而且也让家人放松了心情。能笑对疾病的还有相声大师侯宝林先生。

著名相声表演艺术家侯宝林在晚年时患了胃癌，要做手术将胃全部切除。手术后，家人担心他醒后会胡思乱想。没想到，他睁开眼的第一句话却是：“这下可好了，把胃都割掉了，看胃癌细胞再往哪里长！”一句话逗得全场人哈哈大笑，也把家人的担心之情全部赶走了。

在手术后的极端痛苦之时，侯宝林还不忘用幽默来安慰家人，化解悲伤，真不愧是一位幽默大师。怪不得曾有人评价说，侯宝林走到哪里，欢笑就被带到了哪里。

3. 幽默的道歉更容易得到谅解

幽默是一种人生的态度，是一道精神的出口，是一杯生活的美酒。学会幽默，即使是在道歉的时候也会显得丰富多彩。

几乎对每个人来说，道歉都是很难为情的事情。因为他会让我们觉得很没“面子”。这时候，如果你试着幽默地表达自己的歉意，则可以很好的化解这个难题。黄先生就为我们做出了很好的榜样。

黄先生是位商场人士，因为工作忙，所以经常忘记太太的生日。为此，太太跟他闹过好几次。黄先生也给太太保证过：再也不忘记她的生日了。但是，今年他偏偏又把这一特殊的日子给忘掉了。

生日刚过了三天，黄先生突然想起太太的生日，马上就去为太太买了个漂亮的手镯，并对太太说：“老婆，你的样子太年轻了，我都没想起你又长了一岁。这也难怪我记不得你的生日。”

听到丈夫这样一说，妻子会心地笑了。

黄先生忘记了太太的生日，可能会让太太不高兴。但他在弥补自己过失、给太太道歉的同时，巧妙地借机称赞太太年轻貌美，这样的道歉，即使是再生气的太太也会无力拒绝。

直白的道歉可以有立竿见影的效果，含蓄的道歉方式同样可以赢得爱人的欣赏和认同。下面的老张就是这样。

老张跟妻子吵架后，几天都互不理睬，作为男子汉大丈夫，老张不想输了这个面子，但总是这样耗下去也不是个办法。于是，老张想出个法子。

在睡觉之前，老张在桌子上放了一张纸条，上面写着：“孩子他妈，明天我有急事需要处理，请在早上六点钟叫醒我——孩子他爸。”

第二天早上，老张醒来都已经七点了，心想这么晚了，都不叫我，正要生气，看到床头柜上有张纸条，上面写着：“孩子他爸，快醒醒，已经六点整了。——孩子他妈。”老张不禁笑出声来。拿着纸条跑到妻子面前，没想到妻子也笑了。两人又和好如初了。

老张想同妻子言和，又因为抹不下面子，只好给自己铺台阶，没想到被妻子也巧妙地运用了一回，结果使两个人都看到了对方抛过来的橄榄枝，读来不禁让人捧腹。这种无声的道歉方式实在是非常高明。以幽默的情景喜剧来代替干瘪乏味的语言解决日常生活中的分歧，真是无声的道歉，快乐的结局。

4. 幽默地提意见也可让爱人笑起来

幽默而适当地向爱人提意见是一门生活艺术，聪明的人会像一位技术高超的魔术师一样将自己的意见转化成一股股甘泉，沁入爱人的心田。

柴米油盐的平淡日子有时候会让我们有乏味的时候，有很多的牢骚总会有忍不住要发泄出来的时候，夫妻双方对自己爱人的一些不良生活习惯或者缺点，也都有忍无可忍的时候，这种时候，我们应该怎样得体地向爱人提出自己的意见，同时又不会让彼此难堪或引起生活中的不快呢？下面这对夫妻或许能给我们一些启示。

有一对夫妻，妻子非常爱干净，常常自作主张地洗掉丈夫的衣物。一天，丈夫想找双干净的袜子穿着出门，可是东找西找，最后只在抽屉中发现一双，而其他的袜子全都被堆在了洗衣机里。这位丈夫这样对妻子埋怨：“老婆，我真幸运，只有两只脚，如果多出一只脚的话，它就没有袜子穿了。”妻子听了他的埋怨，不但没有觉得有任何的不快，反而觉得有些不好意思，只是对丈夫说：“明天你即使有十只脚，也会有袜子穿的！”

这位丈夫机智而幽默地表达了对妻子的抱怨，不但没有让妻子反感，还让妻子认识到自己的问题，他的这种智慧真值得我们学习。如果我们在碰到很让自己不快的事情之时，只知道一味的埋怨、责怪对方的话，轻则可能引发夫妻冷战，重则可能会引发家庭大战，下面的王先生就是这样的。

一天晚上，王先生的妻子做好了菜与王先生一起吃。王先生尝了一口，眉头一皱，就对妻子说："怎么这么咸，盐不要钱吗？"妻子感觉到很委屈，心想，自己辛辛苦苦做晚餐给丈夫吃，却只是得到了一番指责。于是她也毫不相让，大怒："放咸一点又怎么了？我天天在家做家务，累死累活的，放咸一点怎么了，又咸不死人！"

如果按照这个趋势发展下去，夫妻二人肯定会吵架，进而引起家庭大战。但如果这时候王先生揶揄地对妻子说："我的妈呀，谁把盐贩子打死了？"或者轻松地笑着说："哈哈，老婆是不是想我想得出神了，把盐当味精又放了一次？"这样在活跃家庭气氛的同时表达出了自己的不满，又能让爱人虚心接受自己的看法，一举三得，何乐而不为？著名的科学家爱因斯坦就很善于用幽默对妻子的一些敏感行为提出自己的意见。

一次，有组织专门为爱因斯坦设了一个宴会。不巧的是，那天他夫人因为感冒没能参加宴会。当时的这个宴会规模很大，仪式也非常隆重：绅士们要打白领带，而女士们要穿裸肩的礼服。宴会结束后，爱因斯坦回到家里，他夫人就急切地问他关于宴会的情况。他说："今晚有非常多著名的科学家……"夫人立刻打断他："我要知道太太们穿什么衣服？"爱因斯坦摊摊手，无奈地答道："我可真的不知道，桌面以上的，她们什么都没穿，至于在桌面以下的，我可不敢偷看。"顿时，妻子被他揶揄得哭笑不得。

恰到好处的幽默就是这样，不但可以向自己的爱人表达出自己的看法，让其虚心接受自己的意见，还能增进双方的感情，让生活的气氛更加和谐。

5. 何妨不幽默地反击一下爱人的讥讽

幽默是家庭矛盾的“净化剂”，是家庭生活的“润滑剂”，是感情寒冷期的一件棉袄，是治疗爱人讥讽的一味良药。

事实上来自于家庭生活之内的讥讽，也会让我们揪心不已，这种揪心，一点也不比那些家庭之外的讥讽轻松。比如有的妻子是个醋坛子，经常会在大庭广众之下突然发飙，让丈夫下不来台。对如此惊险的情况，丈夫们可以学学下面的张明，看他是如何幽默地化解妻子的讥讽。

张明陪妻子逛街，实在累了，于是就坐在长椅上休息。妻子这时候看到一个穿着时尚的漂亮MM坐在不远的地方搔首弄姿。

妻子对丈夫叫道：“快看！那个MM和你崇拜的偶像一模一样！”

但丈夫没有理会他，继续闭目养神。

“难道你真的一点都不感兴趣？”妻子诧异地问道。

丈夫若无其事地说：“当然啦。要是她长得像我的偶像，你是绝对不会让我看的！”

张明面对妻子的嘲讽，冷静而又幽默地回敬。既批评了妻子平时小气的心理，又表达出自己浓浓的爱意。可见，幽默既能够让嘲讽变得毫无杀伤力，又能给夫妻生活增添很多的情趣。下面这对市长夫妻也是如此。

彼得担任匹兹堡市市长时，和妻子兰茜去视察一处建筑工地。这时迎面向他们走来一位建筑工人，并向他妻子说：“兰茜，你还认识我吗？高中时，我们常常约会呢！”

事后，彼得嘲弄妻子道：“如果你嫁给了他，现在还是个建筑工人的妻子。”

兰茜反唇相讥：“你应该庆幸娶了我，要不然，匹兹堡市的市长就不是你了。”

可以想象，彼得市长的家庭生活里有很多这样的斗嘴和相互“嘲讽”，但正是因为有这些斗嘴的经历，在给市长的家庭增添乐趣的同时，也增进了夫妻之间的感情。

事实上，很少有恩爱的夫妻在生活中一直是相敬如宾的，大多数的夫妻正是在这样的互相嘲讽的磕磕绊绊中相互扶持，白头偕老的。下面的这对夫妻是同样的例证。

一次闲聊，丈夫问妻子：“你说为什么女人既美丽又愚蠢呢？”

妻子回答说：“其实道理很简单，我们美丽，你们才会爱我们；我们愚蠢，我们才会爱你们。”

对于丈夫不怀好意的质问，妻子临危不乱，并没有按照常规的方法来正面反驳，而是炮制了丈夫的办法，来个后发制人，让丈夫掉进了自己预设的陷阱之中。这样的夫妻充满了幽默，生活也必定是其乐融融，让人羡慕不已的。

可见，用幽默回击讥讽，不仅能够让自己全身而退，而且还可以增进夫妻之间的感情。

6. 巧用幽默应付妻子的购买欲

面对妻子无穷无尽的购买欲，丈夫的应付手段也要无边无际。幽默作为其中一种轻松而有效的方式，对聪明的丈夫来说，是最好的一种应付方式。

女人充满购买欲，似乎是天经地义之事。但是一个家庭之中，如果女人的购买欲望过于强盛，则无异于一个巨大的黑洞，这或多或少会让丈夫们感到尴尬羞愧，但这却难不倒一个拥有幽默感的丈夫。

一位爱打扮的妇女对丈夫说：“昨晚我梦见你答应给我500块钱买大衣了。你会成全我的美梦吧？”

丈夫说：“那当然。说来也巧，我昨晚也做了一个同样的梦，我记得把钱给了你呢。”

妻子要买大衣的事情，显然是早就有想法的。但又不好直接开口，于是就假借做梦来向丈夫说明。这位聪明的丈夫用幽默的方式婉言地拒绝了妻子的要求，让妻子的美梦破灭。类似的情况还有很多，兰馨的丈夫也是一位擅长用幽默来应付妻子购买欲的人。

兰馨跟丈夫结婚五六年了，她属于时尚一族。这天，她又想买顶帽子，便对丈夫说：“亲爱的，小邓的爱人买了顶新款帽子，真好看！”

丈夫回答：“是吗？如果她像你这样漂亮，就不用经常买帽子了。”

兰馨的丈夫没有直接拒绝妻子的要求，而是从另一个方面去满足了妻子的精神需求，这种巧妙的借鸡生蛋的方式，不仅可以避免妻子一味地纠缠，而且还可以满足妻子的虚荣心，让她更快乐。其实，对于妻子的购买欲，我们有时候还可以以另外一种幽默方式来处理。我们下面就来看看这位丈夫的故事：

妻子比较好胜，邻居小王有什么她就一定要有什么。

一天，她问丈夫：“你知道小王家最近又添置了什么？”

丈夫回答道：“一套新家具。”

妻子满不在乎地说：“我们也添套新的！”

丈夫又说：“他家还购了一台松下牌等离子大彩电呢！”

妻子眉飞色舞地说：“小意思，咱们家也买一台！还添了什么呢？”

丈夫面露尴尬，说：“小王最近……我不想说了。”

妻子不高兴了，问道：“为什么？怕比不过他吗？”

丈夫难为情地说：“他另外找了位漂亮的妻子。”

妻子这时候无话可说了。

妻子这时为何无话可说了？其实这是丈夫有意识的引导，暗示妻子一连串的追求不切现实。相比直接反对妻子的观点，这种步步深入的归谬法，逐步诱导其观点的错误，既缓和了气氛，又避免了尴尬。这就使妻子失衡的心理很快就平衡了。可见，应付妻子的购买欲还是要有更多的幽默才可以。

7. 没有怕老婆的男人，只有不会哄老婆的男人

男人征服世界，女人征服男人，横扫欧洲的拿破仑最终还是拜倒在女人的石榴裙下；好男不跟女斗，能屈能伸的大丈夫最终还是用幽默带来家庭的快乐。

自从《喜羊羊与灰太狼》在全国热播后，社会上开始流行“嫁人就嫁灰太狼”的说法。在观众心中，灰太狼是个典型的“妻管严”，是个十足的好男人。其实，怕老婆是丈夫珍爱妻子的表现。在怕老婆的家庭里，不仅有让人羡慕的好丈夫，也有令人捧腹的幽默故事。明清之际的民族英雄戚继光就给我们留下了这样的故事。

戚继光的“怕老婆”在他的部下中是很有名的。一天，他的部下鼓动他说：“大将军，在沙场杀敌之时，您是威风凛凛，震破敌胆，怎么会被一个妇人吓倒呢？今日我们为您助威，您手执宝剑去吓她一吓！”

戚继光听部下这么一说，觉得不能在部下面前丢人，于是持剑奔向后院。经过第一道门时，他喊声如雷；进第二道门时，声音已经渐小；等冲进夫人的房间时，已经声细如蚊。夫人见是他冲进来了，吼道：“喊什么呀，吵得很！”戚将军立即答道：“我之所以高喊，是打算给夫人杀只鸡吃！”夫人听后，说：“以后杀鸡不准大声嚷嚷。”

戚继光胆识过人，文韬武略罕逢敌手，他组建领导的“戚家军”让倭寇闻风丧胆，但他夫人的一句怒吼就让他如此的战战兢兢。品味这种幽默，需要理解与智慧，断不可简单地把戚继光的“惧内”归结为胆小，其实这正体现了一个丈夫对妻子的一种深沉的爱，一种对家庭的浓浓依恋之情。中国上下五千年的古老文明，造就了中国人重感情、重家庭的特点，也因此让“惧内”的幽默故事上涉帝王将相，下及黎民百姓，真是“惧内”面前，人人平等。

一位工程师也“惧内”，堪称是模范丈夫。一天，几个朋友打算去他家一探究竟。刚进屋，就听见妻子对他数落不停，像架机关枪一样。这时，他自我解嘲地说对朋友们说：“听习惯了，就像听音乐一样。”经他这么一幽默，朋友们和他的妻子都咧嘴大笑。

在聊天的时候，妻子突然看着丈夫的脑袋，疑惑地问：“听说男人秃顶是因为用脑过度，是不是呢？”丈夫这时诙谐地说：“是的！你知道女人为什么不长胡子吗？”妻子摇摇头，丈夫故作正经地说：“那是因为一张嘴喋喋不休，下颚运动过度！”一句话逗得妻子笑着去撕丈夫的嘴巴。

一笑之余，我们清晰地看到了丈夫对妻子浓浓的爱意，也看到了机智的丈夫对老婆做出的诙谐幽默的反击，这位丈夫虽有怕老婆之名，但能处处体恤妻子，包容妻子，此种气度正显大丈夫本色，不愧为丈夫中的楷模。这个家庭也正因为有一位这样的男人，才有了无穷的幸福快乐。

8. 打破夫妻之间的僵局也可以很幽默

勇于承认自己错误的人，我们称之为勇敢者；做事不谨慎，常使家人生气的人，我们称之为鲁莽者；承认错误而又不使家人生气的人，我们称之为幽默者！

人非圣贤，孰能无过！犯错误是正常的，关键是要及时的承认自己的错误。但是承认自己的错误，表达自己真诚的歉意，总会感觉有些尴尬。这时候，就需要自己动动脑子，幽默一把，想出一个既能保护了“面子”，在博得对方笑声的同时，又能表达出自己由衷的歉意的办法。适当的幽默很容易让人接受，当然也包括自己的家人。

沈美娟是原军统少将沈醉的女儿。一次，她因为外出办事走得太匆忙，忘了把家中的火炉封好。当她回来的时候，已经晚上八九点了。孩子早就放学回家，但因为火炉已灭，无法自己弄饭，就饿着肚子趴在桌上睡着了。丈夫比她早一步到家，进门见冷锅冷灶的，大怒。丈夫待沈美娟一进门，就愤愤地说："真是个活死人，把火都看灭了！"沈美娟听了这句话，没有生气，反而心平气和地说："别发火了，火再大，也点不燃炉子啊。"丈夫余怒未消，仍愤愤地说："你呀，要没有我，恐怕要去讨饭吃。"沈美娟马上附和道："这也是我不愿离开你的原因呀！"丈夫一听此话，终于笑了。

沈美娟是个聪慧的女人，对于丈夫的责备，不是针锋相对地反驳，对于自己的错误，不是强词夺理地狡辩，而是用小幽默表达自己的歉意，在笑声中获得了丈夫的原谅。女人运用幽默如此之巧妙，男人当然也不逊色。方哥就是这样的一位男人。

方哥为一件小事惹怒了方嫂，方嫂连续好几天都没有答理他。方哥总觉得这不是个事儿，而且自己理亏，于是就想找方嫂说说话，但不管他怎么找话说，方嫂都不理他。后来，方哥在房间里翻箱倒柜，一会儿翻翻箱子，一会儿翻翻柜子，一直都不停下来。方嫂很纳闷，不知道他究竟在翻什么，就忍不住开口问道："找什么？"方哥笑眯眯地看着方嫂："找的就是你这句话啊！"方嫂一下子明白了，轻轻地拍了方哥一下，也笑起来了。

方哥用一个绝妙的形体幽默向方嫂道歉，让方嫂看到了方哥的真心爱意，也看到了方哥的诚心歉意。试问：在这样的道歉面前，有谁能够拒绝呢?

过而能改，善莫大焉。在家庭生活中，学会时时检讨自己，发现错误，承认错误，并改正错误是很重要的，及时幽默地表达自己的歉意，不只可以调节家庭的气氛，还可给家人带来更多的欢声笑语，增进彼此的感情。

9. 琐碎的小幽默让夫妻生活更幸福

平凡的生活可以有不平凡的人生，琐碎的家事可以有不琐碎的快乐，普通的夫妻也可以有不普通的幸福，幽默可以让普通的生活更幸福。

每对夫妻都被为生活中的柴米油盐这样琐碎的事情困扰和厌烦。这时如果懂得给乏味的生活加上幽默这味添加剂，就可以让生活丰富多彩起来。不信，我们就来对比一下老李夫妇和老王夫妇间的差别。

老王夫妇和老李夫妇在一块闲聊。这时，王太太剥开一个橘子，结果发现果肉有些干枯，也没有什么汁水，便对丈夫说：“这个橘子干干的，你帮我吃一半。”王先生不高兴地说：“你不吃的才给我吃啊？”

不一会儿，李太太也尝了下橘子，如同嚼棉花，便给了一半给老李：“这个橘子太干，我替你吃了一半，剩下的一半你自己吃吧！”老王听后对王太太说：“你看看，人家李太太多体贴！”

这个幽默灵活地勾画出夫妻间在摊派不可口的食品时的心理状态。同样的事情，经过不同的方式表现出来，收到的效果却是大相径庭的，幽默的李太太就让老王很羡慕。由此可见学会幽默是可以避免不少烦恼事的。要不怎么说幽默的夫妻更幸福呢。咱们来看看下面这对夫妻。

妻子对丈夫撒娇：“亲爱的，你可不可以洗衣服？”

丈夫不理不睬：“不能，我还没睡醒呢。”

妻子转而笑道：“我不过考验你一下，其实衣服都已经洗好了。”

丈夫这时睡意全无：“我只是和你开开玩笑，我其实是很乐意帮忙的。”

妻子则一脸严肃：“我也在和你开玩笑，既然你愿意洗，那就赶快去干吧！”

这位妻子的幽默和机智让人不得不佩服，她成功的给丈夫上演了一出请君入瓮的现代喜剧，让丈夫在不得不去做这些不喜欢做的事情时，想到这一幕也不禁会莞尔一笑。这样的家务事带来的不是烦恼，而是夫妻两个人的欢乐。

幽默不仅在琐碎的家务中可以给我们带来欢乐，而且在其他的事情上也可以起到意想不到的效果。比如，撒娇。且看下面这个可爱的妻子。

妻子叹了口气，对丈夫说道："做男人真好，我要是男人就好了。"

丈夫满腹狐疑："为什么？"

妻子顿时来劲了，高兴地说："我今天看到一个手链，漂亮极了。当时我就想：'我要是男人，一定会买回去给老婆，不知她会多么高兴呢！'"

这种迂回提要求的方式，不仅表达了妻子想要买手链的愿望，而且不会引起丈夫的反感，同时还可以活跃气氛，是进可以攻，退可以守。如果妻子直接对其丈夫说要买手链的话，丈夫肯定会找一大堆搪塞的理由来反驳。而智慧的妻子巧换自己的角度，说出自己的心愿，既不会遭到丈夫的反对，而且可以让丈夫理解自己的想法。这种幽默，是其他语言所不能达到的。

幽默让平凡琐碎的夫妻生活充满情趣，在平平淡淡的生活中，这种信手拈来的生活趣事让我们的生活更加幸福。

10. 在幽默中教育孩子更有效

俗话说，良药苦口利于病。但是并非所有良药都苦口，幽默教育孩子的方式就是一剂不苦口反而开心爽口的良药。

教育自己的孩子是需要技巧的，如果一味地灌输大人们自己的思想，很可能好心办坏事，不但教育不好自己的孩子，还会起相反的作用。而在教育孩子的过程之中，多用一些小幽默，则不仅有助于孩子的智力发育，而且能在无形中刺激孩子的思维和语言能力；不仅能达到教育孩子的目的，而且能使孩子感受到父母的爱。在幽默教育孩子这方面，苏联著名诗人米哈伊尔·斯威特洛夫是一位高手。

米哈伊尔的小儿子舒拉非常调皮。一次，为了成为家里关注的中心，他别出心裁地喝了半瓶墨水。这时家里人都急了，喝了墨水，那可怎么办？米哈伊尔的母亲赶忙给医院打电话请求急救。

这时，米哈伊尔从外面回来了，看到这种情景，他并没有慌张，而是轻松地问儿子："你真的喝了墨水？"舒拉得意地伸出带墨水的舌头，还做了个鬼脸。米哈伊尔转身从屋里拿出一沓吸墨纸来，对儿子说："这是吸墨纸，为了你的健康，你只有把他们嚼碎吞下去。"一下子，舒拉就再也得意不起来了。而且以后，舒拉再也没有做类似这种出风头的傻事了。

一场虚惊就这样在家人的嬉笑声中结束了。米哈伊尔明知道，墨水不至于让人中毒，所以他就正好利用这次机会好好的教育了一下舒拉。米哈伊尔的教育不仅让孩子认识到了自己的错误，还让其今后再也不敢犯类似的错误，的确高明。

像舒拉这样调皮的孩子总是让家长们倍感头疼，甚至有时候还会让家长们对其无可奈何。在这种情况下，如果我们能找准时机逗他一下，可能会收到事半功倍的效果。小辰辰就是这样学乖的。

辰辰今年刚上幼儿园中班，当妈妈送他到教室门口时，他使劲抓住门框，无论如何都不愿意进去。这时，他的班主任尹老师走过来，笑着对他说："我就知道辰辰最喜欢咱们这教室门框了！快进来吧。"听了老师的这一句话，辰辰乐了，笑嘻嘻地走到了自己的座位上。

尹老师的幽默话语把想撒娇而又未能撒娇的辰辰给逗乐了，而且还使他乖乖地回到座位上。尹老师这种幽默的教育方式是值得我们每个家长学习的。对孩子既不能溺爱，也不能过于强硬，多使用幽默的方式教育孩子，不但可以给我们的生活增添不少乐趣，还可以让孩子养成活泼开朗的性格，我们何乐而不为呢？

11. 学会用幽默表达对老人的关爱

老人像树，奉献给儿女一切；老人像海，包容了儿女的所有；但有时候老人又像孩子，需要儿女的关爱，而幽默最能传达这份关爱。

很多人在孝敬父母的时候，都只想着让老人衣食无忧，却忽略了老人在精神上的需求。其实，老人们更多的需求是精神层面的，而对物质要求却很低。他们需要欢乐，需要和家人共处。一位陈老先生在生日宴会上的一番话就表达了这个意思，而其女儿也用幽默的话语表达自己对父母的关爱，让父亲也欣慰不已。

陈老先生今年七十岁大寿，儿女们都从各地回来，为父亲祝寿。当时来祝寿的还有很多亲朋好友，真是贺客盈门。在吃饭之前，来宾贺客们纷纷要求“寿星”讲几句话。

陈老先生想了想，说道：“当年轻力壮的时候，爸爸就像一个篮球，孩子们你争我夺，常常伸手要钱。当在中年的时候，爸爸就像一个排球，比较没有利用价值，孩子们就你推我搡。当年老体衰的时候，爸爸就像一个足球，孩子们就你一脚、我一脚，唯恐踢不出去。”

在场的来宾贺客们，听到陈老先生这幽默风味的比喻，都哈哈大笑，鼓掌叫好！

此时，陈老先生的博士女儿大声说：“爸爸，您不是篮球，也不是排球，更不是什么足球，而是橄榄球。我们宁愿摔得腰酸背痛、全身是泥，也要把您紧紧抱住不放！”

女儿的话一讲完，全场又是一阵笑声、掌声，而陈老先生也微笑着，带着些许的满足。

老人用一组比喻，幽默地批评了儿女们对他的忽视，而他的女儿也用同样的比喻，幽默地向父亲说明子女们并没有忽视父亲，一直都很在乎父亲，这样的话语没有理由不博得老人的欢心。家庭生活是产生和培植幽默的广阔沃土，而幽默也使生活充满更多的笑声。在规劝老人的时候，幽默也有事半功倍的效果。下面是一位儿子在反对老人念佛时的做法。

有位老太婆，很迷信，口中常念："阿弥陀佛！"儿子听得不耐烦，劝她多次都没有用。

一天，老太婆又在念佛，儿子故意叫了声："妈！"母亲随口应答了一声。接着儿子又叫了一声，母亲又答应了一声。儿子就这样接二连三的叫下去，母亲受不了，来到儿子跟前，怒视着他，责问道："你翻来覆去地叫我，究竟要干什么？"儿子满脸堆笑说："妈，我叫你不过十来声，你就这样不高兴了，那个佛每天都被您呼唤无数次，难道它就不烦吗？"

儿子的些许幽默既阻止了老人无休止的念佛，而且不会让老人不高兴。在日常生活中，我们就要以这种方式去解决与老人的矛盾，让他们生活得更幸福。

《红楼梦》中人人皆知的王熙凤，在贾府众多的媳妇中脱颖而出，深受贾府中至高无上的贾母的喜爱。其关键就在于她巧舌如簧，妙语连珠，给贾母带来很多快乐。在讨老人欢心方面，王熙凤真是我们的榜样。我们如果能学得她的本领，善用幽默，妙语连珠，定能让老人笑口常开，让老人的生活充满欢乐。

幽默其实很简单

一　你也可以很幽默

为什么婴儿都是哭着来到这个世界上的呢？因为没有谁出生时就随身携带着幽默感。如果你曾暗暗责备父母为何没有给你生一张能“哗众取宠”的嘴巴，让你成为伙伴交流的中心，这确实是冤枉父母了。因为幽默感从来都不是与生俱来的，而是要经过后天打造的。

幽默如同一本躺在书架角落的书，它一直都在，只是等待着主人的翻阅；一旦你发现了它，用心阅读它，它就会给你最丰厚的回报。幽默存在于生活的每个角落，只要你有乐观的心态和认真的生活态度，你也可以很幽默！

1. 幽默是一门饱含智慧的艺术

幽默是一门艺术，但我们不必像诗人那样苦苦地等待缪斯的降临；幽默也是一门技术，需要你用你的学识和智慧来熟练地驾驭它。千万别只是把幽默仅当做笑话，那只是对幽默的一种偏见。

“知己知彼，百战不殆”，想要成为幽默达人，将幽默顺利收入囊中，必须先了解何为幽默。幽默是一门复杂的语言或行为上的艺术，我们要想游刃有余地将这门艺术应用到日常生活之中，必须仔细揣摩掌握诸多的技巧。并不是所有人都懂得幽默是什么，有很多人还对幽默有很多误解。现在有很多所谓的“冷笑话”，其实没有包含任何内涵和启发。这样的笑话只能降低讲话者的品位。

汤姆：上星期，我在公园里散步。天很冷，风呼呼地吹着。突然，我看到一只老虎。

内德：那你怎么办?

汤姆：我看着它，把手插进口袋，回家了。

内德：它没有来追你?

汤姆：没有，你知道，老虎在动物园里呢。

幽默是一个饱含智慧和情趣的领域，一个成功的幽默包含着各种各样的不同要素。对幽默最简单的定义是“笑的艺术”，不过并非所有逗人的笑话都算幽默。笑话是把已知的故事讲给人听，故事本身是先存在于讲述者的大脑中的，是可以预谋的；而幽默通常是临场反应的结果，是突然迸发出的智慧的火花，是自然而然缔结出的鬼斧神工般的“笑”果。

首先，幽默必须是情调高雅的。一个不学无术、懒于动脑的人是不会有幽默感的。他们只会说些愚昧无知、低级粗俗的话。

民国时期盘踞山东的大军阀韩复榘就曾经闹过非常多的笑话。有一次，他去学校参观，学生们正在进行篮球比赛，气氛非常热烈。

他突然转身怒声斥责陪同参观的教务长：“要不是你贪污了，那学校为什么这么穷酸？十来个人穿着裤衩儿抢一个球，像什么样子，多不雅观！明天到我公馆，再领点钱，多买几个球，一人发一个，省得你争我抢的！”

韩复榘本来是想关心一下同学们的生活的，可是几句话就暴露了他对篮球无知的一面，也怪不得大家都把他的一些故事当做笑话来看了。

其次，好的幽默是委婉含蓄地表达出来的，即使是讽刺性的幽默，也不一定非要让自己表现得锋芒毕露、咄咄逼人。

几位同事在饭馆里用餐，其中一人突然对着服务台喊叫：“喂！伙计，快拿网来。”

一位服务人员急忙走过来，问道：“这是饭馆，您要网干什么？”

那人指着桌上的鱿鱼汤说：“这盆里不见鱼只见汤，我想这狡猾的鱼大概潜入水底了，有了网不就好捕捞了吗？”

这位顾客用一个非常巧妙的比喻，委婉地指出了餐馆分量不足的事实，从而不用多费口舌，就能够让餐馆的服务人员自知理亏，还不会引起不必要的口舌之争。

黑格尔指出，幽默是“丰富而深刻的精神基础”；康德认为，幽默是理性的“妙语解颐”；弗洛伊德说“幽默的人，是最能适应的人”；中国相声大师侯宝林说“幽默不是耍贫嘴，不是出怪相、现活宝，它是一种高尚的情趣，一种对事物的矛盾性的机敏反应，一种把普遍现象戏剧化的处理方式”。可见，幽默是一种高级的语言艺术，它与行为人各方面的素质是密切相连的。

2. 学会在生活的点滴里挖掘幽默

古人云：不以善小而不为，不以恶小而为之。学习幽默也一样。最美丽的幽默之花通常都盛开在最不显眼的地方。我们要有一双善于发现“美”的眼睛，戴上智慧的眼镜观察生活的各个角落，这时我们就会发现，幽默无处不在。

幽默源自生活，在琐事中寻找幽默就是要懂得“见缝插针”，让幽默成为一种生活态度和思维方式。我们能做到这些的话，不仅可以增加生活的乐趣，还可以让我们的人际关系更加和谐融洽，让我们的生活更加幸福。如果我们仔细观察、倾听就会发现，日常生活中不同职业的人们都会在生活的点滴之间发挥一下自己的幽默才能。

男士：我能赶上这班下午去广州的火车吗？

站台服务员：那得看您能跑多快了，因为这班车五分钟前出发了。

病人：医生，请问什么体操对我的减肥最有效？

医生：不停地把脑袋转向左，再转向右。

病人：在什么时间做最合适呢？

医生：当你想吃东西的时候。

（导游带着一个旅行团参观博物馆。）

导游：这个化石已经有两百万零九年的历史了。

游客：你怎么知道得这么确切呢？

导游：很简单，我已经在这里工作9年了。我刚来的时候，我的老师告诉我，它已经有两百万年的历史了。

类似的幽默对话在生活的舞台中经常上演，它们短小精悍、毫不做作，自然而然地融入我们最平常的生活之中。这些小小的幽默不仅能够展现一个人的反应能力，而且让“几十年如一日”的、单调枯燥的工作充满意外的乐趣。

不管是生活还是工作，都难免会出现误会或者是小摩擦。其实，没有谁真的要跟谁过不去，低个头认个错，幽默的借口经常能让大家一笑而过，扭转不利的局面，“化干戈为玉帛”，避免针尖对麦芒的交锋。

邻居：昨天夜里，我听见你家房前发出很大声音，你们出了什么事？

丈夫：没什么。我的妻子有点儿生气，把我的大衣给扔到窗外去了。

邻居：你的大衣？扔大衣怎么会那么大声音？

丈夫：我……我当时恰好在大衣里呢。

夫妻之间磕磕绊绊实属难免，但是，“家丑不能外扬”，这个丈夫绝对是个好丈夫。用诙谐、幽默的方法向爱管闲事的邻居解释自己的家务事，瞬间扭转了话题方向，维护了老婆的形象，也给邻居留下“好丈夫”的印象，同时又正面回应了邻居的猜测。可谓上策。

有人说“婚姻是爱情的坟墓”，婚后的男男女女经常感到没有了个人的自由。为了为自己创造更多的个人“喘息”机会，也会出现一些“善意的谎言”。

“打桥牌的人凑不够，你赶快来吧。”牙医卢克打电话给同医院的外科医生沙姆。

“我知道了，卢克。我立刻就去。”

沙姆的妻子一边递过出诊包，一边悲哀地问道：“沙姆，今天是我们结婚纪念日，事情重要到无法推辞的地步了吗？”

“玛丽，对不起，好像是紧急事故。”沙姆露出一副很为难的表情回答，“因为已经有三个医生聚在一起了。”

这个借口更加妙不可言。沙姆说谎了吗？“三缺一”情况确实紧急，三个医生聚在一起也是事实，这不仅是安慰妻子的理由，更是安慰自己的借口。考虑到与妻子之间可能产生的正面冲突，和自己偶尔玩一玩的愿望，也考虑到婚后生活的状况，像这样幽默的“善意的谎言”或许可以偶尔使用。

可见，幽默确实潜伏在生活的各个角落，等待智慧的人在适合的时候将其唤醒。学会分辨幽默的触角和端倪，才能让幽默无处不在，滋润枯燥的生活。

3. 用掌握的知识去滋养幽默

“知识就是力量”，知识可以提升一个人的修养，也是培育“幽默之花”时不可或缺的“肥料”。有了知识的滋养，幽默之花才不会“金玉其外，败絮其中”，才能层出不穷让人回味无穷。

幽默不是简单的逗笑，不是日常朋友间的“俏皮话”，它是在无计划状况之下的妙语连珠，是现实环境与内心知识储备相互碰撞而来的火花。幽默的产生绝不是“空穴来风”，丰富的知识积累是幽默之花的根基。

虽说幽默的使用可以让人开怀一笑，但这不是幽默的主要功能。幽默不仅要让人赏心悦目，更重要的是要透彻心扉，独具启发性，甚至有醍醐灌顶般的感觉。这也是幽默和笑话的根本差别。

有一次，嘉庆皇帝问刘墉：“国库年年进银子，怎么就是不够用啊？”刘墉答道：“银子都掉河里去了！”

皇帝问道：“掉河里为什么不捞啊？”这时，刘墉才微笑着答道：“河深呐。”

这一语“河深”让皇帝顿时明白了，银子都掉进和珅这个贪官的腰包里去了。

历史上众多的文人骚客创造出了五花八门的文字游戏和流传千古的文字幽默，各个妙语惊人，值得细细玩味，慢慢品评。作为一个中国人，要懂得利用民族文化的特色，发现中国人独有的幽默特质。在这方面，古代文人雅士是很好的典范，充分体现了东方人的智慧。

要想变身出口成章的“幽默达人”，让幽默无处不在，不仅需要知识的深度，还需要广度。如果要求每个人都像诸葛孔明一样“上知天文，下知地理”似乎有些勉为其难，但是什么事儿都知道点儿，一定大有好处。

有一个讲述国别文化的教授，在讲座上举了这样一个例子：

一个英国人、法国人和俄罗斯人正在欣赏一幅画，画上是亚当和夏娃在伊甸园嬉戏。

“看看他们多含蓄，多平静。”英国人谨慎地说，“他们肯定是英国人。”

“胡说。”法国人不同意，“他们裸露着身体，又是那么美丽，很明显是法国人。”

“没衣服穿，没地方住。”俄罗斯人指出，“他们只有一个苹果可以吃，而且还被告知那里是天堂。他们是俄罗斯人。”

这幽默的妙处在于，它从讲座主题出发，依靠自己广博的学识，用简单的对比形象地向听众展示了几个国家人的性格特征、思维方式和生活现状，幽默风趣，丝毫没有看到枯燥的学术的影子。尤其是讲到俄罗斯人的处境时，从一个侧面指出俄罗斯人民曾陷入沙皇专制和农奴制度的统治之下的历史事实：生活极端贫困，专制沙皇们利用宗教信仰桎梏人民的灵魂，让他们没有反抗的想法。可谓一针见血。

幽默是一门学问。对于有丰富知识积累的人来说，它是一门语言艺术，是让人妙笔生花的灵感源泉；相反，一个才疏学浅、孤陋寡闻、举止轻浮的人是很难生出幽默来的。

4. 向幽默大师们学习幽默

“三人行，必有我师”，善于向别人学习是“取经”最快的学习方法。尤其是向幽默大师学习，更是常有“听君一席话，胜读十年书”的感慨。可以说，虚心学习别人的优点，吸取前人的经验，是提升个人幽默敏感度的一条捷径。

幽默感的形成不是一朝一夕之事，它要依靠生活经验的积累和实际操作时的不断练习才能形成。通过对国内外优秀的幽默大师们的模仿来积累幽默经验是一条可行之路，我们可以以他们为参照，从他们精彩的演讲或话语中体味形成幽默的各种关键因素，然后反观个人实际，不断改进，不断进步。这样，我们必定可以达到事半功倍的效果。

幽默大师们依靠自身充足的知识储备，常常让自己在幽默自己或者幽默别人的时候表现得游刃有余，常常在不经意间就可以迸发出许多幽默的火花。而这种看似“漫不经心”、自然而然的幽默正是幽默的最高境界，我们好好参悟大师们的这些精彩幽默，对于激发我们幽默的灵感是非常有帮助的。

第二次世界大战期间，英国首相丘吉尔访问美国，和美国总统罗斯福进行会谈。一天早晨，丘吉尔叼着大号雪茄悠闲地躺在浴盆里，其便便大腹正随意地露在水面上的时候，罗斯福就推门进来了。

这时场面非常尴尬，但是丘吉尔却神情自若地说：“总统先生，我这个英国首相在您面前可是一点也没有隐瞒了。”接着两位首脑人物大笑起来。

这就是大师的智慧，不管多么尴尬之事就让其在弹指间化解，还能进一步增进与别人的友好关系。

超乎常人的智慧和机智不是每个人都能拥有，但这绝对是每一个培养幽默感的人努力的方向。向幽默大师学习，认真领会他们幽默话语中的真谛，吸取其中精华，寻找其与个人性格的契合点，以形成自己的风格，是每一个希望自己幽默起来的人必须要做的事情。

5. 保持一颗充满幽默的童心

如果说日常生活是一湖平静的水，那么幽默就是投入湖中的一颗颗石子，让平静的湖面泛开圈圈涟漪。一颗石子的作用如此之大，因为它不属于湖水，是外来之物。非正常思维是幽默的必杀技，而儿童的视角有时更是“惊为天人”。

和儿童相处，都会不自觉地得出这样的结论：他们是天使，也是魔鬼。儿童尚未受到任何社会即成观念的影响，也没有被社会道德和规则禁锢，所以他们的思维模式和成人非常不同，或者说他们根本尚未形成所谓的思维模式。这就使得他们在面对眼前的世界的时候，常常会做出一些让人不可思议的反应。

就像初学汉语的外国人一样，处于学习阶段的儿童，善于发现大人使用的词语意义的不确定性，善于发掘一个词的奇妙作用。而儿童最大的天性就是模仿，他们会积极地运用自己刚刚学会的词语来表达心中的想法。这种儿童学习过程中出现的“移花接木”现象可以给想要学习幽默的大人们很多的启示。

丈夫打电话回家，说今晚有应酬，不能回家吃饭了。儿子问：“妈妈，什么是应酬？”

妈妈向儿子解释：“不想去，但又不得不去，就叫做应酬。”儿子恍然大悟。

第二天早上他要上学去了，便对妈妈说：“我要去应酬了。”

这就是儿童的单纯之处，他们就像一块平整的蜡块，印上任何图像都会永久保留下来。这种天然的特质帮助我们发现了一块藏匿幽默的净土，那就是有效利用词语的多义性为自己服务。

林肯的面容长得难看。林肯对此有自知之明，他不仅不隐晦，有时还以此自嘲。

一次，林肯和道格拉斯竞选总统，进行辩论。道格拉斯指责他有两副面孔，是个两面派。林肯听后，机智地回答："现在，请听众来评评理，如果我有两副面孔的话，我情愿戴这副吗？"林肯的回答赢得了听众热烈的掌声。

此例中，林肯正是拿此"面孔"来说彼"面孔"之事，"顾左右而言他"，顺利将局面拉回到自己控制的范围之内。

当然，儿童奇异的思维方式还有很多。

比利：妈妈，博比打碎了窗户的玻璃。

妈妈：他怎么打碎的？

比利：我朝他扔石头，他躲开了。

老师：花儿需要水。每天都要给花儿浇水，否则它们就会死掉。

一天早上，妈妈看到玛丽在花园里。

妈妈：玛丽，你在那里干什么？

玛丽：给花儿浇水。

妈妈：可是现在在下雨啊！

玛丽：哦，不要紧，妈妈。我有伞。

（临睡前，朱莉在做祷告。）

朱莉：上帝，求求你，让那不勒斯成为意大利的首都吧。拜托！

妈妈：朱莉，你为什么让上帝把那不勒斯变成意大利首都呀？

朱莉：因为我在地理考试时是这么写的。

这些都是儿童们特有的、未经粉饰的、毫不做作的幽默之作。经过生活经验洗礼的大人固然不能表现得像他们一样自然。但是，从不同角度看问题的习惯，不仅有助于幽默的生长，而且也是现代生活最迫切需要的习惯之一。

6. 勤动脑巧生幽默

突然迸发的灵感火花，一语惊人的思维转向，天马行空般的想象力，都能让人情不自禁迸发透彻心扉的笑意。学习幽默的艺术，把握在与别人对话之时转化局势的能力、“转危为安”的手段，是一件非常关键的事情。

不经意的回眸一瞥最动人，出乎意料的惊喜最陶醉，突如其来的幽默最难得。如果说幽默无处不在，那是因为生活无处不在。只要有对话、有场景，懂得幽默的人就有“平地起高楼”的威力。

一天晚上，杰克接了一个电话，而且很快听出对方是个电话推销员。

推销员：晚上好，我想和利厄·乔纳森说话。

杰克：对不起，她是个婴儿。

推销员：没关系，那我以后再打。

杰克说乔纳森是个婴儿，显然是借口，他不想被这个推销电话占用太多的时间。有经验的推销员绝对明白这一点，但是他不能意气用事，和顾客理论乔纳森是否是婴儿这件事，于是他巧妙地顺着客人的意思回答：既然她还是婴儿，那我等她长大了再打。他随机的幽默不仅迅速结束了对话，而且为以后再次电话推销埋下了伏笔。

想要让自己的临场反应快捷起来，说话者必须迅速把握说话对方的意愿、目的和自己的角色定位，巧妙利用对方话语或行为中存在的漏洞，植入自己的行动策略，用幽默风趣的手段达到自己的目的。

有个男人跛着脚，艰难地走进医院。

男人：护士小姐，请你把我安排在三等病房，我是个穷光蛋。

护士：没有人能帮你的忙吗?

男人：没有。我只有一个姐姐，她是修女，她也很穷。

护士：（生气地）修女富得很，因为她和上帝结婚。

男人：好，那您把我安排在一等病房吧，顺便把账单寄给我姐夫就行。

三位争抢生意的商店老板在一条商业街上租用了毗邻的店铺。

右边的零售商挂起了数幅巨大的招牌，上面写着：“大减价！”“特便宜！”左边的商店则挂出更大更多的招牌，宣称：“大削价！”“大折扣！”

中间的老板只在自己的店门口挂了一个招牌，上面简简单单写着：“入口处”。

不管是那个穷光蛋还是那位中间的老板，他们在对话和行为中，思维始终是清醒的，他们知道自己想要什么，并能巧妙利用“对手”为自己打造的地基，将计就计建造幽默的高楼大厦，并在最大程度上达到了自己的目的，真可谓竞争高手。

这种急中生智的智慧不仅适用于有目的的竞争者，更是意外情况发生时的最佳“救生员”。当你遇到故意刁难的问题，当你面对没有自知之明的人忍不住想给予讽刺，当你当众摔倒，恨不得找个地缝儿钻下去等不利境况之时，不妨冷静思考，是否存在一寸土地，足以让你重新站立。

汤姆：伟大的上帝，一千年对您来说，意味着什么？

上帝：它只意味着一分钟。

汤姆：万能的上帝，一万枚金币对您来说，意味着什么？

上帝：它只意味着一枚小硬币。

汤姆：我仁慈的上帝，那就请给我一枚小硬币吧！

上帝：好吧，可怜的人，请等一分钟吧。

有一天晚上，由于剧场负责音响效果的工作人员没有配合好，当男演员跳河时，传来的不是“扑通”的投水声，而是有人摔倒在舞台地板上的声音，于是全场哗然。

在这紧急时刻，男演员及时从布景下面站起来，若无其事地说：“哎，河水冻上了，连个投河的地方都没有！”

不管是生活还是竞争，要赢其实没那么难。因为辩证法告诉我们，事物都有两面性，任何思维和计谋都存在漏洞，只要你足够机智，懂得将计就计，就能“柳暗花明又一村”。

7. 巧设圈套制造幽默

人与人的对话有时犹如下象棋，不能只考虑眼前的这一步，而要将眼光放长远。以正常的故事为车头，在恰当的时间点，列车突然转弯，或跌宕起伏，或“飞流直下”，或直冲云霄，或横冲直撞，此时故事戛然而止，让人回味无穷。

学会设置幽默圈套，是一件极其需要幽默功力的事情。这种幽默技巧的特点在于，重点总落在最后一句话，好戏总在后头。最后一句话也就是“圈套”所在，以四两拨千斤之势撩动听众的笑弦，达到要掷地有声、一鸣惊人的效果。更有甚者，笑过之后，余音绕梁，三日不绝于耳，让人回味无穷。

邻居甲：请问，今晚我可以借用您的电唱机吗?

邻居乙：当然可以了。你想听一些音乐吗?

邻居甲：不是，那倒不是。今晚我想安静一下。谢谢您。

这位邻居甲显然是备受邻居乙家里的电唱机的影响，考虑到邻里关系的和睦，只有出此“下策”。这样不仅杜绝了噪音的“声源”，从“根本”上解决了问题；而且对话中思维方向的突然转换也造成了绝佳的幽默效果，同时暗示了邻居对自己造成的困扰。制造笑料的目的通常是为了解决问题，这才不是空洞的笑话。

设置圈套制造的幽默是有故事情节的，一般也是有小预谋的，目的是为了找到适当的表达方式恰当陈述想法或解决问题。

妈妈：你父亲看到他的眼镜打碎了，说什么了?

儿子：妈妈，我是不是该省掉那些脏话?

妈妈：好吧。

儿子：那么他什么话都没说。

穆厄：是我的妻子促成我信教的。

乔恩：真的吗？

穆厄：是的。直到我和她结婚，我才相信有地狱。

可以看出，前面的对话是为最后的突破做铺垫的。通过如此委婉的方式，人们更方便说出一些某人的“坏话”，在合理的故事之外增添了一个“貌合神离”的尾巴，而这个尾巴通常都是幽默的“点睛之笔”所在。

当然，下圈套的目的是为了击退“敌人”，达到自己的目的。下面这个事例就显示了如何利用“敌人”的缺点“设防”，如诸葛亮的草船借箭之计，借助敌人之箭，完成自己的任务。

女儿：爸爸，我们剧团一个女演员爱上了一个清洁工。

爸爸：这是条新闻，我马上采访。

女儿：你们记者就是大惊小怪，姑娘爱上小伙有什么好采访的！

爸爸：目前，门当户对等旧的传统思想还有市场，像这种敢于冲破旧观念的好姑娘，我们应该好好报道一下。

女儿：爸，谢谢您能为我感到骄傲。这个女演员就是我！您能同意我真高兴。

女儿先是投石问路，再设圈套，这个圈套是她和爸爸共同创造的（这当然是源于她对爸爸深入的了解），利用这一点，让爸爸说出了本应由自己陈述的理由。这样做可能解决不了实际问题，不过通情达理的父母在笑过之后会认真考虑女儿的一片苦心的。

还有一个例子也颇能让人有所顿悟：

儿子考试成绩不好，丈夫看后破口大骂道：“他妈的，真是个蠢猪。”

妻子听到了，平静地对丈夫说：“喂，你近来好像有特异功能了。”

丈夫奇怪地望着妻子：“是吗？你是怎么发现的？”

妻子说：“我看到，从你嘴里能吐出来那么一个庞然大物的东西。”

综上所述，要达到诱敌深入的目的，必须有足够敏锐的思维，也就是说，必须在对话的同时学会提出问题，给对方回答问题的机会，借助问题形式将对方引入“瓮中”，接下来一切自然水到渠成。

8. 多用模仿促成幽默

不讲理的人的思维方式通常是固执的，如果非要认“理”，会堵塞交流的可能性；而如果依靠模仿，用他的思维方式来对待他，不但能让人心服口服、无话可说，而且无意中会因思维错位而造出幽默的效果。

模仿是幽默的重要源泉之一。模仿，有很多类型，如对思维方式的模仿、对语言的模仿、对行为的模仿等。一般来说，思维方式的不同是造成交流障碍的罪魁祸首，这也是代沟产生的原因。而反常规的思维方式应用于现实生活中，会让人啼笑皆非、无可辩驳。下面这个例子，不涉及交流，只是一些同义词或词意的照搬，就已经具有让人开怀大笑继而深思的潜质。

汤姆：上星期，一粒沙子进了我妻子眼里，不得不去看医生。花了我三块钱。

约翰：那算什么！上星期，一件皮大衣进了我妻子眼里，花了我三百块呢！

弟弟：哥哥，火箭为什么飞得那么快呀？

哥哥：你没见火箭飞行时，屁股上有一团火吗？谁屁股上着了火跑得不快呢？

事实上，火箭“着火”快跑是因为得到了动力，而人（或动物）被火烧时快跑是为了逃命，二者虽没有实质的相似之处，但给人的视觉印象确属同类。这样的模仿即巧妙对付了小朋友的理解力，又颇有滑稽之感。

模仿的方式，不仅可以对付小朋友们的无厘头思维，而且有针对性地对一些人的狡辩进行反击，也会让对方哑口无言。

一位汽车司机在法庭上受审，法官宣布：“你酒后开车，应该判一周监禁。”

司机申诉道："我并没有像控告人所讲的那样喝醉了酒，只不过稍微有些醉意罢了。"

"这倒有点儿不同，"法官想了想，笑着说，"那我判你七天监禁吧。"

显然，这位司机想利用轻度的语言描述事实，以逃脱惩罚；而这位法官深谙事情本质并不因语言而改变，于是他模仿司机的言语方式，将"一周"换成了"七天"，可谓换汤不换药。

相互模仿的桥段经常在男女朋友或夫妻之间上演。虽然俗话说"床头吵架床尾和"，但男男女女大都爱"面子"或者讲"尊严"，谁都不想先退一步，不肯让对方掌握主动权，不愿先弃械投降，于是开始"暗斗"。

一天，几位朋友聚会，大家都带着自己的女朋友参加。吃饭时，酒喝完了，张勇借着酒意命令女朋友去买酒。

女友：亲爱的，没有钱怎么买酒？

张勇：用钱去买酒，这是谁都能办得到的；如果不花钱就买来酒，那才是有能耐的人。

女友明白，这是让她自己出钱，于是她一声不响地出去了。过了一会，她提着几个空瓶子回来了。

张勇：（责问）你让我们喝什么？

女友：（不慌不忙）从有酒的瓶子里喝到酒，这是谁都能办到的；如果能从空瓶里喝到酒，那才是真正有能耐的人。

从空瓶中喝到酒，只是一种非常直接的模仿照搬，既显示了女友的智慧，又表现了她不甘示弱的心理。

模仿促成的幽默，最无懈可击的地方在于：让先发者哑口无言、目瞪口呆。因为游戏规则是由他制定的，后发者只是机智地模仿了他的思维模式，并严格遵循游戏规则。而这场游戏通常的结果是，先发者"赔了夫人又折兵"。这就是模仿的威力所在。

9. 有个性才是真幽默

“师父领进门，修行在个人”，模仿和学习是开始但绝不是结束。如果想将幽默锻造为个人品性中的一把利剑，只有将前辈秘笈与个人特点相结合，融会贯通，自成一派，才能所向披靡、屡试不爽。

明末清初的著名戏曲家李渔说过：“妙在水到渠成，天机自露，我本无心说笑话，谁知笑话逼人来。”这当然是幽默的最高境界，真实自然不做作，但是要达到这样“水到渠成”的效果，只有将幽默融入到个人品性之中才能办到。将技艺性的幽默内容充分地进行消化吸收，同时结合个人特点，形成不落俗套的个性化幽默，也就逐渐形成独具个人特色的幽默风格了。

幽默没有什么好或者更好甚至最好之说，只有适合自己的才是最好的。美国第30任总统柯立芝最初从事律师职业，这培养了他严谨的处事态度。严肃的人是否就没有什么幽默可言呢？当然不会，柯立芝在成为总统以后，他的谨言慎行也毫不耽误他极富有讽刺色彩的个人幽默特点。

由于柯立芝总统的沉默寡言，许多人便总是以和他说话为荣耀。在一次宴会上，坐在柯立芝身旁的一位夫人千方百计地想使柯立芝和她多聊聊。

她说：“柯立芝先生，我和别人打赌：我一定能从你口中引出三个以上的字眼来。”“你输了！”柯立芝立刻说。

又有一次，一位社交界的知名女士与柯立芝并肩而坐，她滔滔不绝地高谈阔论，但柯立芝依然一言不发。

她只得对柯立芝说：“总统先生，您太沉默寡言了。今天，我一定得设法让您多说几句话，起码得超过两个字。”柯立芝总统咕哝着说：“徒劳。”

这就是柯立芝的风格：不鸣则已，一鸣惊人，不仅保持自己的风度，而且透漏着些许潜在的幽默。个人风格同样鲜明的还有文学大师钱钟书先生，而他的幽默往往充满典故，体现大智慧。他有些幽默段子简直是神来之笔，纯属小孩子顽皮。仅以《围城》为例，幽默便俯拾皆是。

书中说："房子比职业更难找，满街是屋，可是轮不到他们住。上海仿佛希望每个新来的人都像只戴壳的蜗牛，随身带着宿舍。"

在调侃方鸿渐购买假文凭时，作者引用《圣经》里的故事作比："这一张文凭，仿佛有亚当夏娃下身那片树叶的功用，可以遮羞包丑。"

在调侃鲍小姐"只穿绯霞色抹胸，海色贴肉短裤，镂空白皮鞋里边露出涂红的指甲"时，说她是"熟食铺子"，因为只有熟食店会把那许多颜色暖热的肉公开陈列；又有人叫她"真理"，因为据说"真理是赤裸裸的"，鲍小姐并未一丝不挂，所以他们修正为"局部真理"。

钱老先生的幽默浸透着思想和文学的气息，充溢着关于人生和社会的真知灼见，让读者在大笑之余埋头沉思。他的幽默契合于他文学大师、语言大师的身份，字里行间都能嗅到作者本人对人性的态度和对当时男男女女的嘲笑，这些话语已经成为钱钟书个人独特的标签，无人能及。

而同是幽默大师的马克·吐温，在生活中的行为就像他小说中描写的人物一样，怪异中透漏着幽默和讽刺。

马克·吐温平时穿着随便，他的妻子常因为他去朋友家做客时不穿衣领不打领带而抱怨他。一天，马克·吐温从朋友家回来，妻子又对他的服装喋喋不休地唠叨个没完。

于是，马克·吐温来到楼上，找出一只领子和一根领带，把它们仔细包好，然后叫一个小男孩把它们送到朋友家去。在附送去的纸条上，他写道："在我刚才拜访您的半个小时中，我没有穿衣领，没打领带。现送上这两样东西，请您对着它们看上半个小时，然后再送还给我。"

显然，他是不满夫人的絮絮叨叨，所以采取了此种幽默的手段以解决问题。或许他的小说充满幽默感的根源正在于此——他自己的生活。

现代社会讲究推销自己，就是要提高自己的辨识度，最大限度地个性化。幽默也是如此，借来的东西始终得归还，只有达到"你的就是我的，我的也是我的"的境界，才能称得上"幽默达人"。

二　让你妙趣横生的幽默技法

幽默是智慧的闪现，而幽默的使用则是一门艺术。从古至今众多幽默大师往往振臂一呼，即应者云集，挽狂澜于既倒，助巨浪于前行。马克·吐温、萧伯纳等历代幽默大师，其话语深富幽默感，极具感染力和说服力，因而流传至今。但是，幽默感并非天生的，那些天生不具备幽默感的人，需要在后天的不断学习中渐渐掌握幽默的技巧，以增加自己的人格魅力。掌握了一些基本的幽默技巧，将使你在与人交往时更如鱼得水，可以让你变得善解人意、灵活机智，为自己的人生增添更多乐趣和成功。

1. 一词多解更含蓄

鲜花绽放，层次有深有浅，而色彩亦甚斑斓。一词多解的技巧，便如花朵的层次被发现一般，经过层层拆解，能挖掘出更多有趣的含义。

多义词即是在不同语境中有不同意义的词汇。善用多义词，能够赋予语言很强的表现力，产生幽默滑稽的效果。在日常生活中，巧妙地对一词进行多种解释，可以让你的谈话变得更有趣，也可以巧妙地回绝那些你不想直接谈及的问题，为自己找到回旋的余地，可谓是一种十分实用的技巧。

一位男子常到一位朋友家蹭吃蹭喝，朋友的老婆十分不待见他。有一天，这位男子到的时候，朋友一家人已经吃过饭了。女主人便故意问他："我们已经吃过饭了，要不要吃隔夜饭？"男子以为是剩饭，便勉强答应了。谁知女主人回了一句："那好，你明天再来吧。"男子碰了一鼻子灰。

隔夜饭可以理解为前一天的剩饭，但也可以理解为第二天的饭，这位女主人巧用"隔夜饭"的另一层意思赶走了这位厚脸皮的朋友，虽然用语略显尖刻，却达到了目的。

像这位女主人一样，当对某人心怀不满时，可以运用一词多解法，让对方知难而退。同样，在爱情中，当遇到不中意者的纠缠时，也可以运用这种方法解除麻烦又不伤及对方颜面。

一位男子在繁华的步行街遇到了一位风姿绰约的女子，他第一眼便爱上了她。为了套近乎，男子走上前，委婉地问这位女子："小姐，请问我可以向你问路吗？"

女子不知其意，便大方地答道："当然可以。请问你要去哪里？"男子忸怩地答道："我想知道到你心里的路。"女子心知原来是个搭讪者，便委婉地回绝道："先生，抱歉。此路不通。"

两人巧妙地运用"路"这个字的多义性，男子借机搭讪，而女子则委婉地以"此路不通"来回绝他，双方的交谈优雅而含蓄，即使男子被拒绝也不会感觉难堪，反而会更为女子的幽默而折服。

人人都好面子，而当遇到尴尬丢面子的境况时，也需要能有灵机应变的技巧，摆脱那些故意的为难之语，从窘境中解脱出来。

一位英国女子离婚后再嫁，丈夫是一位比她小十多岁的历史学家。婚后遭人议论纷纷，常有人问及她嫁给一个历史学家的理由。这时，她总是风趣地说："对我而言，历史学家是最好的对象，因为妻子越老他就越爱她。"

这一巧妙的解释，既体现了女子的幽默感，又说明了他们夫妻关系的和谐。妻子的年龄比丈夫要大，因而遭人诟病。但她巧用"老"字的另一层意思，把历史学家喜欢年代久远的东西的职业特性加进来，因此产生了幽默效果。爱情是不分年龄和国度的，这位女子把彼此和睦相处的状态以幽默的方式表达了出来，让听者感到意味深长，也堵住了那些刁难者的嘴。

2. 谐音幽默有深意

谐音双关是一种常用的幽默技巧，犹如唱双簧时真正操控整个局面的是椅子背后的人一样，使用谐音词的时候真正要表达的意思也在词语的背后，需要细细斟酌才能领悟。

妙用谐音可以利用汉语同音字的特点，巧妙组合语句，表达隐含的双关语意。我们常常能看到诸如“骑乐无穷”“百衣百顺”等活用谐音词语的广告语，其特点是既朗朗上口又幽默好记。在生活中，人们也常常运用谐音词来表达那些不适合直接表达的交谈内容，使表达显得更隐晦、含蓄。

一位诗人如此埋怨自己工作忙碌、无暇读书的生活：“整天忙着写诗、译诗、编诗、教诗、论诗，五马分‘诗’之余，几乎没有闲暇读诗和读书。”

“诗”与“尸”谐音，诗人巧用“五马分尸”这一成语就把自己根本没有时间去读诗，进行知识积累的生活状况描绘得淋漓尽致。

文人长时间与文字为伴，是善用词汇的高手。其实，谐音词的运用是非常广泛的，除了可以用来发发牢骚，也可以给生活制造更多趣味性的瞬间，让谈话更增风趣和幽默，彰显个人的人格魅力。

我国著名书法家启功在北师大当教授的时候，同学们常称呼他“博导”以示尊敬。每当这时，启功都会笑着调侃：“在下垂垂老矣，我是‘拨倒’，一拨就倒，一驳就倒，不拨自倒！”

启老是我国最早一批“博导”，学术精深，德高望重。他故意把“博导”和与之谐音的“拨倒”“驳倒”混用，产生了强烈的幽默效果。这段短短的对话就将启老不摆架子、和蔼可亲、洒脱超然的处世态度凸显在我们面前。

某公司的员工小王也是一位很擅长使用谐音词汇的人，尤其是半带讽刺的词汇，从他口中讲出来更能显出幽默的意味。其公司的领导对员工区别对待，汪师傅兢兢业业几十年却仍住在筒子楼，而刚到单位不过半年的小杨却很快分到了新房，同事们对此十分不解。同事小赵与小王在闲暇时谈及此事。

小赵：为什么汪师傅申请解决住房那么多次，却一直还没有得到处理呢？

小王：据说他每次都是无“礼”要求。

小赵：那小杨为什么才工作半年就分到房了呢？

小王：那是因为领导见“机”行事。

这个故事中，小王将“无理要求”化用为“无礼要求”，见机行事之“机”亦暗指领导收受贿赂的不当行为。这位员工巧妙地运用谐音词汇辛辣地讽刺了公司领导收受贿赂、对员工区别对待的不当行为。

巧用谐音词，可以让一句话的内涵变得多层次化，把真正想要表达的意思暗置于表层意义之后，让话语变得回味悠长，隽永含蓄，能展现出说话者高超的措辞能力。

3. 颠倒法幽默显新颖

颠倒法是构成幽默的矛盾冲突的重要手段。交谈中使用颠倒法，表意看似毫无章法却意义深远，能令表达充满张力和情趣。

常用的颠倒法包括颠倒词序、语体倒置和颠倒事物关系三种。颠倒词序，即把人们熟悉的某个习语、成语等的词语顺序进行颠倒，由于这种方式不符合常规，因而能够形成很强的幽默意境。

太平天国起义时，清朝重臣曾国藩镇压起义不利，屡屡败退，但他巧妙地在奏折中把“屡战屡败”一词调换顺序，变成“屡败屡战”，其中的失落和挫败瞬间变成了顽强不屈的拳拳忠心。

这是一个由于颠倒词序而使得结果大相径庭的先例。它除了可以让自己的处境转危为安，还可以产生很强的幽默效果。

一位导游带着旅行团去参观长城，谁知天有不测风云，到中途的时候就下起了大雪。为了使游客的心情好起来，导游借用古代的习语来安慰游客们：“好汉非得到长城。大家放心，今天我一定让大家当成‘好汉’。”

热心肠的导游的这段话风趣幽默，把“不到长城非好汉”的古语灵活颠倒词序，既能安慰不安的游客，又显示出了中国语言博大精深的魅力。

其实，在交流中褒词贬用、贬词褒用、今词古用、古词今用、俗词雅用、雅词俗用，把一些专业的词汇通俗化使用，也可以产生很强的幽默效果。

某车间男女比例严重失调，女多男少。为了解决个人问题，车间主任组织了一次跟某另一男多女少的车间的联谊晚会，谁知车间的男同事们却不乐意了。有人这样说：“我们很多男同胞的个人问题还没解决呢，我觉得应该先满足‘内销’再‘对外出口’。”

这位男同事的话语充满了幽默的意味，把女同事比作商品，既生动形象又让人听罢忍不住大笑不止。

在谈话中颠倒事物的前后、因果、主次、大小等关系，也可以产生逻辑的颠倒感，造成很强的幽默效果。有的人就常常运用颠倒法调侃时事，委婉地表达自己的意见。

父亲很不满意新一代年轻人的生活方式：“我们这代人的生活是‘三步走’：先求学、工作、挣钱，再恋爱、结婚、生孩子，最后才学会了跳舞、喝酒、打牌。”儿子说：“我们也是这‘三步走’。”父亲说：“你们倒好，全颠倒过来了。”

父亲并未直接批评现在年轻人的作风等问题，而是巧妙地把自己原话的前后顺序加以颠倒，批评当今社会年轻人所作所为有伤风化，让自己很失望。

总之，颠倒法打破了句子的常规逻辑及语法顺序，使得表意很有新颖性，能吸引人的注意，引发听众的思考，有很强的幽默效果。不过，使用这种技巧时，需要熟知被颠倒部分的真实含义，并了解自己的表意日的，以免错用。

4. 故意歪解有趣味

正解往往是不苟言笑的，而歪解却能带来俏皮的幽默感。用似是而非的荒唐道理去解释某种事物，使其产生奇巧怪诡的谐趣，让人啼笑皆非。

所谓歪解，就是利用文字的歧义性，并将其加以发挥让其含义完全不同，从而达到出人意料的幽默效果。利用文字的多重性含义，在正解之外别出一番歪解，就会产生特殊的幽默效果，歪解得越贴切，幽默的效果越好。写于唐代的《唐颜录》中记载了北齐高祖手下一位十分善于用歪曲幽默的大师石动筒的故事。

有一次，石动筒去参观国子监，一些经学学家正在辩论，正说到孔子门徒中有七十二人在仕途上能够伸展自己的抱负。这时，石动筒插进来问道："这七十二人中，有几个是童子，有几个是成年人？"这个很草根的问题却难住了所有的学界泰斗，因为存世的典籍都没有记载这个问题。石动筒却笑着说道："《论语》上说'冠者五六人，童子六七人。'五六三十，成年人为三十人；六七四十二，未成年人为四十二人，加起来正好七十二人嘛。"

石动筒把《论语》里的约数"五到六人"和"六到七人"，曲解为五六和六七相乘以后，再与孔子门徒七十二贤附会起来，形成数字上的天然巧合，最终成为一个天衣无缝的小幽默。

歪解幽默的一个特性就是利用语言文字的歧义性。汉字按照它的使用习惯有相对固定的解释，如果仅仅望文生义就会贻笑大方。而歪解的成功与否很大程度上取决于两种含义之间的差异是否具有别开生面的效果。一般来说，两种含义的差异越大效果越好，比如中外差异、古今差异以及行业差异等。

有一位女士问先生："'一诺千金'怎么解释？"

先生说："'千金'者，小姐也；'一诺'者，答应也。意思就是：小姐啊，你就答应一次吧。”

“一诺千金”原本是司马迁的《史记》上的一句名言，说的是在秦汉之际和刘邦一起打天下的武将季布，只要他答应了事，无论多少金钱也无法改变。把历史典故，通过词义的曲解变成了眼前求爱的语言媒介。

歪解幽默从古至今一直就是人们喜闻乐见的幽默方法，它可以使一本正经的话语在歪解中变得灵动而且充满风趣。很多的广告语也充分利用了文字歧义所产生的幽默效果给人留下非常深刻的印象。

口服心服——矿泉水广告。

还你领袖风采——洗衣粉广告。

滴此眼药水后，将眼睛转动几下，可使眼药水遍布全球——眼药水广告。

当之无愧——当铺广告。

专食人间烟火——抽油烟机广告。

不打不相识——打字机广告。

在利用歧义加以歪解的过程中，贴切是至关重要的因素。不能勉强，不能生搬硬套，越是贴切的歪解就越是让人拍案叫绝，越有浑然天成的幽默效果。

在交谈时，当对方的话语让你不安时，可以故意不正确理解对方的意思，而是把交谈引向与原意毫无关系的其他方向，以产生荒谬感，摆脱刁难和不快，这种故意歪解的技巧可以让你们的对话产生“牛头不对马嘴”的幽默效果。

法律课上，老师让同学解释“欺骗”一词。一位学生是这样解释的：“如果您在期末考试中让我不及格的话，就是一种欺骗行为。”老师很不解地问道：“为什么？”学生回答：“根据法律，利用他人某方面的无知而损伤其权益，就是一种欺骗行为。”

这位学生的应对不仅让“欺骗”这一法律术语的意思变得简单明了，也为显得枯燥的课堂增添了活力与笑料。

故意歪解还常常被一些别有用心的人用在了歪曲事实，故意逃避责难上。

某校食堂饭菜问题重重，学生们满腹怨言却拿管理者毫无办法，因为这位先生总能出其不意地转换话题，让质问者无话可说。

“你们卖的馒头也太小了吧！”学生埋怨。“同学，那是因为热胀冷缩嘛，刚出笼的时候都又白又大的。”

“今天的包子这么黑，怎么吃啊？”学生再问。“责任不在我们哦，因为那些包子是昨晚上做的。”

学生们面对对方故意的歪解，实在无言以对，最后只有诉诸学校领导，才总算解决了问题。

这位负责人可谓掌握了歪解语意的幽默技巧。在面对对方犀利的攻击与指责时，能够灵活应对，钝化矛盾，也为自己解决问题争取了缓冲时间。

学会使用故意歪解的技巧，能让你在社交中摆脱尴尬，也让那些别有用心者无计可施，同时，当你遭到诘难、理屈词穷时，也可以用来化解矛盾。不过，要记住，技巧固然重要，但始终以真诚之心待人，才是最有用的。

5. 夸张的幽默有气氛

利用夸张的艺术手法，把事物的特征、自己的所见所闻等用渲染、吹嘘等方式夸张到离奇怪诞甚至荒唐的程度，常常能造成幽默的效果。

我们常见的成语如螳臂当车、千钧一发、蚍蜉撼大树等用的都是夸张手法；在一些文学作品中，夸张的手法也是极为常见，如李白诗的“白发三千丈，缘愁似个长”就是夸张的经典之作。

适度的夸张可以生动形象地呈现一物的特征，使表达更添意趣。有篇文章是这样描述智利的狭长地形的：“头枕安第斯山，脚可以伸到太平洋。”这肯定是不真实的，但听者愿意领悟其中富有幽默的夸张技巧，并为此会心一笑。在生活中使用夸张技巧，则可以让劝说的话语变得委婉柔和，也更容易让人接受。

秦朝有位名士叫优旃。有一次，秦始皇要大肆扩建御园，多养珍禽异兽，以供自己围猎享乐。这是一件劳民伤财的事，但大臣们谁也不敢冒死阻止秦始皇。这时优旃挺身而出，他对秦始皇说："好，这个主意很好，多养珍禽异兽，敌人就不敢来了。即使敌人从东方来了，下令麋鹿用角把他们顶回去就足够了。"秦始皇听了不禁破颜而笑，并破例收回了成命。

麋鹿是没有能力用角把敌人顶回去的。优旃之所以这样说，主要是使用了幽默的力量。其内心是不赞成扩建御园的，故意夸张麋鹿的力量，使秦始皇在笑声中醒悟，从而达到了他的说服目的。

有一天，马克·吐温坐火车到某大学讲课。由于火车速度太慢，他眼看就要迟到了，这时他想到了一个向列车员发泄不满的方法。当列车员过来查票时，马克·吐温递给他一张儿童票，说："火车开得实在太慢了，我上车时还是个孩子，可现在已经变成了中年人。"

火车开得很慢的确是事实，但也绝不至于慢到让一个人从小孩长成大人。马克·吐温将缓慢的程度进行了无限制的夸张，从而产生了特殊的幽默效果，让人不禁为之捧腹。

美国的新闻业经历了一个相对黑暗的时期，那时的记者们总热衷于在报道中苦苦寻觅耸人听闻的新闻素材以招徕读者。究竟有多耸人听闻呢？一个从业者是这样描述的："狗咬人已经算不上新闻了，只有人咬狗才算新闻。"

人咬狗的事情发生几率是很小的，记者也并非真的要寻找这样的真实素材，这句话无非是说：平常的事件已经吸引不了受众的兴趣了。要想提高报纸销量，只能挖掘前所未闻的新闻素材。这位从业者用极其夸张的方式描述了新闻业的现状。

夸张之法随处可见。事物越荒诞离奇、耸人听闻，就越有幽默效果。抓住事物的特征，用夸张的方式形象化表现，能让人们在笑声中反思自己，理解他人。

6. 比喻的幽默最形象

比喻是一种巧妙的修辞技巧，它能让原本朴实无华的话语焕发光彩，变得幽默诙谐。在交往中善用比喻，可让谈话气氛更加轻松愉悦，展现谈话者的个人魅力。

一般情况下，运用比喻进行幽默需要把握好两件事物的相似点，使表达自然得体，不露痕迹，给人天衣无缝之感，只有这样，才能产生让人发笑的幽默效果。

一位经理批评办公室里的女职员们："你们如此叽叽喳喳，一个人的音量相当于五百只鸭子的分贝，吵得我头疼。"

不久，一名女职员告诉他说："经理，门外有一千只鸭子找你。"经理摸不着头脑地走出办公室，才发现原来是自己的妻子和女儿来了。

鸭子的嘎嘎叫与女职员聊天的叽叽喳喳有异曲同工之妙，而女职员则照搬经理的说辞，自然天成，更增添了谈话的乐趣。

一个精彩的比喻，可以让话语变得妙趣横生，诙谐幽默，耐人寻味。它就像魔法棒，指到哪儿，都会产生神奇的魔力。

一位桃李满天下的老师被采访时是这样讲述自己的为师之道的："我觉得，一群学生就像缤纷多彩的花园。其中各种各样的花都有，他们各有各的美丽，没有必要让所有花都长成同一个模样。我要做的，只是悉心照顾，拔除杂草，让每朵花都能盛开。"

这位老师的话语睿智而幽默，他并没有侃侃而谈如何让学生成材，而是用这种打比方的方式让所讲道理变得明了，简单地阐明了其注重个性、悉心关照的教学方式，让听者很容易就能明白这位老师的意思。

其实，除了这种本体和喻体有相关性的幽默，也可以刻意追求两者之间的差异性。差异越大、不协调感越强，越有幽默感。

一次，一位年轻人请爱因斯坦解释什么叫相对论，他生动而幽默地打了个比方：“当你和一位美丽的姑娘坐上两个小时，你会觉得好像只坐了一分钟，但是要在邋遢的乞丐旁哪怕只坐上一分钟，你就会感觉好像坐了两个小时，这就叫相对论。”

相对论与人之间的相处原本是风马牛不相及的两件事，但是后者与人们的日常生活有很多交集，且善于理解，因而能产生幽默效果。爱因斯坦深谙其中之道，故而采用这种比喻的方式让原本复杂的理论变得简单易懂，也显示出一个严谨的科学家在生活中幽默的另一面。

7. 暗示的幽默好办事

生活中，人们常说：“有事请直说吧。”其实，直说需要选择场合和时间，当直说变得不合时宜的时候，不妨采用暗示的方式让对方明白你的心意。这样的方式，会产生你意想不到的好效果。

将原本直接表达的意思用间接的曲折的方式表达出来，可以减少双方的尴尬，又能让对方在仔细揣度之后领会说话者的弦外之音。隐语的特点在于独特的表达技巧和深远的意蕴。

小张沉迷于酒精，妻子屡屡劝诫却仍不悔改，家庭关系由此陷入僵局。但是最近他却成功戒掉了酒。同事们都问他：“是谁这么有说服力？”“我的小女儿。前几天我过生日的时候，小女儿送给我一个小指南针，说：‘爸爸，有了这个，你就不怕喝完酒的时候找不到北了。’我听完后很受震撼，就戒掉了。”

小张的小女儿的幽默看似无意，其中的暗示意味却很强。孩子以这种暗示的方式表达出来自己的不满，让这位爸爸感觉无地自容，从此与杯中之物断绝关系。这就是暗示的力量。

在家人之间合理运用这种暗示的技巧，可以让家庭关系更加和谐，避免产生剑拔弩张的尴尬和紧张。同样，在情人之间，这种技巧也很适用。情人们可以通过委婉的暗示，表明对另一半的看法和建议，让双方的关系更加亲密。

一对情人在水草茂盛的河滩上行走。小伙子看到一头牛正在悠闲地吃草，便说："好一幅美景，你看那头牛悠闲的样子真让人羡慕。"姑娘微微一笑："那头牛好是好，但还可以更好。"小伙子说："为什么？"姑娘说："要是这头牛每次吃完饭能把碗筷都洗掉就更好了。"小伙子不好意思地笑了。

这位聪明的姑娘巧妙地把话题的重点由牛转到了两人的生活上，暗示小伙子如果能帮自己做点家务的话就更好。这样委婉的劝说方式既顾全了对方的面子，又能达到暗示的目的。这样善于与男友相处的女生，爱情生活肯定是很幸福的。

巧妙暗示是聪明人经常使用的手段，用另一种方式表达出你的意思，不仅能达到幽默的效果，还能让你由被动变主动，达到自己想要的结果。当遇到不满而又不愿直说的情况时，采用暗示的方法可以让对方明白你的心思而加以改正。

在一个小区的一栋楼里，楼上住着一位年轻人，由于作息时间的问题，经常让他楼下的老人从梦中惊醒，然后整夜难以入眠，这让老人很不满。

一天，老人向这位年轻人调侃着说："小伙子，我每天晚上都要等你两只鞋落地的'噔噔'声之后才能入睡呢。有的时候，只听见一只鞋落地的声音，却再不见第二只鞋落地，我的心哪，就一直悬到第二天早上。"

这位年轻人很快就从这位老人轻松的调侃中悟出了自己的生活习惯给老人的生活带来的干扰。这种沟通方式，比争吵和批评都要好得多。

8. 归谬的幽默最好笑

归谬的幽默，处处闪烁着智慧的光芒。善用归谬的幽默，可以戳破西洋镜，搅乱水中月，以推翻谬论，暗讽他人，解围自身。

归谬是指把本身错误的事件加以引申，推导这样做可能产生的荒谬后果，从而让对方无立足之地。由于归谬常常会产生荒唐感，因而容易产生幽默的效果。当你发现对方的论调是错误的，不妨先假装肯定它，再推出与此自相矛盾的结论出来，让谬论不攻自破，从而在谬中求胜。在运用这种方法的时候，所引申出来的谬论要求越荒谬越好。

出家人以慈悲为怀。某日，一位僧人在开始宣扬不可杀生之理，他说："今生杀一头牛或一头猪，来世就会变成牛或猪。"一位不信此道的人很不屑于他的这一说法，便反驳道："依你这样说，如果来世想要再做人的话，今生就必须得杀一个人才行啊？"僧人顿时哑口无言。

这人沿着错误的前提——"杀猪下一世就会变成猪"而推出了"为了让自己来生再变成人，最好先杀一个人"的荒唐结论，从而从根本上否定了对方的观点，逼得僧人狼狈而逃。

有一次，张老师对全班的作文都很不满意，因为在这次作文《记一件好事》中，全班50个同学中有40个写的都是救溺水小孩的故事。但是他不打算直接批评，而是想了一个好办法。

走进教室，张老师在黑板上写下了这样一道应用题让学生们解答："一个班级一共50人，其中有40个人在同一时间分别救起一个溺水的小孩，按这个比例，在我们这个总人数为1300人的学校里，一共能够救起多少小孩呢？全国两亿学生一共能救起多少个小孩呢？"

全班同学哄堂大笑，许多学生异口同声地说："老师，让我们重新写一篇真实的作文吧。"

张老师把原本荒唐的故事引向极致，让学生们在笑声中明白到他的真实含义，并乐于积极地改正自己的错误。

以上两个故事讲的都是对方论点本身错误时的情况。我们在使用归谬法时，除了以谬制谬外，还可以借用归谬缓解尴尬，让疾风骤雨变为湛湛青天。

某次婚宴上，当客人们举杯为新人道喜时，由于受到撞击，一位客人竟不小心把酒从新娘的头上一浇而下，场面变得十分尴尬。这时，新娘笑着说："感谢大家为我和先生的结合而祝福，我相信，我们婚后的日子一定会像这样从'头'开始，如酒般香醇美满。"众人齐声鼓掌。

这位新娘巧妙地把这次意外之事归谬到日后的美满生活上，虽然大家都知道这两件事毫无关系，但任何明白人都会借机祝福新人，让整个气氛好转。

使用归谬的幽默，需要说话者具备较强的逻辑思维能力。只有如此，才能在谬误中求得真知。

9. 数字幽默不枯燥

幽默之光照耀在古今哲人的灵魂之中，聪明睿智的幽默者们，能把数字这般含义简单的素材也用作幽默，为话语增加意蕴。

数字原本是很简单的，但是人们却能通过种种技巧，对数字进行加工，进行巧妙的包装，从而让枯燥简单的数字变得幽默风趣、含义丰富起来，显得既意味深远又诙谐好笑。

古时，一家人家徒四壁，没钱过年，这家的主人初通文墨，便在墙壁上写下了这样一副对联：

二三四五

六七八九

横批：南北

旁人看后都不明白对联的意思。恰好当地的一位大善人经过此地，略微一看便明白了其中之意，遂命随从给这家人送上了过年的衣物和粮食。后经解释，众人才明白这副对联是“缺一（衣）少十（食），没有东西”之意。

文人爱惜颜面，不愿伸手请求救助，便用了这个法子发发牢骚，还好有这位大善人的帮助，才终于渡过了难关。

我们在使用数字幽默之时，可以利用数字的谐音性来表示某些特指的意义，如8与“发”、2与“爱”等。善用幽默的人，可以简单利用这些数字来找乐子。这样的方法，可以让原本枯燥的数字变得生动活泼。

一位男士爱慕一位女士许久，却一直不好意思表白。某日黄昏，男士约女士去沙滩赏夕阳，河水波光粼粼泛着晚霞点点，正是表白的好时机。男士灵机一动，捡起旁边的一根树枝，在沙堆上写下了一串数字：“5201314。”女士仔细斟酌之后，发现了数字背后隐含的浓浓爱意，因而深受感动。

这位男士巧用数字的谐音特点，幽默地向女士表白道：“我爱你一生一世。”他既曲折表明了自己的爱慕，又免除了难于启齿的尴尬感。这种方法经常出现在网络用语和如今年轻人的生活中。使用数字打招呼、表达心情已经不再是一件新鲜事了。

同样，利用数字与其他事物的相关性也能制造出幽默来。每个职业有自己独特的表意工具，正如画家以画传情、诗人以诗表意一样，音乐爱好者手中的曲谱也是很好的表意方法，那些对音乐如痴如醉的人，常常把这种职业的特性带到生活中，从而产生幽默感。

有一位音乐爱好者，很喜欢用曲谱表达自己的意思。一日，妻子派人送来了一张字条，上面只有四个数字：“5432。”同事看后不知所云，他却点头称是。原来，“5432”是音乐中的简谱，用汉语读出来，其谐音意为“速拿米来”。

这对夫妻用曲谱表意可谓到了“走火入魔”的境界，甚至连他的妻子都已经受他感染而用起了音乐简谱来。旁人看上去无法理解，而当事者却乐在其中。

巧用数字幽默，可以让话语变得独特含蓄，当意思不适合当众表达的时候，使用数字的多义性，能给谈话添加作料，让其更有味儿。

10. 语带双关耐人寻味

花开并蒂，树生连理，词语也有着双关的含义。巧用双关意义的词语，可使语言表达得含蓄、幽默，而且能加深寓意，给人以深刻印象。

带有多种语意的词语，其表面意义与深层含义是大相径庭的，为了表达的方便，常常使用这些词语来表达不便表达的深层含义。如“后门”（送礼），“黑”（黑暗）等。适当地运用双关，可以收到寓意深沉、耐人寻味的效果。

语带双关，即利用词语意义的多样性，言在此而意在彼，表达不适合直接阐释的意义，让话语变得更有层次感和深刻性。

鲁迅的侄女在《我的伯父鲁迅先生》一文中曾提到这样一个故事：

侄女看到伯父的鼻子很扁，自己父亲的鼻子却又高又直，就问他说：“伯父，为什么你的鼻子又扁又平呢？”鲁迅先生笑着回答：“碰壁碰得多了，就变得又扁又平了。”在座的人都会心而笑。

“碰壁”的字面意思是“碰到墙壁”，但多引申为“遭遇挫折”之意。鲁迅先生这里采用的意思是前者。在当时黑暗的社会中，“碰壁”是在所难免的，鲁迅先生仗义执言，经历了很多的坎坷磨难，故可谓是“屡屡碰壁”了。这种采用双关语进行解释的方式，显示了鲁迅先生作为文人的幽默一面。

使用双关幽默首先要找到一个能兼容两层意思的概念或词汇，而且要让这两层意思在前后语中说得通。同时，要注意含蓄表意。有的词汇本身就有多种含义，可以成为语意双关的使用素材。然而，有些原本并无多层含义的词汇在特定的语境之中也可能产生双关意义。

著名作家梁实秋暮年客居台湾时爱上了比他年轻很多的韩小姐，却苦于不知对方心意。一日，两人在台北某餐厅用餐。梁实秋点了“当归蒸鳗鱼”，韩小姐关切地说：“当心，当归味苦。”梁先生笑道：“我这是自讨苦吃。”韩小姐回对：“那我就是这鳗鱼，自投罗网！”两人心有灵犀，刹那间都明白了对方的感觉。

当归味苦，而梁先生愿自讨苦吃，梁先生以这句双关语表明自己不怕在追求韩小姐过程中吃苦，而韩小姐心有灵犀，把自己比作鳗鱼一般，表明自己愿意“自投罗网”，即答应了梁先生的追求。二人的对话充满了文雅气味，也含蓄地在一场关于点餐的讨论中情定终身，正由于善用这种幽默，使得他们之后的爱情生活一直甜蜜幸福。

11. 反语幽默明是非

古罗马修辞学家将反语称之为“欲褒则虚贬，欲贬则虚褒”的幽默表达方式，它使人们在诙谐的反语中领悟并确定了一种是非观念。反语，是利用刚好相反的词语来表达本来的意思，使说出来的反话和所表达的本意构成交叉。在幽默语言的技巧中，反语以语义的相互对立为前提，依靠具体的语言环境中正反两种语义的联系，把相反的双重意义以辅助性手段，例如语言符号或者语音语调等衬托出来，使人们由字面的含义悟及其反面的本意，从而发出会心的微笑。

有一次，国王带着阿凡提去视察犯人，所看到的除了一个是真正的犯人外，其余的都是无辜的百姓。阿凡提想提醒一下国王，但是他没有直接把话说出来，反而指着那个真正的罪犯说：“请下命令，把这个人撵出去吧！他怎么混到你的监牢里来了。你的监牢里要关的应该是另外一些人呀！”

阿凡提把反话说绝，其目的就是以荒谬的说法使得对方自己反向思考。

表面上是在说应该把强盗放了，实际上说的是应该把无辜的百姓放了。

反语一般用于轻松活泼的场景，但在美国，人们甚至可以从那些严肃认真的交通指示牌上发现反语，在美国西海岸一条公路的急转弯处有一幅标语牌是这样写的：

“如果您的汽车会游泳的话，请照直开，不必刹车。”

以不必刹车来提醒人们刹车，这则反语绝无讽刺嘲弄的意思，它只是给人一个别具一格的警示。

反语也是造成含蓄和耐人寻味的幽默意境的重要语言手段之一。

小王进餐馆就餐，上菜时，见每盘菜的分量都很少，心中不悦。餐毕结账，老板照例征求意见。小王说：“贵餐馆菜肴，味道佳美，只是盘子过大了。”老板听后，满脸通红。

小王意在说菜的分量少，却又不正面指出，通过说“盘子大”而反衬菜少的事实，幽默之中，暗藏锋芒，委婉地达到了提意见的目的，以避免了斤斤计较的“小家子气”之嫌。

值得注意的是，反语幽默一般有一定的攻击性，这也就是为什么反语幽默常常被用在讽刺之中。所以使用这种幽默的时候，一定要注意分寸，主要是看对方与你的关系是否经得住这种幽默。准确地把握对方的心境和环境的性质，同时掌握好自己说话的分寸，是幽默家的重要修养，如果在这一点上粗枝大叶，那就不但幽默不起来，而且可能冒犯了对方的自尊心，弄僵与对方的关系。

12. 推理幽默赢诡辩

把严肃的推理引进到诙谐的幽默之中，刻意将某一事物的逻辑发展套用在另一种不相干的事物上，进而会因推理得出令人啼笑皆非的结论。

推理是由一个或几个已知的判断为前提，推导出一个未知的结论的思维过程，是一种严谨的形式逻辑。而将逻辑思维的形式引入到幽默之中的推理幽默，则不属正常的逻辑推理程式，而是一种合情而不合理的诡辩推理。有幽默感的人，大都是善于抓住一些已知条件与特定情境的不协调性，而推理出变化莫测的花样，去调侃对方或调侃自己。因此，推理幽默是以其逻辑的思维，顺理成章地往下推理，得出其前提的荒谬性。

小李自称会看相。有一次，他对他的朋友说："哎呀！我的朋友，你将来会没什么福气，也不会长寿。"

朋友一惊，问道："你怎么知道？"

小李说："你的耳朵特别小，自古以来，相书上都说耳朵大的命长、福气好。"

朋友笑着说："你的意思是说，猪的福气大、寿命长喽！"

这里"耳朵大小"是前提，而这个前提有变幻性，不单是对人而言，因此，朋友的推理就转移到了猪的身上，显示出了荒唐性。

人们都知道在正常情况下，相同的原因会产生相同的结果，不同的原因会产生不同的结果。但是对于幽默来说，情况则完全相反。在许多情况下，越是同因异果，越能构成幽默。

莉莉小姐对布朗先生说："先生，您知道世界上最锋利的是什么吗？"

布朗先生答道："不知道。"

莉莉小姐俏皮地答道："就是您的胡子呀。"

布朗先生不解地问："为什么？"

莉莉小姐不紧不慢地说："因为我发现您的脸皮已经够厚的了，而它们居然还能破皮而出。"

布朗先生笑嘻嘻地反问道："小姐，你知道你为什么不生胡子吗？"莉莉小姐摇头。布朗先生接着说："因为你脸皮更厚的缘故，连尖锐、锋利的胡子都无法钻破。"

布朗先生反攻莉莉小姐的根据并不是另行构思的，而是从莉莉小姐攻击他的逻辑中推理出来的。既然我有胡子是因为胡子尖利钻透了皮肤，而你没有胡子则就是因为皮肤更厚，再尖利的胡子也无法钻破。这种以谬攻谬的幽默是后发制人的，依赖于对方的逻辑，进而推理得到的幽默效果。

推理幽默当然不都是被动的，只要掌握了技巧，主动的推理幽默也能实现。

一位大官退休归家，忽染重病，他对身边的人说：“不知死后，日子好不好过。”在场的一位先生说：“死后很好。”大官问：“你怎么知道？”

这位先生有板有眼地说：“如果死后不好过，死者都会逃回来的，但古往今来没有一个人逃回来，所以可知死后一定很好。”

上面的先生就是由自己的一套理论得出了幽默的结果。当然，我们可以认为先生的推理幽默更多的是为了安慰病人，减少其心理负担而故作荒谬的推理。

由此可见，推理幽默主要是利用对方的或由自己假定的前提，来推理引申出某种似是而非的结论或判断，它并不是常理逻辑上的必然结果，而是走入歧途带有偶然性和意外性的结果。

13. 偷换概念得幽默

被偷换的概念与原意的差异越是离谱，所引起的预期失落、意外的震惊越强，概念之间的差距掩盖得越隐秘，幽默的效果越强。

在理性的思维中，概念的含义是要稳定不变的。因此古希腊的亚里士多德在他的逻辑学中就规定了一条，思考问题时概念要统一，他把它叫做“同一律”。违反了这条规律，就叫做“偷换概念”，也就是说，字面上你没有变，可是你把它所包含的意思偷偷地换掉了。而幽默往往需要调动的是人的感性思维，因此，对于一般性思维来说是破坏性的东西，对于幽默来说则可能是建设性的。“偷换概念”也就往往能够造成幽默效果。

老师：“今天我们来温习昨天教的减法。比如说，如果你哥哥有六个苹果，你从他那儿拿走四个，结果怎样？”

孩子：“结果他肯定会揍我一顿。”

老师问的“结果怎样”很明显是“苹果还剩下多少”的意思，属于数量关系的范畴，可是孩子却把它转移到未经哥哥允许拿走了他的苹果的生活逻辑关系上去。不过，恰恰是因为偷换了概念才使这段对话产生了一种幽默的效果。

在一般的概念偷换中，原来的概念被偷换以致逐渐消失，而另一个概念将逐渐生成为主体。

小赵：“我求你一件事情，你能为我保密吗？”

小李：“当然可以。”

小赵：“近来我手头有点紧，你能借给我些钱吗？”

小李：“不必担心，我就当没听见。”

小李的最后答复把“借钱”的要求偷换为保密的要求，将原来小赵要求的借而不泄露出去的概念偷换掉了。幽默的核心全在于此。

转移概念的特点是同一概念中包含着两种不同的意思。一语双关常常是用来偷换概念的良好媒介。

英国作家理查德·萨维奇患了一场大病，幸亏医生医术高明，才使他转危为安。然而他生活早已贫困潦倒，欠下的医药费却无法付清。最后医生登门催讨了：“你要知道，你是欠了我一条命的，我希望有所报偿。”

“这个明白，”萨维奇说，“为了报答你，我将用我的生命来偿还。”说罢，他给医生递过去两卷本的《理查德·萨维奇的一生》。

这比向对方直接表示拒绝或恳求缓期付款要有趣多了，而且方法并不复杂，不过是接过对方的词语然后加以概念上的偷换，把“生命”变成“一生”。虽然二者在概念上还能挂钩，但是在内涵上已经不一致了。

概念被偷换了以后，需要以一种能够自圆其说的方式解释。只有以“歪理”对应了上面的偷换掉的概念，才能达到狡黠和奇妙的幽默情趣。

14. 巧设连环，请君入瓮

幽默者巧设圈套，诱使对方上当；被幽默者在整个过程中为自己的上当而懊恼后又明白，笑那圈套的狡猾，笑自己刚才的愚钝，更笑解颐后的聪明。

“请君入瓮”是个成语，出自《资治通鉴·唐则天皇后天授二年》，当年在女皇武则天掌管朝政的时候，有人告发了大臣周兴，武则天令酷吏来俊臣审问周兴。周兴平日也惯用酷刑，跟来俊臣一向交好。来俊臣假意请周兴喝酒，席间他问周兴：“如果犯人不肯认罪怎么办？”周兴说：“拿个大瓮，周围用炭火烤，把犯人装进去，什么罪他会不招认呢？”来俊臣就命人搬来一个大瓮，四面加火，对周兴说：“奉皇命审问老兄，请君入瓮。”周兴吓得连忙磕头认罪。

后人根据这个典故，就沿用“请君入瓮”来指设好圈套等别人来钻。把这种计谋用在幽默上，它就发展成为一种富有意味的幽默技巧。幽默者用故弄玄虚的连续的问或答，使对方步步进入自己的话语迷宫，营造出一种幽默的氛围，同时使他人开窍。

法国寓言家拉封丹有个每天早上吃一个土豆的习惯。有一天，他把土豆放在餐厅的壁炉里，想热一下再吃。等他回头去拿的时候，土豆却早已不翼而飞了。于是他大喊：“天啊，谁把我的土豆吃了？”他的佣人“此地无银三百两”地说：“不是我。”

拉封丹笑道：“那就太好了！因为我在土豆里放了砒霜，想用它毒老鼠的。”佣人顿时面如土色，承认自己吃了土豆。拉封丹对她解释：“放心吧，我不过是想让你说真话罢了！”

如果拉封丹果真在土豆里放了砒霜，那这个故事就失去了幽默性，而变成了事故了。这个故事的幽默之处就在于拉封丹运用了故弄玄虚、“请君入瓮”的方法，诱使佣人说出真话，承认错误。运用这种幽默技巧还可以在特殊情况下给自己留有余地，使事情进行得更加顺畅。

请君入瓮，不以后发制人见长，而以先发制人见长。

操场上，一队士兵整齐地排着队。长官发出口令：“谁喜欢音乐，向前三步走。”六名战士走出了队伍。“很好。请你们把这架钢琴抬到四楼上去。”

请君入瓮的关键在于使对方产生错觉。正如上面的长官的口令一样，主要是让自己所用的语言有多种可能的含义，然后，诱导对方的注意力在一种含义上固定下来，最后突然向另一种含义上转去。

小刘问妈妈：“1大还是60大呢？”

妈妈说：“一定是60大呀！”

小刘说：“大好还是小好？”

妈妈说：“大好！”

小刘说：“我在考试中考到了60名。”

小刘用层层连环疑问句，一步一步设下圈套，将妈妈引入套中，巧妙地为自己的考试成绩不理想而做出了开脱。

“请君入瓮”的幽默技巧能够体现出一个人高超的智慧。只要加以恰当地运用，就能在与对手的较量中占据主动，先发制人，收到良好的“笑”果。

15. 断章取义，自圆其说

孤立的语句通常要放置在特殊的语境下才会有比较明确的意思。而断章取义的幽默正是将只言片语从整个段落句子中抽离出来，再加以引用，以获得不和谐的诙谐效果。

断章取义，是指不顾全篇文章或谈话的内容，孤立地取其中的一词或一句的意思。断章取义得到的结果，往往与所引用原意不符。用这种方法产生的幽默，就是通过对字、词、句等要素加以不恰当的判断而产生荒诞的幽默。

有一次，马克·吐温与主张一夫多妻制的人争论一夫多妻制的问题。

马克·吐温说："一夫多妻，连上帝也反对。"

对方问："你能在《圣经》中找出一句禁止一夫多妻的话吗？"

"当然可以。"马克·吐温说，"马太福音第六章第二十四节说：'谁也不许侍奉二主'。"

马克·吐温这位幽默大师在这里所使用的正是断章取义的幽默技巧。很显然，"谁也不许侍奉二主"的真实意思和他所说的一夫多妻制是没有任何联系的。但是他巧妙地断章取义，将其附会到自己所说的问题上来，以此来佐证自己的观点，并且自圆其说，进而产生了幽默的效果。

1935年，在法国巴黎大学，中国年轻的留学生陆侃如正在进行博士论文的答辩。他一路应答如流，主考官很满意。不过，主考官向他提出一个怪问题："《孔雀东南飞》这首诗第一句为什么不说'孔雀东北飞'呢？"

凡是学习过古文的都知道，诗文中很多方位词意义是虚化的，不可望文生义，比如"刀枪入库，马放南山"。未必北山就不可以放马。但如果这样回答，势必显得呆板。

陆侃如思考了一下，就答："因为'西北有高楼'。"这句话引用的是古诗十九首的名句。"'西北'刚好跟'东南'相对，西北的楼高，孔雀飞不过，只好改道东南飞了。"

断章取义幽默技巧的关键在于能否荒谬断句，经过你的断句后所产生的意义与本义相差越远或越荒诞，就越幽默。它的目的性隐含于这种"断句"中，有时你也可以根据你的需要"恰当"断句，当你的需要由于你的"断句"而被表明或被满足时，幽默的情趣就油然而生了。

一个远近闻名的大吝啬鬼财主叫伊哈给他当雇工。

"好呀，可你给我多少工钱呢？"

"工钱？"财主眉头一皱，"我给你吃喝，给你住，给你穿，怎么样？"

机灵的伊哈眼珠一转就一口答应了下来，并当即写下契约。人们都为伊哈捏了一把汗，因为那个老吝啬鬼可恶着呢！

当天晚上，伊哈吃了些东西后，就躺下睡觉，一直睡到第二天中午十二点钟，还没起床。财主大发雷霆，跑来训斥他："喂，你想睡多久？我看你是发神经病了吧？"

"咱俩究竟谁发神经病？"伊哈说，"我吃了喝了，又住下了，现在遵照契约，正等着你来给我穿哪！"

伊哈当然知道吝啬的财主不会白白养活自己，无非是想用管吃、管住、管穿来抵消工钱而已。但伊哈聪明的用断章取义的手法，用幽默的智慧戏耍了吝啬、奸诈的财主。

断章取义是在日常生活中可以经常用到的幽默技巧，只要断得巧、断得妙，在大家开怀一笑之余，也会为沉闷的生活抹上亮丽的色彩。

16. 错词别字也幽默

人们常对错词别字避之而唯恐不及，因为它们的出现会影响到说话者苦心经营的"光辉"形象；但是，错词别字偶然出现在对的时间和对的地点，却足以让人"刮目相看"。

错词别字产生幽默，是语言领域"废物利用"的最佳典范。错词别字造成幽默的心理根源在于逻辑上或者谈话内容上的错位。善于使用这类幽默的人，一定是善于细腻观察生活的人，因为错词别字的最佳作用场地就是在日常生活中。

在平日生活中，尤其是处于习以为常的环境中时，人的思维的积极性会自动下降，这时就会出现所谓的"口误"。口误，说白了就是一个字或词出现在了它不该出现的地方，这种无意的错位经常引起听众的爆笑。

播音稿原文：两歹徒打伤我110干警后逃窜。

播音员读成：两歹徒打伤我一百一十名干警后逃窜（黄飞鸿转

世？！）。

某老师讲课：下面我举个比方。

然后觉得不对，又补充说：不对，下面我打个例子。

这是典型的“顺口”说，显然讲话者说话并没有经过大脑，没有“三思而后行”，只是单纯依靠语言的“惯性”前进，以至于大多数情况下，口误者根本不会意识到自己说的话有什么问题。或许正是这种日常的口误让人们开始注意到错词别字制造幽默的潜力。

“口误”通常是自然而然发生的，完全出乎意料。然而有些时候，说话者不得不“错”，纯属无奈之举，却也同样造就了令人捧腹的幽默。

在某次追悼会上，主持人宣布：“现在，请大家难过三分钟。”各位亲人、朋友皆愕然。原来，这位主持人一时想不起来“默哀”这个词了，就随手拈了个意思相近的“难过”来代替一下。三分钟默哀时间眼看就过去了，他还是没有想起来那个最恰当的词语。当哀乐停止的时候，他只得有始有终地宣布：“现在‘难过’结束。”

如果仅从旁观者的角度来看，这个画面显然具有了“黑色幽默”性质，它给我们提供了一个利用错词别字制造幽默的方向，但使用的场合绝对不是在葬礼这么庄严的场所。

同样因为“不得不错”而产生幽默的当然还包括跨语言的交流。

一个到中国来的英国人在商店买钢笔，售货员是位老太太，不懂英语。

英国人说：“pen.”

老太太拿出脸盆给他。英国人说：“No.”

老太太说：“不漏，刚进的货怎么会漏呢？”于是照光线、试水，说不漏。

没法交流，英国人走了，临走时说：“Good-bye.”

老太太也很礼貌：“过天来买？也行。”

这是典型的跨语言交流中字词的“音义错位”产生的笑话。

有的时候，为了营造欢乐轻松的气氛，说话者或写作者会故意使用错误的词语搭配，其效果颇具幽默感。比如，老舍先生的《赵子曰》中就经常将从不携手的两个词故意硬性搭配在一起：

“他后悔了，他那个‘孔教打底，西法恋爱镶边’的小心房一上一下地跳动起来。我为什么让看护妇知道了我的秘密呢？”

显然，赵子曰向往浪漫的爱情生活，却又受羁于封建观念，插科打诨的“孔教打底，西法恋爱镶边的小心房”这一不协调搭配恰到好处地描绘了这种矛盾心态，含蓄风趣地将赵子曰的矛盾心理呈现在读者面前。

美国著名文学家特鲁·赫伯特在《幽默的艺术》中也举过类似的例子：

有一个小伙子，看到一个青年坐在高高的城墙上谈恋爱，他叹息道：“这么陡峭的爱情！”

“陡峭的爱情”，虽然在词语搭配上极为不协调，但是这种创造性的搭配却又与事实本身暗合，达到了一语双关、一石二鸟的类比效果。这种机智的词语有意“误用”必然会赢得读者或对话者的开怀一笑，并继而沉思。

17. 故意离题的意外幽默

故意离题就是答非所问，是对传统思维模式的摒弃和突破，就像一段正常的音乐突然跑调造成的意外和喜感一样，对话的“跑调”同样可以让人捧腹。

故意离题可能看上去理所当然，也可能回答得牛头不对马嘴，重点在于要表面上“切题”，必须从对话本身出发，寻找通向幽默的道路。这条路可能是语音、语义的相似，也可能是逻辑思维方式的滑稽，也可能只是对原本问题的逼不得已的逃避，重点是要学会转折，学会跳出来看问题。

鲁迅先生在《记念刘和珍君》中说过一句名言：“真的猛士，敢于直面惨淡的人生，敢于正视淋漓的鲜血。”但现实中没有多少人是猛士，大多数只是过着平平淡淡生活、会有点点滴滴喜怒哀乐的普通人，大多数人都有难以或不想直接面对的问题。所以，有的时候不必太较真，必要时选择故意离题，这样的思维或许可以为平淡的生活增添乐趣。

故意离题造就的幽默存在于日常生活的很多角落。在家庭中，对外界充满好奇的小孩时常提出一些叫大人为难的问题，为了不在孩子面前丢脸，家长们可以选择把问题转移一下，展示你的幽默感。

小明问爸爸："鱼为什么只能在水里游泳？"

爸爸："因为陆地上有猫呀！"

面对小孩子们无厘头的问题，家长也只能脱离科学依据，给出最适合小朋友理解的答案。就算多年以后，掌握了科学知识的孩子回忆起儿时的这个问题，也肯定会为父母的智慧幽默而再次开怀。

拥有了"不可不离题"却造成意外的幽默的经验之后，人们开始注意到"离题"的价值所在。现在被很多人所不齿的"冷笑话"就经常运用故意离题的手段。

甲：你的狗生跳蚤吗？

乙：不，它只生小狗。

甲问：债权人和债务人有什么区别？

乙答：债权人的记忆力好，债务人的记忆力差。

毫无疑问，在这两个对话中，乙完全明白甲所提出的问题的真实意义，但他们主动选择离题，选择从另一个更有趣的角度回答问题，从而让谈话更轻松，也让大家开怀一笑。

幽默可以提升人们的魅力值，也可以让男女之间的交往更加多姿多彩、畅通无阻。

如果说，婚姻是爱情的坟墓，那么在这座坟墓中，更加需要幽默的出现，让坟墓中闪现幽默的光亮。

一对夫妇就谁掌管家庭财务问题吵得不可开交，最后妻子嚷嚷起来："如果没有我，这台电视机会在这里吗？如果没有我，你坐的那把安乐椅会在这里吗？如果没有我，这所房子会在这里吗？""还有呢？"丈夫平静地说道："如果没有你，我会在这里吗？"

妻子本来说的是一系列人与钱的关系，而丈夫却转移到了人与人的关系——没有妻子，没有爱情，丈夫也不会在这里——这样的转移既产生了奇妙的趣味之感，也有温情脉脉的亲切感。丈夫表面是依然保持争执，没有让步，但他利用转移话题向妻子示好，暗示妥协。妥协，深藏不露的妥协，不失尊严的妥协，是维系一段婚姻的良方。

18. 歇后语幽默多多

有句流行语说，“浓缩的是精华”，歇后语就是一种俗文化的浓缩。狭义的俗文化就是一种民间通俗文化，绝对排斥了文绉绉的语言。俗文化直接源自民间生活，源自人们对生活的细心观察和亲身体验，形象生动又五花八门，是酿造幽默的绝佳原料。

歇后语也叫俏皮话，它由近似于谜面和谜底的两部分组成，前一部分是比喻或说出一个事物，像谜语里面的“谜面”，后一部分像“谜底”，是真意所在。歇后语本身就俏皮滑稽，通俗生动，耐人寻味。它或因前一部分不协调而俏皮滑稽，如“猪八戒戴花——自觉其美”中的“猪八戒戴花”，丑与美构成严重的不协调，其情景就很滑稽。类似的歇后语如：

猪八戒照镜子——里外不是人

公鸡下蛋——没指望

对着镜子行礼——自己恭维自己

歇后语也常因后部分的巧妙双关而产生幽默效果。歇后语的后一部分多是双关语，字面上解释说明前一部分，实际上指的是另一意思。如“老鼠进书房——咬文嚼字”，“咬文嚼字”言在老鼠咬破了书（书上的文字），意在指人过分斟酌字句，表里两个毫不相关的意义巧妙地安置在同一表达中，让人觉得妙不可言，一经顿悟真意，就会产生意外感和恍然大悟的幽默心理体验。类似的歇后语如：

两手进染缸——左也蓝（难），右也蓝（难）

何家姑娘嫁郑家——郑何氏（正合适）

水仙不开花——装蒜

老太太的脸蛋——纹皱皱（文绉绉）

由于歇后语大多本身就具有较强的逗笑功能，因此它成了幽默表达中必不可少的笑料。它们常常在相声中被用来组织“包袱”：

乙：您相声说得好啊！

甲：哪里哪里，也就是“马槽改棺材”——

乙：怎么讲？

甲：将就材料。

乙：不对不对，您这是拽着胡子过马路——

甲：怎么讲？

乙：牵须（谦虚）。

演讲中，同样可以用歇后语来吸引听众，如著名思想教育家和理论家刘吉在一次演讲中就使用了数个歇后语：

理想教育忌讳什么？忌讳坐在飞机上放导弹——空对空，最好是铁砧上打铁——实对实。有人说思想工作是：五官科——摆官架子；口腔科——耍嘴皮子；小儿科——骗小孩子。我认为是理疗科——以理服人，医治百病，潜移默化，增进健康。

在文学作品或口语中也常用歇后语来进行轻松幽默的情感表达。源于群众语言中的歇后语备受一些文学家的青睐，被大量地运用到文学作品中，特别是以表现农村生活为题材或表现基层人民群众生活题材的文学作品中，歇后语的运用就更为常见了。

曾获“《当代》文学奖”的中国当代作家郑九蝉的短篇小说《能媳妇》中的王炳南介绍他找对象时挑三拣四时讲：“等我实心实意想找个过日子的人时，哎，挑水的回头——过景（井）了。”

同样擅长创作短篇小说的作家张一弓的《赵撅头的遗嘱》中，用很大篇幅描写了一个游手好闲但油嘴滑舌的人物形象。

“钱老大，在西山沟废砖窑里开赌博场的就是你吗”

“啥？同志，你可不能‘拿着草帽当锅盖——乱扣帽子’，我啥时候干过这？”

“根据揭发，就在你眼下掂着的小包袱里，装着三副赌具：牌九，色子，麻将牌还有你刚才抽的‘份子’钱一百五十二块零五毛，打开看看吧。”

“哎呀，这真是‘钉开棺材喊捉贼——冤枉死人’啦。我这是去小孩他姥姥家走亲戚，我……哎……别夺别夺……我解开，我解开……”

“好，一样不少。……钱老大，有带着赌具走亲戚的吗？”

“老天爷，我算是‘豆腐掉到灰堆里——洗不净了’……”

钱老大每句话都离不开歇后语，连做了不光彩的事时也歇后语来歇后语去。张一弓用歇后语这一独特的表现手法把一个好吃懒做然而能说会道的市井无赖的形象写活了。

19. 形褒实贬的戏谑幽默

充分利用语言和意义的反差造成的视觉和心理冲击力，在对方心理防备最低时，用“糖衣炮弹”轰炸对话者的堡垒，杀伤力极强。形褒实贬也是反语的一种，从反面说话，陡增了趣味性和讽刺性，使得语言无往不胜、所向披靡。

形褒实贬制造幽默的心理机制是——先扬后抑，被抛得越高摔得也越疼。由褒向贬的转化通常出乎意料，让对手的期待陡然化成虚无，自然而然形成幽默的笑点。

中国古代有一个笑话，说一个武官出征，就在他将被对手打败之时，忽然有神兵前来相助，他反而大胜。

武官向神叩头拜谢，询问神的姓名。神答道：“我是靶神。”武官问：“小将何德何能，敢劳尊神见救？”神答：“感念你平日在教场，从不曾伤我。”

站在靶神的角度来讲，这绝对是个最符合逻辑的感恩行为；但是，对于这位武官来说，真的是绝妙的讽刺。正是这样自然而然、无声无息地从褒向贬的转化颇具喜感。如果说这位武官至少捡回了自己的命，那么下面这位画家可能就要选择放弃自己的绘画梦想了。

一位画家到一个风景优美的地方去度假写生。他和一个农夫住在一起。假期结束时，画家想送给农夫一些钱，但农夫说：“不，我不需要钱，你给我一张你画的画吧。”画家非常高兴，并感谢农夫称赞他的画。

农夫笑着答道：“我并非为了别的。我有个儿子在伦敦，他想成为一名画家。他下个月来这里的时候，我要把你的画拿给他看。我想这样可以打消他做画家的念头。”

这种场面何等尴尬？纯朴的农夫没有考虑画家的心理承受力，而画家沉浸在艺术家的自我之中，从自负到知晓事实真相，这样的心理落差正是这个幽默的滑稽之处所在。

生活中有很多这样的人，他们在认真生活，严格要求自己，不允许自己说假话，但又不能因为太直接而伤害朋友之间的情感，于是他们选择采用反语的方式表达意见。

合唱队员甲：你有没有发现，昨天晚上我的歌声盖过全场？

合唱队员乙：是的。我还看见，许多听众中途离座，好让你的歌声占据更多的空间。

合唱队员乙试图告诉队友，合唱讲究整个合唱队的融合，而不是一个人的突出表现，他的表现破坏了整个合唱队的演出。这种形式的对话简单明了却直中要害，给对话的另一方极大的反思空间。

苏格兰诗人彭斯，见到一位富翁被人从河里救起来，而那个冒着生命危险救了富人的穷人，只得到了一个铜元的报酬。围观者群情激奋，都想把那个富翁重新丢到河里去。这时，彭斯平静地对众人说：“放了他吧，他了解自己生命的价值！”

彭斯的幽默是很有戏剧性的，表面上他扭转了众人的激愤，实质上他比众人更加蔑视这个为富不仁的家伙。彭斯幽默的妙处在于对于富人的吝啬做出了特殊的解释，把给别人的报酬转化为对自己生命价值的低估。

通常情况下，单靠激愤或者是激烈的争辩并不能直指问题的核心，更不要说有效解决问题；在某些非争论性问题上，可以使用形褒实贬的反语来表达一种无伤大雅的戏谑。有时候，适当地拐弯抹角，适当地戏谑讽刺，不仅能更有效地解决问题，而且使得人际关系变得更加诙谐幽默，充满乐趣。

20. 随机套用的机智幽默

练武的最高境界通常是各门派武功融会贯通，不落俗套，见招拆招，颇有“兵来将挡，水来土掩”的气势。真正高层次的幽默是智慧的人对日常生活的突如其来的反应。对幽默不能刻意追求，只有等待适合的时机，有针对性地出口，有的放矢，才能百发百中。

随机套用是最有实践价值的幽默手段，因为它本身是建立在日常偶发事件——一件事，一句话，一个动作——等基础上，将这些事件作为素材来使用，寻找其与自己所要达到的目的之间的契合点，然后通过类比、套用等方式，顺水推舟，既不做作，又充满幽默的乐趣。

随机套用既可以是生活化的，简洁朴素；又可以是文学化的，文雅抒情。随机套用既可以表现俏皮可爱，又能够表达讽刺与不屑。它的形式与内容与说话者的目的紧紧相连，决不放空炮。

在婚后生活中，有些夫妻在外边遇到烦恼，常有意或无意地往家里带，发泄在无辜的人身上，这是不明智之举。家应该是个温暖的驿站，而无端的怒气最易破坏亲人间的情感。所以，每个成熟的人都应该掌握转移和淡化烦恼的办法。

煤气公司门前排着长队，老吴一连跑了几天依然带着空罐回家。

妻子：“灌上气了吗？”

老吴：“灌得满满的。”

妻子欣然打开煤气灶准备做饭，但连点几次也点不着火。“喂，老头子，你灌的这是什么气啊？”

“霉气。”

“怎么点不着火呢？”

“火在我肚子里憋着呢！”

老吴套用了“煤气”——“霉气”、“点火”——“发火”中的“火”和“窝火”中的“火”的联系，用一种委婉的方式表达了心中的怒火。

这显然是随机套用的精髓所在，不仅显示了个人的幽默情调，而且顺势“解决”了现实问题。所以幽默的出现绝不是空洞的说辞，它们通常是用来表达说话者的思想感情的，只是方式比较委婉罢了。因为幽默的委婉性，它经常被用来表达某种不满或者讽刺。

汤姆答应女朋友过生日时送她一条金项链。可是，当珠宝商报出汤姆女朋友看中的那条项链的价格时，汤姆低声地吹了一声口哨。“那这条项链多少钱呢？”汤姆指着另一个盘里的项链问道。“大约值三声口哨”，珠宝商答道。

虽然汤姆作为顾客不应该受到这样的“待遇”，但是却又无话可说，因为这位聪明的珠宝商只是套用了汤姆的行为，说出了不方便直接说出的事实。他用贴切的类比委婉地回答了顾客的问题，也顺便表达了自己对于这位穷小子的嘲讽。

当然，随机套用的讽刺幽默不仅适用于谈话中的主动“攻击”，更适合于“防守自卫”。

俄罗斯文学家普希金年轻的时候并不出名。有一次，他在彼得堡参加一个公爵家的舞会。他邀请一位年轻漂亮的贵族小姐跳舞。这位小姐十分傲慢地说：“我不能和小孩子跳舞。”

普希金微笑着说：“对不起，亲爱的小姐，我不知道您现在怀着孩子。”说完，很礼貌地鞠了个躬。

大文豪普希金当然明白公爵小姐的意思，是嫌弃自己名声不够大，但是他没有表现出生气的样子据理力争，那样会显得滑稽而没有风度。作为文学青年，他对文字非常敏感，顺手拉来“小孩子”这个词作为反败为胜的武器，让公爵小姐无地自容。

随机套用的幽默，需要机敏，需要智慧，更需要一种乐观向上的生活态度，这也是幽默的本质意义所在。

三　小心陷入幽默的误区

幽默让生活趣味盎然，幽默给人们带来欢乐，幽默让爱情增加甜蜜，幽默让朋友更加亲密。但幽默不是无所不能的，使用它时，有许多需要注意的原则，有许多需要把握好的分寸，跟不同的人，在不同的地点，我们对幽默的运用也是不同的。幽默也有使用的误区，如果我们不小心误踩这些雷区的话，不但达不到幽默的效果，还有可能成为别人的笑柄，引起不快，甚至会得罪别人。

幽默不仅需要一双善于观察的眼睛，需要一颗机敏的心，更需要我们知道它的误区，只有这样我们才能真正拥抱幽默。

1. 勿将幽默庸俗化

好的幽默反映了一种高层次的语言艺术和思维智慧，它不仅能更好地拉近你与对方的关系，还能更好地展现你的人格魅力。但相反，一个庸俗的幽默不仅会使人尴尬，更会让你的形象大打折扣！

现代社会，人们都越来越重视形象的好坏对其事业成败的影响，而一个好的幽默不仅能更好地塑造我们良好的形象，还能快速的获得别人的好感。但在现实生活中，有些笑话大多是以低级趣味或搞怪恶整为主，缺乏一种艺术与智慧。让我们先来看看下面这对朋友的对话：

小红：“猪的英语拼写是PUG吧？”

小青：“不对，是PIG。”

小红：“不是吧，我怎么记得是U（YOU/你）呀！”

小青：“你弄错了，是I（我）”

小红：“猪是YOU（你）！”

小青：“猪是I（我）。”

小红：“哈哈，你是猪。”

小青：……

小红或许只是想和小青开一个小玩笑，但却将对方把自己跟猪联系在一起，相信没有哪位被幽默的人会为此“会心一笑”。

幽默是美丽神奇的，它宛如一道色、香、味俱佳的美味佳肴，让人们不知不觉地也想自己亲自露一手，但是在使用幽默的时候，一定要注意幽默的品位，尤其是在社交礼仪的场合。如果在这种场合使用幽默不当，不但会影响自己在别人心中的形象，更有甚者可能会造成双方的矛盾。

张明在与朋友聚会时为了活跃现场气氛，于是“自告奋勇”地说了一个笑话。这个笑话是这样的：

有一个人在拉面馆里要了一碗拉面，等了半天也没来。于是对伙计说：“我要的拉面怎么还不上？等了半天了！”伙计：“别急别急，师傅正在拉！”说着大师傅端着热面来了，极热情地说：“这是我刚才拉的！还冒热气呢！请吃请吃！”

张明说完这些，朋友们大都面呈恶心状。

其实，张明的本意是为了活跃气氛，但却误解了幽默的含义，将污秽之物等同于幽默，反而破坏了大家的心情与聚会的气氛，结果适得其反。我想没有人愿意破坏与朋友之间珍贵的友情，因此我们在利用幽默来增进友情时，千万不要做这种“损人不利己”的事情啊！

青年男女在坠入爱河时，更要谨慎，一定不要让你的幽默过于庸俗。在爱情里，一个好的幽默能让你在他或她的眼中加分不少，给你的爱情加温；而一个庸俗的幽默，却会让你的形象大打折扣，更有可能会让你失掉宝贵的爱情。

公园内，女友含情脉脉地对张涛说："你说说我在你心中是怎样的，好吗？"张涛沉思片刻笑着说："你的相貌如梅花一般冷艳；你的气质像冰川一样含蓄；你有令我折服的内涵；你有令我倾倒的酷。"总的来说是："你就是梅川内酷！"女友听了此话后气得马上拂袖而去，留下他在那里懊悔不已。

恋爱中的女孩都喜欢男朋友用幽默的语气来赞美自己，但张涛这种"幽默"的赞美，在女孩听来不仅是庸俗的，更是可气的，因此惹恼这位女孩就是可想而知的事情了。

我们一定要谨记，幽默不是搞怪恶整，幽默不是低级趣味，一定要让我们的生活远离那些庸俗化的幽默！

2. 别把幽默讽刺化

当我们用积极正面的幽默来赞美身边的人和事时，那我们如一句谚语所云："送人玫瑰之手，历久犹有余香。"但当我们用讽刺来面对身边的人和事时，那我们所拥有的就只会是一颗日渐扭曲的心灵以及身边朋友的疏远。

我们处在一个竞争白热化的时代，人们由于生活、工作中的种种压力，因此渴望用幽默让自己快乐起来。然而现今的讽刺大多数却误解了幽默的含义，将讽刺错认为是幽默，将自己的欢乐建立在别人的尴尬之上。如有的人自认为自己比他人更加优秀不凡，从而在言语中总是让别人觉得他高人一等，甚至连幽默时，也会讽刺别人不如自己。这时，就算别人是个谦逊之人，其心里恐怕也愤愤不平了。

一天，一个富家少爷应邀参加一个慈善团体的舞会。会上，他邀请一位身份平常的慈善团体女成员跳舞。这个女子不好意思地说："您怎么和我这样一个平凡的人跳舞呢？”这位少爷幽默地回答：“这不是一件慈善事业吗？”

“人人生而平等”已是一个真理，这位富家少爷的幽默，抬高了自己，贬低了别人，实在是让人高兴不起来。当他说完这句话后，我想这位女子会正色地对他说：“我认为，我还是不接受你的慈善为好。”

朋友之间的友情需要我们好好的维系，而婚姻更需要我们小心呵护。婚姻就像需要细心保存的珍贵水晶，美丽且易碎。夫妻之间在日常生活中也应该注意自己的言辞，以免一不小心将幽默变为讽刺，使美丽的水晶被磕碰出不该有的疤痕。

老张平时就喜欢开玩笑捉弄别人。有一次，他老婆对他说：她同事说她胖得像猪。只见老张义愤填膺地说：“他们怎么能管你叫猪呢？这太不像话了！总不能人家长得像什么就叫人家什么吧！怎么能说你长得像猪呢？那是侮辱了猪。”只见他老婆瞪了他半天，最后脱口而出：“老张，我要和你离婚！”

老张的妻子本希望得到丈夫的安慰，岂料，老张却直接说妻子连猪都不如！不管怎样的女人都忌讳别人说自己的容貌不好，更何况是自己的丈夫。当妻子听到老张的“安慰”之话后，无怪乎会气得想和他离婚。

有人是无心的讽刺对方，但有一种人却是真的想要通过讽刺对方来达到心理上的满足。但有时他们却可能会“讽刺反被讽刺误”，被对方反讽刺回来，更加让自己丢了颜面。

一天，小陈从朋友处回来，走到街上，迎面碰上了两个同事，这两个人平时总爱挖苦别的同事。

他俩很亲热地与小陈打了招呼，其中一个拍拍他的肩膀说：“喂，小陈，我们正在争论你这个人是更无赖些呢？还是更愚蠢些。”

“哦，”小陈立即抓住他们一人说，“我相信我正处于这两者之间，这就是答案。”

小陈的这个回答，让那两位自以为是的同事，不仅没有达到讽刺别人的目的，反而将自己给绕了进去，把自己给讽刺了一回。

讽刺就像一个哈哈镜，当你面向它时，就会从镜子里看到你扭曲的外表，最终可笑的也只会是你自己。而我们要做的，便是找到一面真实的镜子，来让我们懂得真正的幽默！

3. 适时的幽默才可取

万事俱备，只欠东风。完美的幽默也需要借“东风”之力。否则不适时的幽默不光使自己陷入尴尬和困境，而且还可能导致别人轻视自己，让自己在众人的目光中犹如小丑一样可笑。

幽默具有神奇的魅力。当气氛剑拔弩张时，一个适时的幽默可以让大家握手言和；当爱情遭遇困境时，一个适时的幽默可以挽回爱人的心；当谈判遇到阻滞时，一个适时的幽默可以促使谈判继续进行。这时的幽默不仅让人开心，更是我们生活中的有用帮手。

汤姆作为丈夫总是让着太太，导致了太太的脾气渐长。一天，忍受不住的汤姆对妻子说道：“我才是一家之主。我决定大事，你管小事。知道吗？”妻子紧盯着汤姆说：“什么？”汤姆连忙回答：“你管家里应该买什么，假期应该到哪里游玩等。我管我国的外交政策、首相出访等一系列大事。”

夫妻之间在一起生活是不需要争个谁高谁低的，面对妻子的逼问，聪明的丈夫是不会当真的，只需要像上文中的丈夫一样，适时的顺势幽默一下，就会让夫妻彼此一笑，也让爱情变得更加甜蜜。

当旅客在万里高空中飞行时，这时他们最希望的恐怕就是平安到达目的地了。可如果飞机在途中遇到了气流颠簸，在这紧急时刻，空中小姐应如何做才能稳定旅客的情绪呢？下面，让我们来看看这位空姐的做法：

飞行中的客机因气流震荡，突然发生了一阵剧烈晃动。座舱中的乘客惊慌失措，大声喧哗。这时，一位空中小姐从驾驶舱走出来，她微笑着对大家说：“请女士们、先生们大可不必惊慌，飞行一切正常。刚才的情形只不过是因为患感冒的驾驶员打了一个喷嚏而已。”

面对乘客们的惊慌失措，这位空姐选择了一个轻松俏皮的幽默来缓和乘客的心情。对乘客来讲，此时镇定是最重要的，而空姐那轻松、机智的幽默正是一剂镇静剂。可以想见，这个小幽默远比程式化的请旅客保持镇静要有效果得多了。

老师在学生的眼中是无所不知的，特别是当这位老师还是学富五车的大学教授时。但当学生们问了老师也不知道怎么回答的问题时，这时“不知道”这三个字恐怕不是最好的回应。如果我们能适时的发挥一点幽默，不仅能够缓解自己的尴尬情绪，还能给学生留下一个幽默的好印象。

一位教授总是炫耀自己的学识丰富，老对别人说自己上知天文，下知地理。一天，一位学生为了为难这位教授，故意问道他有没有将《二十四史》全部读完。教授想了一会儿才回答：“像《二十四史》这样的不朽著作，每人都应该在去世以前把它仔细研读完。但为了活得久一点，我还没有开始阅读。”

面对学生的提问，这位教授用幽默的方式给出了自己的答案。相信他的这个回答，既给出了一个真实的答案，但又让学生认识到了一个幽默的自己。正是有了适时的幽默，才让我们在无数个紧张的、关键的瞬间，缓和了气氛，挽回了事态，使我们更能创造出轻松愉快富于智慧的生活。

4. 幽默一定要适度

万物皆有“度”，只有在一定的“度”之内，幽默才能成其为幽默，超过了特定的范围，那幽默就会变质，甚至已经不是幽默了。

许多人总是为怎样把握幽默的度而苦恼。因为幽默度不够，则不能达到令人发笑的效果；而幽默太过，则会让人厌烦。幽默之度虽难以把握，但幽默的度并不是无规则可循的。只要我们细心观察生活，我们就会很快找到幽默的度。

杰米·卡特是美国的第39任总统。有一次，在卡特的飞机降落在饱受旱灾之苦的得克萨斯某镇之前，该镇忽然下起了雨。

卡特走下飞机，向聚集在那里前来欢迎他的人民微笑着说："你们最需要的或者是钱或者是雨，我拿不出钱，所以只好带来了雨。"

卡特总统在还没下飞机之前，或许准备的是一篇冗长无聊的演讲稿；但当他发现及时雨到来之时，利用现场情景，适当的开了一个小幽默，不仅活跃了现场的气氛，而且更加拉近了与民众之间的距离。

生活中，我们可能会碰到一些爱吹牛的人。其实，这时我们所要做的就是左耳进，右耳出就行了，不一定非要戳穿他们。如果我们想用幽默来调侃他们的吹牛，一定要小心，因为把握不好，可能就会伤及他的面子了，而这就会给自己制造无谓的麻烦。

一位歌唱家向自己的朋友吹牛道："我昨天的演唱你听了吧！我的声音是那样洪亮，简直连剧场都容纳不下了！""是啊！"朋友知道他说的是谎话，便笑答道，"我虽然没有听到你的声音，却看见观众为了给你的声音腾出地方，一个个都离开了剧场！"歌唱家霎时红了脸。

这位朋友过度的幽默话语，虽然当众揭露了歌唱家是吹牛，但却让他下不来台，甚至伤到了他的自尊。可见当你需要用幽默来指出别人的不实话语时，不仅需要你的机敏，更需要让别人在笑声中感受到你无言的体贴。

平时朋友之间的相处比较随意，但这并不意味着我们可以随意与朋友开玩笑。当我们要调侃一些可能让对方生气的事物时，最好将例子举到自己的身上，这样既能幽默，又能显示出自己宽广的胸襟。

一位出版社编辑在与朋友交谈时，朋友笑称他聪明绝顶，只见他指着自己的光头笑答："不，早就绝顶了！"说完后，周围的人都哈哈大笑起来。

这位出版社编辑能做到拿自己的光头成为幽默的材料，不仅注意到了对幽默的度的把握，还体现了他的豁达自信。毋庸置疑，能做到这些的人才是一个真正懂得幽默的人。

掌握了幽默的度，幽默就能成为生命之中的波光艳影，成为人生智慧之源上绽放的最美丽的花朵，成为人们能够享受到的心灵的阳光。

5. 幽默要讲究场合和对象

幽默常常闪着智慧之光，魅力之光，但是如果将它运用到了错误的场合，错误的对象上，那幽默可能就会闪着愚蠢之光，让人望而生厌。

在我们的生活中不能缺少幽默，但是它也不是无所不在，无所不能的。运用幽默，我们不能不看场合和对象，在有些特殊场合，如果我们任意而为的幽默的话，我们就很有可能会为自己的幽默埋下沉痛的一单！

在一个庄严肃穆的宗教仪式上，汤姆对朋友说："你说人死了都去天堂，那天堂为什么没有人满为患呢？"他朋友问道："为什么？""因为在天堂一个针尖就可以站立上万个天使！"汤姆说道。"那他们怎么立足呢？"朋友反问道。"因为上帝本来就站不住脚的啊！"汤姆笑说。朋友："……"

宗教是虔诚的，就算你没有信仰宗教，但出于对一种宗教的尊敬，也不能够在宗教场所里开宗教的玩笑。否则，这不仅会显得你没有修养，甚至会因此惹怒教徒，给自己带来麻烦。

商务谈判的场合也是要求我们郑重、认真地加以对待。在这种场合时，如果我们随意开起自以为会缓和紧张气氛的幽默的话，很可能会让对方认为我们没有认真地对待这个会议，更严重的话，还很可能因此而丢掉了一笔大生意。

会议室里，两个公司的代表正为了公司的合作进行紧张的谈判。当谈判进行到关键的地方，双方的代表正为此不断地进行争论之时，A公司的秘书却突然插话，说："如果我们的脸部长时间的僵硬，就会变成名副其实的'扑克脸'哦，为了大家的脸，我们一起来放松一下！"说完这话后，现场静默了3秒钟，所有人都用奇怪的眼神望着他。

用幽默来缓和紧张的气氛，本是无可厚非。但这位秘书却选择了错误的地点。他不合时宜的幽默，不仅会让他自己显得滑稽，也会让他的上司觉得他没有认真对待这个会议，从而对自己的职业生涯产生不好的影响。

幽默不仅要选择对的地点也要选择对的人。如果我们选择错误，当我们对一个不懂幽默，甚至是会误解幽默的人幽默时，那就会搞笑不成反被骂了。

有一次，一位男士的女同事穿着一身漂亮的新衣服来上班，他随口幽默道："今天准备出嫁？"殊不知，这位女同事却是一个神经质的泼妇，她闻听此言，怒不可遏，马上怒道："你骂人！难道我离婚了，难道我丈夫不在了？"此后，又是一大串的谩骂。最后，这位男士百口难辩，只好一再道歉才算了事。

这位先生在幽默时，并没有注意到对方是一个不能幽默的人，结果就只能是自认倒霉。从此例我们一定要吸取一个教训，就是面对不能开玩笑之人的时候，我们一定要尽量小心言语，以防发生类似这位男士的悲惨遭遇。

我们的幽默才华，只有在合适的地点、合适的对象、合适的场合才能尽情地施展，我们一定要做一个善于界定什么是"合适地点""合适对象""合适场合"的人，只有这样，我们才有可能成为一个真正的幽默之人。

6. 幽默要适合自己的身份

幽默的完美发挥也受到身份的制约。只有当幽默符合自己的身份时，它才能让你留下一个良好的印象。因此，只有内容健康、格调高雅的幽默，才能成功维护自己的美好形象。

常言说："言为心声"。一个人用什么身份说话，很能反映出他的思想境界，处世方式以及待人接物的态度。如何把握好交谈双方特定的关系而作语言的修饰调整，以更好的传情达意，这正是我们应注意的地方。

在一个单位内，作为一个下属，如何跟上司相处是一门学问，给上司必须有的尊敬是肯定要做的，但如果在有的时候，我们的上司有一些不尽如人意的表现，而他的这种表现又需要下属来品评的话，这就极考验下属的说话技巧了。

有个法警，待人接物一直都是彬彬有礼。有一次，他陪伴一位法官打猎回来时，有人问他："法官今日收获如何？""法官枪法高明，"他回答，"只是上帝今日对于飞鸟特别仁慈。"

这位法警谨记自己的身份，以一个委婉幽默的方式告诉了大家法官打猎的结果，从而维护了法官的颜面，当然也给法官留下了一个好印象。相信没有哪位上司不会喜欢这样幽默的下属。

女孩都是很矜持的，但也正是因为这种特有的矜持，让许多想结婚的女孩，不好意思主动向心仪的对象表达出自己心中的愿望，从而陷入了一种"想要结婚口难开"的境地。碰到这种情况的时候，娇羞的女孩该怎样暗示对方更好呢？

一对情侣漫步在花前月下。陷入爱情甜蜜之中的男友，很陶醉地说："还能有什么样的月亮能比这中秋的明月更美好呢？"已经有想结婚打算的女友，适时的稍有羞意地回应道："那就只有'蜜月'了。"

既不失自己作为女孩子矜持的身份，又没有表现得极为急切，女孩顺着男友的话，说出"蜜月"比"中秋之月"更加美好，将自己的想法含蓄地说了出来。想想，有哪位男友听了这句话后，不会会心一笑的立马向女友求婚呢？

夫妻之间的言语大都是比较随意的，但是在夫妻之间碰到什么问题的时候，有些话语还是需要特别注意的。呵护、关怀妻子是丈夫应该做的，但是在生活中面对妻子做事比较过分之事之时，丈夫还是需要表达出自己的意见的。

黄太太做事总是拖拖拉拉，导致与朋友的聚会中老是迟到。黄先生为了让黄太太改正这个缺点，于是在一次参加朋友婚礼之前，他故意躲了起来。黄太太在卧室里打扮了一小时后，走出卧室却不见先生。

黄太太："亲爱的，你在哪里？""剪指甲。"黄先生在卫生间里回答。黄太太："你不是刚剪过指甲了吗？"黄先生笑道："等你等得太久了，指甲又长出来啦！”

黄先生的幽默之举，让妻子读懂了丈夫对自己善意的提醒，表现出了丈夫应有的体贴与细心，相信下次黄太太的打扮速度不会让黄先生失望的。生活中也有许多丈夫常常忘记自己的丈夫身份，那就只能让妻子伤心了。

一天，丈夫在专心看书，而妻子则在一边看电视。这时，电视屏幕上出现一对恋人，那个男人对女人说：“亲爱的，我一直把你当成自己的一部分。”妻子听后，很受感动。于是，她对专心致志看书的丈夫说：“喂！你何时曾把我视为你身体的一部分哪？”丈夫心里很嫌妻子开电视机干扰他看书，就毫不理会。“喂！我在问你哪！到底我是你身体的哪一部分呀？！”丈夫不耐烦地回答：“是盲肠！”妻子顿时不说话了。

这位丈夫的幽默，让人觉得他只想到他自己，对妻子的感情完全没有珍惜，忘却了作为一个丈夫对妻子应有的关心与呵护，打击了妻子对他的一片热情。

当我们说出的幽默适合自己的身份时，我们会感到朋友会越来越多，职场之路会越来越顺，爱情之味会越来越甜。而这正是源自幽默的力量！

7. 办公室里的幽默法则

职场中的我们需要幽默。得体的幽默，于人于己都是一缕玫瑰的芳香；但如果幽默不当，你的幽默将可能成为你职业生涯中的绊脚石。

在忙碌的工作之余，我们常常会和同事们互相开几句玩笑，幽默一下，以缓解压力。不过，在与同事之间幽默的时候，一定要谨慎，切不可开上司的玩笑，否则很可能就会有意想不到的麻烦。

中午休息期间，李明和刘华在公司的休息室里聊天。当他们说到为什么他们的顶头上司看起来这么老时。刘华神秘地说：“难道你不知道吗？咱们的领导是上午跟着轮子转，中午围着桌子转，晚上围着裙子转！你想想，他一天到晚这么多活动，能不显老吗？”

这一句话逗得李明忍不住哈哈大笑，他们正笑的时候，上司从旁边经过。这让刘华恨不得把刚才自以为聪明幽默的话全吞到肚子里去。

刘华的这个幽默，不仅让自己的肠子都悔青了，更是有可能在今后的很长一段时间得到上司的“另眼相待”。选择幽默的对象是有一定规则的，并不是所有人都可以拿来被幽默，否则这个代价将是巨大的。

幽默可以制造笑声，幽默可以拉近友谊，但幽默不是用来调侃同事的工具，尤其是不能用来调侃有的同事生理上的一些不完美的地方。当你使用这种“幽默”调侃同事时，其实也就自己把自己给调侃了。

小苏是一个身高比较矮的女孩子。一天，有个单位的同事想和她开个玩笑，于是拿了一根竹竿到办公室。对小苏说：“站起来一下。”小苏问：“为什么？”“没事。我就想看看你和竹竿哪个更高一点。”同事笑道。小苏听了理都没理他，扭身继续工作去了。

这位同事拿小苏的身高来调侃，不仅会使两人之间的友情受到损害，同时也会给同事们留下不好的印象。与同事关系的融洽与否，对我们在职场上的工作与发展是至关重要的。因此我们在幽默时，千万注意，否则你就将成为办公室里那个最不受欢迎的人。

那么，在办公室里就开不得玩笑了吗？当然不是。只要我们幽默时注意幽默的对象与方法，照样也能让办公室笑声不断。尤其是当我们在工作中与同事有磕磕绊绊的时候，若能用一个恰当的小幽默来巧妙地化解，不仅让同事之间的关系更加融洽，还能给同事留下良好的形象。

一次，小王带儿子来单位玩。这孩子特淘气，一眨眼的工夫，就把一个杯子给摔破了。小王大怒，抬手照着孩子的头就是一巴掌。

这时，就见李姐“噌”地跳了起来，指着小王的鼻子大叫：“你干嘛打孩子，你的手怎么这么欠？”这一嗓子，同事们全蒙了，小王这个愣头儿青更是气得眼睛喷火。而李姐又指着孩子，不依不饶地说：“你这孩子原本可以当大学教授，就这一巴掌，把个好端端的大学教授打没了。”

周围同事哄堂大笑，小王也乐了：“大学教授？他有这个脑袋，太阳就得打西边出来了！李姐你可真会说话。”

李姐不仅制止了小王打孩子，而且用幽默及时而巧妙地化解了同事之间由于打小孩引起的不快。这样幽默的李姐怎么会不受到同事们的欢迎呢!

小小的幽默，是你工作之余的调味品。但切记办公室里的幽默是有基本原则的，如果你能记住并熟练地运用这些原则，那么在复杂的办公室环境里，哪里有你，哪里就能笑声不断!

8. 切忌拿别人不足开玩笑

当你将调侃他人的不足视为幽默时，那幽默就从珠宝变为粪土，从鲜花变成垃圾，从动听的旋律变为嘈杂的噪音了，而你也可能会从他的朋友变为他的敌人。

金无足赤，人无完人，谁都不应该拿别人的缺点或不足开玩笑，以伤害他人为乐趣。有这样一句话：“当你微笑着面对这个世界时，那么这个世界也将会对你微笑。”但是，当你以伤害他人为乐时，那么他人也必定不会微笑以对了。到那个时候，再后悔就来不及了。

有个叫王涛的人口吃，一次他朋友刘亮想开他的玩笑，便对他说：“我可以叫你学鸡叫，只是我问你什么，你就得答什么。”旁人说：“王涛如果不肯学鸡叫呢？”刘亮说：“能！”他抓一把稻谷问王涛说：“这是什么？”王涛口吃着说：“谷谷。”刘亮说：“这不是鸡叫么？”旁人都哈哈大笑，而王涛则当场羞得恨不得找个地缝钻下去。

故意利用朋友的口吃让他当众学鸡叫，使王涛受到众人的嘲笑，经过这事以后，可能王涛再也不会和刘亮这种人做朋友了。不管你是有心还是无意的，如果你将它运用到朋友的身上，那你不仅会失去友情，最终你还可能成为一个没人理会的人。

有人说：赞美一个女人最好的方式就是夸奖她的容貌。这说明女人都有爱美之心，因此就算她在容貌上有不足的地方，也不会想从朋友嘴里听到对贬低自己容貌的话。

一次，李明碰到了他的一个女性朋友。他故意盯着别人看了半天，看得别人不好意思，问他在看什么。他故作恍然大悟地说："通过看你的脸，我现在终于知道月球表面是个什么样子了！的确是坑坑洼洼啊。"一听完他说的话，他朋友气得转身就走了。

李明的这个幽默，将她的脸直接比作坑坑洼洼的月球表面，打击了这位朋友，怪不得她会气得转身就走。而李明想要将这段友谊给补救回来，恐怕不是一句道歉这么简单的。

我们周围可能会有一些残疾人，如果我们都能像对待正常人一样对待他们，他们就不会因自身的缺陷而感到太多的自卑与痛苦。但是社会上偏偏有一些人自恃是正常人，紧抓住他们的缺陷不放，老是拿来开玩笑。其实，这样随意取笑残疾人的人，只能说明他们自己是一群心理残疾的人。

有一个人由于在小时候生了一场病后，导致了双耳失聪，成了聋子。但其办公室的同事有一天却故意拿他的耳聋开玩笑。这位同事与其他同事说："在这个嘈杂的世界里，他应该是那个最能清静下来的人，从这方面来说还是一件幸运的事呢。"让他的同事侧目以对。

这位同事将别人的残疾视为一种笑话，这不仅是自己内心冷漠的体现，更会让周围的同事对他这个人产生鄙夷之情。

幽默的魅力，仿若空谷幽兰，你看不到它盛开的样子，却能闻到它清新淡雅的香味；但以伤人为手段的"幽默"，却是如一堆腐烂的垃圾，就算你没有挨着它，但其腐烂酸馊的气味，让人躲之不及。

9. 切忌拿别人隐私开玩笑

"祸从口出"，当我们在幽默时拿别人的隐私开玩笑，不仅不会让别人开怀大笑，反而会让别人受到伤害，更严重的是可能会让自己陷入自己造成的危机之中。

每个人都有自己的秘密，都有一些压在心里不愿为人知的事情。因此，当我们在与朋友或同事闲聊调侃时，哪怕感情再好，也不要去揭别人的短，把别人的隐私公布于众，更不能拿来当笑料。如果我们调侃时说出了他人的隐私，有时是出于言者无意，但听者却有心。这样往往会给自己树立一个自己都不知道的敌人。

某茶馆老板的妻子结婚两个月，就生了一个小孩，邻居们赶来祝贺。老板的一个要好的朋友吉米也来了。他拿来了自己的礼物——纸和铅笔，老板谢过了他，并且问："尊敬的吉米先生，给这么小的孩子赠送纸和笔，不太早了吗？""不"，吉米说，"您的小孩儿太性急。本该九个月后才出生，可他偏偏两个月就出世了，再过五个月，他肯定会去上学，所以我才给准备了纸和笔。"刚说完，全场哄然大笑，令茶馆老板夫妇无地自容。

调侃他人的隐私已经是不对的事了，何况吉米还是选择在一个公众场合揭别人的短，让茶馆老板丢尽面子就是当然的事情了。也许他是无意之间这样做的，但是这样随意的调侃，很可能让他丧失掉一个多年的老朋友。

在现代社会中，就是有很多像吉米这样的人，喜欢把调侃别人的家庭生活当成一种乐趣。有很多模范老公，对老婆服服帖帖，其实这都是夫妻双方你情我愿的事，但是有很多无趣的人偏偏很喜欢将这种事情当做谈资，完全不顾及人家丈夫作为男人的一个面子。

一堆人在闲聊。甲问："丙是怎样当丈夫的？"乙："可谓'三从四德！'"甲："当真？"乙："三从：太太出门会跟从；太太命令会服从；太太说错会盲从。四得（德）：太太化妆能等得；太太生日能记得；太太打骂能忍得；太太花钱能舍得。"丙顿时气得说不出话来。

乙为了赢得一些廉价的笑料，不顾丙的面子而调侃，无疑是对丙的一种伤害。而乙在伤害丙的同时，也暴露了自己缺失教养，其实对自己的形象也是一种伤害，只是这种伤害对他来说，可能一时半会儿还感觉不到。

工资问题属于个人的隐私问题。不同的人做不同的工作，获取多少工资，不只是能力高低的问题，也有不同的工作价值取向在里面。而单纯的以工资多寡看人，只能反映出自己对工作价值理解的浅薄。

一对朋友在沙滩上玩乐。这时李龙随便抓起一把沙，笑着对着众人说：“你们看这沙子就像王海那微薄的工资一样，无论他抓得多么紧，它总是从手指缝漏去，最后就只剩下那么一点点。”说完众人大笑，而王海的脸色却由白变青。

李龙的这种拿别人隐私来幽默一把的做法很可能使王海的自尊心受到极大的伤害。幽默也有伤人的可能，特别是在涉及对方的缺点和隐私时，幽默的界限是需要人们好好思量的。

10. 自然的幽默最美丽

做人要自然，幽默也是如此。如果在表达自己的幽默时是刻意为之，就难以挥洒自如，从而难以达到一种自然而然的状态。

幽默是可以通过后天的培养获得的，而让自己能够幽默可爱起来，不仅需要一定的文化知识的储备，还需要一些不同寻常的见识、灵活的脑子和良好的口才，更重要的是要让你的幽默变得自然真实。一个人只有越坦然、越真实、越本性，他才可能越接近幽默。如果生硬的为了幽默而幽默，不但达不到幽默的效果，有时还可能让你的冷幽默只是让人冷，但不幽默。

小钱是一位希望在谈话中显示自己幽默的人。一天，小钱应邀参加一个舞会。舞会上，为了显示自己的幽默，于是他向一位同伴问了一个问题：“你知道老虎的名字吗？”同伴说：“tiger。”小钱：“不对。”同伴：“那是什么？”小钱：“丹丹！”同伴：“？？？”小钱：“因为，虎是丹丹（虎视眈眈）。”同伴：“……”

小钱的这种刻意而为之的幽默，总是会给人一种别扭的感觉，从而也失去了幽默的自然与洒脱，同样也失去了让人幽默一笑的力量。

利用一双善于观察的眼睛，一颗聪慧的心灵，在面临一些紧急的情况时，将生活中的场景信手拈来组成幽默。这时的幽默犹如玫瑰的花香，令人沉醉不已。如在戏剧舞台的现场表演中总是会出现很多突发状况，如果这时我们利用现有的场景，随机应变，说不定收到的效果还会更好。

我们不仅是在面对突发事件时要用自然的幽默来度过这尴尬一刻。在拒绝别人时，我们更需要将拒绝处理得自然得体。只有这样，才不会让被拒绝的人心存不快。

一天，杂志社一位记者冒冒失失地向一位著名的歌剧演员问起她的岁数。“这个可记不清了。”演员回答。“怎么？”记者很吃惊，“难道您连自己有多少岁都不记得吗？”“这有什么奇怪的！我认为，我应该记住我有多少钱多少珠宝，因为它能够被人偷走。至于我的岁数，无论谁也偷不走它。”

这位演员故意幽默地将岁数说成谁也偷不走它，因此就选择忘记它，很自然、幽默的回绝了这位记者的问题。既不让记者难堪，又诙谐地表达了自己对此问题的拒绝态度。

自然的幽默是一种气质、一种胸怀、一种智慧，更是一种人生态度。我们只有全身心的去感受它，才能真正拥有它的自然之美。

11. 含蓄的幽默最有意境

含蓄的幽默不仅在于能说清思想内容，更能给人一种言已尽而意悠远的艺术韵味，从而给人留下深刻的印象。

中国有句老话：“吃饭七分饱，话讲三成好。”这就是说话不宜讲得太直白，太满，这样就给双方都留有余地。当我们遇到自己不能明说，甚至不敢明说的事时，这时，一个含蓄的幽默就可以将你的意思明白地传达出来。

一家庭主妇对丈夫说：“我现在每天晚上都在做噩梦，你说该怎么办？”丈夫：“到底是怎样的梦？”主妇：“我梦见自己穿着大篷裙，手上拿着皮包在街上走。”丈夫：“喔，这算什么噩梦嘛？没关系。”主妇：“谁说没关系的！大篷裙现在已不流行了。而且那只皮包，也是三年前的旧货。”丈夫：“……”

面对掌握经济大权的丈夫，这位主妇的幽默方式实在高明。我想为了让妻子免予继续做这样的“噩梦”，这位丈夫一定会欣然同意妻子的要求的。

在工作时，我们也会碰到许多需要我们含蓄表达我们观点的情况。在一些服务行业，员工常常会碰到一些顾客的投诉。其实有的时候，错误并不在员工的身上，但是员工在碰到这种情况的时候，还是需要极其含蓄、委婉、间接地向顾客指出问题所在。只有这样，顾客才会更容易将员工的言语听进去。

一位妇女匆匆走进一家商店，说几分钟前她儿子来买了一磅果酱，可是分量不够。售货员笑着建议说：“太太，请您回去称称您的儿子体重增加了多少吧。”

这位售货员的幽默充满了智慧，既恰到好处地指出责任所在，又不失对方的体面，堪称艺术型幽默了。

在一些较为正式的场合，我们的言语就更需要含蓄了，尤其是在面对一些意外状况之时，更需要含蓄妥善的处理，才会避免出现不快。

一个女人在一个宴会上责骂她的丈夫，最后，她尖声叫道：“在世界上所有可耻的人中，你是最卑鄙的一个。”这时，宴会里所有的人都吃惊地看着他们。她丈夫察觉后，马上提高声音说：“骂得太好了，亲爱的，你还对他讲了些什么？”

这位丈夫含蓄的幽默，让自己在宾客面前免予丢脸，还巧妙地转移了矛盾的焦点。相信这样睿智的丈夫一定会及时扑灭妻子的怒火。

“对不起、没关系”，这是当我们原谅别人错误时表达的一套完美的礼仪辞令。但这三个字有时如果表达不对却又会显得疏远而冷漠。因此，这时的我们若能用含蓄的幽默来代替“没关系”，那将会让道歉的人感到我们温暖的体贴。

一天，艾弗森到商场去购物。收银员在找钱时却少找了他20块钱。当他发现后，就急忙回去找到那个收银员。

收银员对此十分抱歉，连连说对不起。只听艾弗森笑道：“数字就像男人，不是他征服你，就是你征服他。”

面对收银员的道歉，艾弗森通过一个含蓄的小幽默转移了焦点，表达了自己对这件事并不在意，化解了收银员的歉意，让她真心感受到她的原谅。

正是由于含蓄幽默的存在，才能让我们的人际关系更加和谐，在职场工作里更加顺利，在社交场合中能更加愉悦。